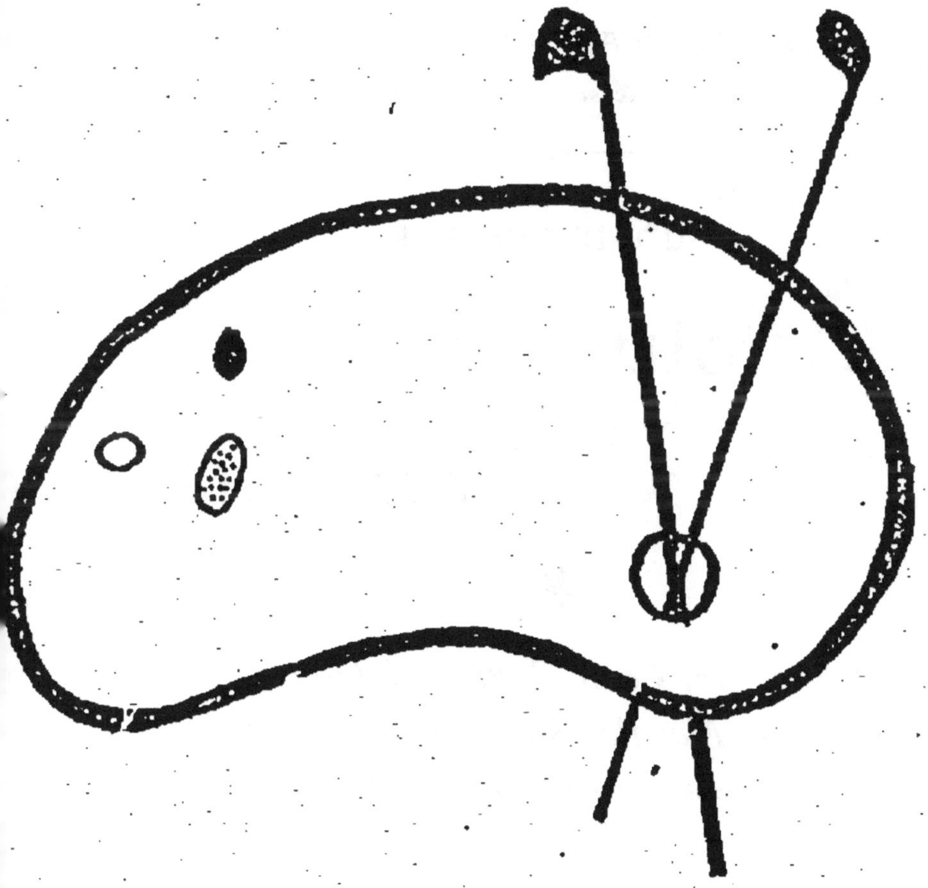

DEBUT D'UNE SERIE DE DOCUMENTS
EN COULEUR

Aristide LECONTE

SOUVENIR D'UNE CONFÉRENCE

Donnée par M. AJAM, Député de la Sarthe

à CONDÉ-sur-NOIREAU

COUP D'ŒIL SUR

L'Évolution Universelle

Histoire, Cosmologie, Biologie
Philosophie, Morale, Sociologie, Beaux-Arts.

(Pensée Scientifique Moderne)

CAEN

Imprimerie Adeline, G. POISSON et Cie, Successeurs

16, Rue Froide, 16

1909

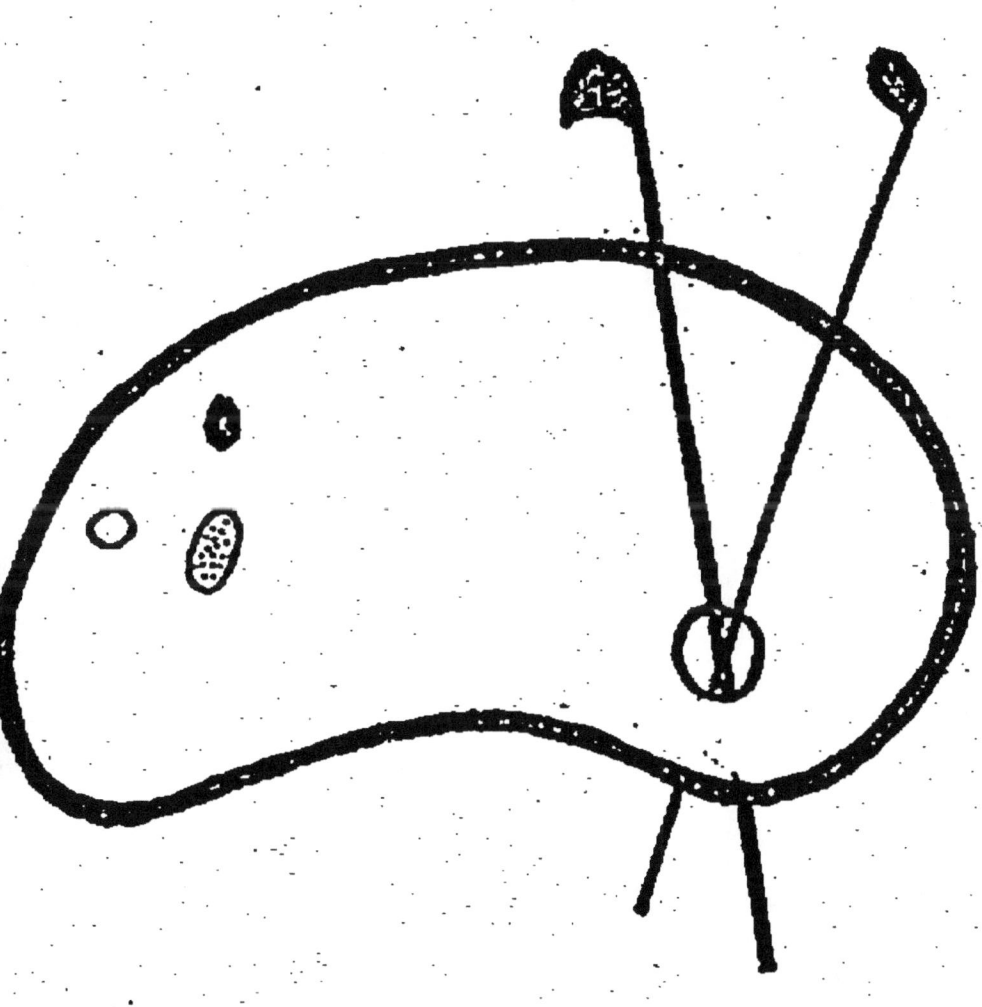

FIN D'UNE SERIE DE DOCUMENTS
EN COULEUR

L'ÉVOLUTION UNIVERSELLE

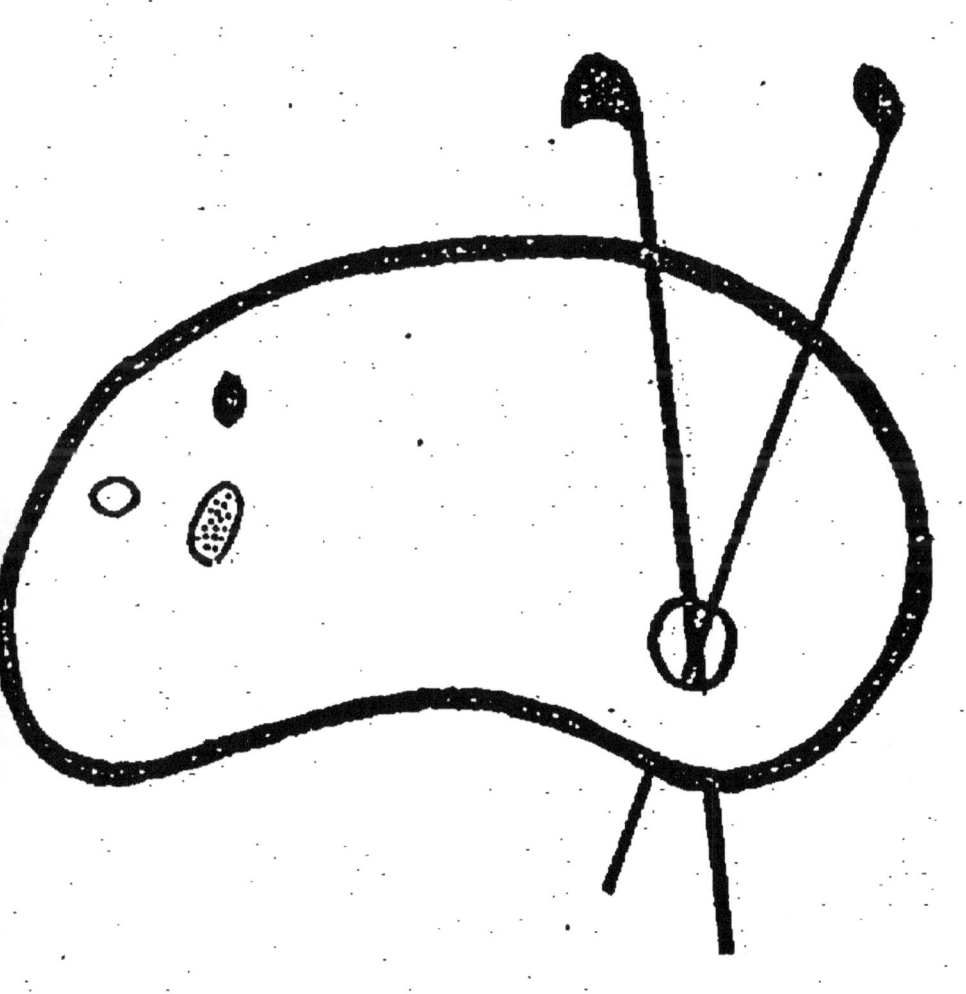

ORIGINAL EN COULEUR
NF Z 43-120-8

Aristide LECONTE

SOUVENIR D'UNE CONFÉRENCE
Donnée par M. AJAM, Député de la Sarthe
à CONDÉ-sur-NOIREAU

COUP D'ŒIL SUR

L'Évolution Universelle

Histoire, Cosmologie, Biologie
Philosophie, Morale, Sociologie, Beaux-Arts

(Pensée Scientifique Moderne)

CAEN
Imprimerie Adeline, G. POISSON et Cie, Successeurs
16, Rue Froide, 16

1909

AVANT-PROPOS

Nous avons donné pour titre à cet ouvrage : *Souvenir de la Conférence de M. Ajam*, et ce titre est très juste. Ceci est un souvenir, en effet, en même temps qu'un hommage ; un souvenir, *ne pereant fragmenta*, pour que ne périssent pas quelques fragments au moins de la parole entendue.

Cette conférence était, à nos yeux, une chose très importante. M. Ajam, le premier dans ce petit pays, vint apporter publiquement quelques mots de la vérité qui doit, à l'avenir, se substituer, dans la pensée des hommes, à l'erreur colossale sur laquelle on a vécu depuis bientôt deux mille ans. Il importait, à notre avis, qu'outre l'impression produite chez ceux qui l'ont écoutée, il en restât quelque chose de moins fugace, quelque chose d'assez durable pour que puissent s'y reporter, à défaut de mieux, les esprits qu'intéresse le mouvement évolutif auquel cette conférence avait pour but de contribuer, soit qu'ils y applaudissent, soit, au contraire, qu'ils y soient opposés.

C'est de souvenir aussi et sans notes que nous avons dû écrire ces pages. Nous l'avons fait au fur et à mesure de nos loisirs un peu rares et de nos dispositions d'esprit favorables. Malheureusement, notre mémoire a pu s'atténuer avec le temps, et, de ceci, la fidélité que nous aurions voulu garder au texte éloquent de l'éminent conférencier a dû souffrir. Nous lui en faisons nos excuses ainsi qu'à ses auditeurs, encore enthousiasmés de sa parole.

Ce n'est pas tout. M. Ajam, en entreprenant un plan très vaste, avait d'avance fait le sacrifice de bien des détails, de bien des périodes, de bien des transitions, afin d'atteindre son but dans le délai d'une heure et demie que ne peut guère dépasser une conférence publique sans courir le risque d'abuser de l'attention de l'auditoire. Nous, en suivant plus librement le cours de notre pensée, nous n'avons pas eu scrupule à combler, quoique d'une manière à coup sûr très insuffisante, un certain nombre de ces lacunes volontaires.

Nous avons ensuite reproduit en partie et commenté les appréciations de la presse locale sur la conférence de M. Ajam.

De plus, nous avons cru bon, pour préciser mieux l'évolution et l'idéal préconisés par le conférencier aussi bien que par l'élite intellectuelle de tous les pays civilisés, d'ajouter tout un chapitre à cet ouvrage ; et nous avons présenté un résumé succinct des éléments et des bases de cette pensée moderne qui doit succéder à la pensée légendaire trop longtemps et trop obstinément entretenue.

Nous avons essayé, dans cette partie supplémentaire, de résumer, de la façon la plus claire et la plus désintéressée qu'il nous ait été possible, les connaissances scientifiques sur l'univers, sur l'homme, sur la vie et sur la morale, telles qu'elles résultent des productions les mieux vérifiées et les plus justement accréditées des savants et des penseurs contemporains.

Mais on comprendra qu'il nous était impossible de donner à cette étude l'étendue qu'elle comporte : il y faudrait des volumes. Nous l'avons donc simplement pour ainsi dire *amorcée*, espérant que nos lecteurs voudront la continuer eux-mêmes en se reportant aux ouvrages des maîtres, nombreux aujourd'hui, et dont nous avons indiqué quelques-uns.

Quelles que soient notre affection, notre estime et notre admiration pour l'éminent conférencier, nous ne comprendrions pas, (et M. Ajam n'admettrait pas davantage), la servilité d'un accord constant et voulu sur tous les points. L'indépendance et la sincérité peuvent donc laisser apercevoir des divergences de détail. Mais il est une pensée et un but communs entre nous et que nous avons conscience de n'avoir pas trahis. Ce but et cette pensée de la conférence Ajam et du présent opuscule, c'est de contribuer, dans quelque mesure que ce soit, à l'évolution vers le bien et vers la vérité.

Ar. L.

Marchez ! l'humanité ne vit pas d'une idée.
Elle éteint chaque soir celle qui l'a guidée ;
Elle en allume une autre à l'éternel flambeau.
Comme ces morts couchés dans leur parure immonde,
Les générations emportent de ce monde
      Leurs vêtements dans le tombeau.

Là c'est leurs dieux, ici les mœurs de leurs ancêtres,
Le glaive des tyrans, l'amulette des prêtres.
Vieux débris, vils haillons de peuples et de lois !
Et, quand après mille ans, dans leurs caveaux on fouille,
On est surpris de voir la risible dépouille
      De ce qui fut l'homme autrefois.
           LAMARTINE (*Les Révolutions*).

Du ciel ne descend plus l'archange aux ailes d'or ;
Au soleil de nos jours disparaît la chimère ;
Des rêves d'autrefois le merveilleux décor
Abandonne la place au spectacle sévère
Des faits vérifiés. Mais le laurier vivant,
Le poëme immortel pousse et verdit toujours :
C'est la nature entière à nos regards luisant.
Des évolutions, suivons, suivons le cours.

Un splendide univers se révèle à nos yeux.
Dans les réalités sachons trouver les cieux.
Science, vérité, justice sur la terre :
Du bonheur, désormais, tel est le caractère.
Puissant par le cerveau, maître des éléments,
Victorieux du mal et des jours incléments,
L'homme pourra léguer à sa postérité
Une ère de grandeur et de sérénité.

           Ar. L.

..... *N'allez pas penser que j'aie changé d'idées sur la démocratie. Tout le mal que l'on en dit me touche peu. Pour moi j'ai confiance. Elle n'étouffera pas les grandes individualités. Tous les Jérémies du passé ne me le feront jamais croire. L'humanité est un champ fertile qui produit sans cesse pourvu qu'on le remue. L'inaction est seule à craindre. Il y a eu des génies sous la royauté et sous les aristocraties. Il y en aura sous les démocraties. Les esprits cultivés de notre temps se défient de la démocratie parce qu'elle contrarie leurs habitudes. Nous vivons dans un monde égalitaire et nous avons reçu une instruction aristocratique. De là vient le mal...*

Eugène DUGUÉ.
(Lettre à Gaston Créhange, 18 septembre 1882.—
Lettres, page 36)

A LA MÉMOIRE D'EUGÈNE DUGUÉ

Ami, dont la pensée a libéré la mienne,
Que ton cher souvenir ici guide et soutienne
Des pages où ton cœur retrouverait parfois
Son inspiration et l'écho de ta voix.

L'arbre déraciné qu'emporte l'ouragan,
A laissé dans le sol un germe fécondant
Et bientôt apparaît mainte tige nouvelle,
Produit multiplié d'une sève éternelle.

Tu semas parmi nous, à pleines mains, l'idée;
De ton fertile esprit cette œuvre est animée,
Penseur plein de savoir, d'honneur et de bonté !

Tu rêvas le progrès, l'avenir de beauté;
Et dans nos entretiens, jusqu'à l'heure dernière,
Ton front jeta l'éclat d'un rayon de lumière.

Ar. L.

La Conférence

DE

M. AJAM

Compte-rendu — Réflexions — Amplifications

M. Maurice Ajam fut reçu dans la grande salle de l'Hôtel de Ville de Condé, le dimanche 24 novembre 1907, devant un public d'environ cinq cents personnes, par M. Philippe Guillouet, premier adjoint au maire et président de l'Association de défense et d'action républicaines, entouré du Comité directeur de cette Association et de la majorité républicaine du Conseil municipal.

M. Philippe Guillouet ouvrit la séance par l'allocution suivante :

MESSIEURS,

L'Association de défense et d'action républicaines du canton de Condé-sur-Noireau est heureuse de souhaiter la bienvenue à M. Ajam.

Elle remercie sincèrement, cordialement, l'éminent député de la Sarthe d'avoir bravé la fatigue d'un pénible voyage, pour venir nous faire entendre la bonne parole républicaine.

Elle lui exprime sa reconnaissance du précieux concours qu'il veut bien nous apporter dans notre œuvre de propagande et dans la lutte souvent difficile que nous avons à soutenir pour assurer le succès de la cause de la démocratie et du progrès.

M. Ajam, membre du Conseil supérieur de l'Alliance républicaine démocratique, vient à Condé délégué par cette Association que préside un homme qui porte dignement un nom vénéré entre tous, M. Adolphe Carnot. C'est donc, Messieurs, un double et grand honneur qui nous est fait. Nous en sentons tout le prix.

Je donne la parole à M. Ajam. *(Applaudissements).*

Le conférencier se présente au public avec la plus parfaite aisance. Dès ses premiers mots on sent que la parole en public est son élément. Il s'exprime sans aucune affectation, le plus naturellement du monde et se rend de suite sympathique à son auditoire. Après les remerciements d'usage au président qui vient de l'accueillir, il entre en matière.

Ayant choisi ce sujet : *Qu'est-ce que la démocratie?* M. Ajam éprouve le besoin compréhensible de nous entretenir de l'humanité tout entière. Et d'abord il remonte aux âges primitifs où notre espèce, encore toute animale, et toujours en proie à la faim, eut pour principal souci de se défendre contre ses puissants rivaux de la faune quaternaire : les ours énormes, les félins aux redoutables mâchoires, les troupes d'hyènes qui, jour et nuit, assiégeaient ses campements ou lui disputaient les espèces plus faibles, proies faciles dont tous se nourrissaient.

Que l'on songe aux scènes atroces que put alors éclairer la lumière de chaque jour. Combien de fois, à défaut d'autres proies, l'homme servit-il de pâture à l'homme ! Combien de fois les vaincus dans les combats entre peuplades, entre tribus, entre familles, servirent-ils à la nourriture des vainqueurs !

Puis, après un nombre de siècles qu'on ne saurait évaluer, il arriva que la cruauté des premiers hommes s'atténua ; le cœur des peuplades vivant en commun s'humanisa, à proprement parler. L'ennemi vaincu cessa d'être la proie, il ne fut que réduit en esclavage, entrant en compte dans la richesse du maître avec le bétail. L'homme puissant eut des huttes, des bœufs et des captifs.

Puis naquirent et se développèrent les arts, les industries. Cela consista à se fabriquer des armes pour la défense et pour l'attaque et à se construire des abris et des édifices. Combien durèrent ces époques de développement depuis celle où l'homme, issu de races moins perfectionnées, commença d'occuper cette attitude verticale qui fait son orgueil, jusqu'aux premiers temps où il a laissé, pour l'histoire de sa race, des documents chronologiques certains ? Ce fut immensément long.

Nous connaissons nombre d'édifices au-dessous desquels, en creusant, on a trouvé des constructions romaines. Mais, en creusant davantage, on a trouvé d'autres fondations bien autrement anciennes. En Egypte et en Asie, des fouilles ont amené au jour des briques rouges et parfois des massifs recouverts d'énormes quantités d'alluvions durcies. En calculant le dépôt probable par siècle, on arrive à des vingt-cinq, des trente mille ans d'antiquité pour ces vestiges d'une civilisation déjà avancée.

Les études géologiques et paléontologiques montrent que c'est par millions d'années qu'il faut compter les âges de notre globe terrestre, et par centaines de mille ans la période qui s'est écoulée depuis que les primates, en se perfectionnant, ont engendré les diverses races d'hommes.

Les progrès de la linguistique, ajouterons-nous, l'étude des langues poussée de nos jours au plus haut degré, l'examen approfondi des idiomes les plus anciens où, le plus souvent, chaque mot est d'une seule syllabe, les mots peu nombreux, la phrase extrêmement simple où incomplète, ont permis de voir que le langage fut aussi le produit de l'évolution à un certain degré des facultés humaines. Fait primitivement de gestes, de jeux de physionomie et de balbutiements, à peu près comme chez l'enfant et chez le sauvage, il se développa, différent selon les lieux et les climats, jusqu'au degré de richesse où nous le voyons, de même que le canot creusé dans un tronc d'arbre est devenu le magnifique vaisseau des nations modernes.

Une remarque encore a ici son intérêt : dans toutes les langues primitives, il est un mot méprisant qui sert partout à désigner les étrangers, le mot *barbares*, mot qui avec des accentuations différentes signifie toujours : gens qui balbutient ou qui ne savent pas parler.

Beaucoup plus tard que l'apparition du langage, l'écriture débuta par des traits et de vagues dessins imitatifs ou symboliques tracés sur le bois ou sur la pierre et chercha sa voie à travers bien des complications jusqu'au jour où des Phéniciens inventèrent, pour les besoins de leur commerce, vingt-deux caractères ou lettres qui constituèrent le premier alphabet.

Pendant de longs siècles, l'écriture constitua un art extrêmement difficile, elle fut le privilège d'un très petit nombre, et la chose écrite posséda aux yeux des peuples un prestige dont nous n'avons plus l'idée.

Les siècles et les siècles passent et il est une chose qui demeure, c'est l'asservissement des plus faibles aux plus forts.

A Rome, dans une civilisation déjà brillante, l'esclavage abaisse et enchaîne un grand nombre d'hommes. Ce n'est plus seulement la guerre et la défaite qui le déterminent : le besoin que le pauvre a du riche et que le riche a du pauvre fit des serviteurs. Et dans cette sorte de régime, serviteur ou esclave c'est tout un. L'esclave devient partie intégrante de la famille romaine et, sur lui, le maître a droit de vie et de mort. Les esclaves ne doivent pas seulement servir, au sens domestique du mot, souvent on les oblige à s'instruire : ils deviennent artisans, médecins, etc. D'autres classes inférieures par degrés existent au-dessous des nobles ou patriciens, celle des esclaves affranchis, et celle des clients qui venaient chaque jour chercher leur nourriture chez le patricien, comme des mendiants. Et cet état de choses marque une époque relativement heureuse : on l'appelle dans l'histoire, l'époque de *la paix romaine.*

Une autre époque, un peu antérieure à celle-là, aurait pu à bon droit retenir l'attention si le conférencier n'avait dû se borner. Cette époque, c'est celle de *l'Hellénisme*, ou de la civilisation grecque à son apogée, l'Hellénisme, chose merveilleuse, *unique* par l'idéal de perfection dans la littérature, dans l'art, dans la philosophie, que la Grèce d'alors avait réalisé et auquel contribua la démocratie.

Mais l'orateur en a dit assez pour faire apercevoir à ses auditeurs ce qu'il voulait, à savoir : que l'humanité depuis les temps les plus anciens n'a cessé d'évoluer et, malgré tant de contre marches et de contre temps, d'évoluer vers un mieux être évident. Le temps de l'esclavage fut un temps affreux pour un grand nombre d'hommes, et il fut cependant un temps amélioré par rapport à celui de la bestialité et de l'anthropophagie.

Le temps de l'Empire romain ne saurait être notre idéal; il présente à nos regards le tableau des duretés inhumaines inhérentes à la maîtrise absolue, privilège des riches et des puissants. Et cependant, la période deux fois séculaire de la paix romaine est considérée comme un temps heureux et prospère, comparée au passé.

Le résultat de l'évolution lente offre, dès cette époque, une différence énorme avec les états successifs des âges primitifs.

Maintenant, dès l'Empire romain, l'évolution se prépare à prendre une tournure singulière.

*
* *

Depuis que le cerveau de l'homme s'était distingué de celui de l'animal, par un développement suffisant pour concevoir au moins les choses simples, l'homme s'était montré enclin à chercher l'explication de la nature, de l'univers et de lui-même. Dans son impuissance à comprendre et à trouver la cause des réalités complexes, il la cherchait, cette cause, il la présumait en dehors du connu, en dehors de la nature, dans un surnaturel où la créait son imagination encore en enfance.

Il se forma ainsi chez l'homme un sentiment qui, pendant des milliers d'années, s'égara en mille directions. Et c'est de ce sentiment, de ces imaginations enfantines, que naquirent les croyances, la poésie de l'âme, les religions.

Les croyances et les religions prirent dans la vie des hommes une grande place et eurent, dans la direction des peuplades et dans le gouvernement des peuples, une importance extrême.

Des êtres surnaturels et des divinités sans nombre furent inventés.

Il arriva qu'un petit peuple de l'Asie, appelé les Hébreux, issu de Bedouins pasteurs et pillards qui avaient trouvé dans la Palestine un pays fertile et de séjour agréable, synthétisa toute la divinité en un seul dieu qu'il appela Iaveh ou Jéhovah, nom auquel s'ajoutaient, selon les lieux, divers vocables.

Le pays des Hébreux servit longtemps aux rois voisins

à la fois de champ de bataille et d'enjeu. Mais Israël, nom que prend le peuple hébreu, espère en Iaveh, qui est la justice et la bonté, qui a pour lui une prédilection certaine et qui lui donnera la paix et la victoire finale. Et c'est cette idée de Iaveh, justice, miséricorde et bonté souveraines, qui, sous le vocable : Dieu, sera transmise à la religion chrétienne fille de la religion juive.

Or, au temps où l'empire romain a étendu partout ses conquêtes, dans ce petit pays de Palestine devenu, lui aussi, province romaine, un jeune juif aimable et séduisant, paraît-il, Jésus, de Nazareth, prêcha selon une coutume depuis longtemps usitée, mais en termes plus ingénieux et plus doux que ceux qu'on avait entendus jusqu'alors. Il préconisa l'amour mutuel, le désintéressement, le mépris des richesses, la justice et l'abnégation. Il annonça, de façon assez vague, du reste, sous le nom d'avènement du royaume de Dieu, la venue d'un temps meilleur où ses doctrines, toutes de bonté, seraient universellement appliquées.

Sa prédication parut subversive aux riches, aux prêtres et aux dévôts d'alors. On fit ce qu'il fallut pour le perdre : il fut jugé pour la forme et mis à mort.

Il fut ignoré en dehors du pays très restreint qu'il parcourut, et les historiens de son temps n'ont pas parlé de lui.

Voici, adapté de M. Ed. Dujardin, l'un des hébraïsants les plus notables de notre époque, d'après son bel ouvrage : *Les sources du Fleuve chrétien*, ce que l'on connait de plus certain sur Jésus :

Au premier abord, l'existence de Jésus pourrait sembler douteuse. L'historien juif Flavius Josèphe, qui écrivit cinquante ans après la date de sa mort, est muet sur son compte ; ou plutôt, ne le mentionne qu'en un court passage, unanimement reconnu interpolé (introduit ou substitué par un copiste).

Le grand juif d'Alexandrie, Philon, qui naquit vingt ans avant Jésus et mourut vingt ans après lui et qui fut l'homme le plus éclairé de son temps en Orient, l'ignora. Le Talmud n'a pas un seul trait authentique sur lui. Aucun historien latin ou grec du premier siècle ne le connut. Enfin, aucun texte officiel de son temps ne signale son existence.

Quant aux Évangiles, ce sont des écrits dogmatiques et non des œuvres historiques. Les premiers n'ont paru que dans la fin du premier siècle, c'est-à-dire plus de quarante ans après la mort de Jésus.

Il se peut que le silence de Josèphe soit le résultat de la suppression, par des mains chrétiennes, de lignes analogues à celles consacrées aux autres agitateurs de la même époque (Jean le Baptiste, Theudas, etc.), lignes tenues, conséquemment, pour blasphématoires et qu'aurait remplacées le passage interpolé. On admettrait difficilement aussi que les légendes évangélistes, quelques dogmatiques et quelques tardives qu'elles soient, n'aient pas un point de départ historique. Enfin, si les textes grecs et latins ignorent Jésus, cela s'explique si sa carrière a été aussi humble que celle des autres agitateurs d'alors, lesquels, du reste, invariablement, finissaient sous le glaive comme Jean, ou sur la croix comme Jésus.

Le témoignage de Paul paraît, à l'analyse, irrécusable. Il établit avec certitude l'existence de Jésus, mais il se résume à des indications minimes.

De l'ensemble des sources on ne peut obtenir d'autres renseignements que ceux-ci : Jésus, né à Nazareth, joua le rôle de prophète dans les mêmes conditions que d'autres qui, comme lui, avaient des disciples. Flavius Josèphe parle constamment des disciples d'un tel et d'un tel. Les livres juifs ne nomment personne sans indiquer quel avait été son maître..

Jésus fit une entrée sensationnelle à Jérusalem, au moment de la Pâque avec la bande qui l'accompagnait et envahit le temple, ce qui le fit arrêter. Il fut de ce chef condamné au supplice de la croix par l'autorité romaine, (et non par les Juifs), sous la procurature de Pontius Pilatus.

Quelque temps après. Jésus passa, parmi quelques disciples qu'il laissait, pour avoir été vu ressuscité.

Dix ou quinze ans après, l'homme puissant, l'ardent génie qu'était Paul (Shaoul ou Saul, dit Paul), propageait sous l'autorité de la doctrine de Jésus, le formidable mouvement d'idées qui grouillait au fond de lui-même. Sans lui la secte chrétienne se fût obscurément éteinte, comme tant d'autres, sur la terre d'Asie.

Voici maintenant quelques lignes capitales extraites des principales conclusions auxquelles aboutit celui qu'on a justement appelé le plus grand exégète des temps modernes, M. l'abbé Alfred Loisy, dans son puissant ouvrage : *Les Évangiles synoptiques* :

Jésus naquit à Nazareth. Son père Joseph et sa mère Marie eurent en plus quatre fils, Jacques, José, Simon, Jude, et au moins deux filles dont les noms n'ont pas été conservés (*Évangiles synoptiques*, I, p. 725). Le Christ était-il l'aîné de cette nombreuse famille ? C'est un problème que l'exégète laisse de côté, sans doute parce qu'il est insoluble.

Joseph était ouvrier en bois, charpentier, menuisier, charron, et Jésus exerça d'abord le métier paternel.

Ce fut probablement Jean-Baptiste qui, sans le vouloir, éveilla la vocation de Jésus. La crise que traversait la Judée avait suscité un prophète. Jean prêchait le repentir et donnait le baptême pour la rémission des péchés, en vue du grand jugement qui allait s'accomplir et du règne de Dieu qui allait venir. Jésus se fit baptiser par Jean, et quand le prophète eut été emprisonné, il résolut de prendre sa place, à un titre d'autant meilleur qu'il se sentait prédestiné lui-même au rôle d'agent principal dans le royaume, à la fonction de Messie. Son succès parut d'abord considérable dans la région de Capharnaüm, à tel point que Jésus bientôt crut opportun de s'adjoindre des auxiliaires pour son œuvre de prédication. Toute sa famille resta en dehors du mouvement et refusa de croire, de son vivant, à sa mission. Parmi ceux qui s'attachèrent plus particulièrement à lui, il choisit douze hommes qu'il jugeait capables de le seconder. Sa prédication ne dura que peu de temps : un an tout au plus, une saison peut-être.

. . . .
. . . .

La carrière et l'enseignement de Jésus ont été le grain de

sénevé qui devient un arbre, la parcelle de levain qui fait fermenter toute une masse de pâte.

Rien de plus insignifiant en apparence : un ouvrier de village, naïf et enthousiaste, qui croit à la prochaine fin du monde, à l'instauration d'un règne de justice, à l'avènement de Dieu sur la terre, et qui, fort de cette première illusion, s'attribue le rôle principal dans l'organisation de l'irréalisable cité ; qui se met à prophétiser, invitant ses compatriotes à se repentir de leurs péchés, afin de se concilier le grand Juge dont la venue est imminente et sera subite comme celle d'un voleur ; qui recrute un petit nombre d'adhérents illettrés, (n'en pouvant guère trouver d'autres), et provoque une agitation, d'ailleurs peu profonde, dans les milieux populaires ; qui devait être arrêté promptement, et qui le fut par les pouvoirs constitués ; qui ne pouvait échapper à une mort violente, et qui la rencontra.

Le souvenir et la doctrine de Jésus laissèrent des traces dans la mémoire de ses concitoyens. Quelques trente ans après sa mort, quelques années après la destruction de Jérusalem par Titus, un ou plusieurs survivants sachant écrire tracèrent sur des papyrus un certain nombre de ses propos, de ses maximes, de ses récits et des traits de sa vie et de sa fin. Ce fut la source des écrits grecs, plus ou moins modifiés, qui sont connus sous le nom d'évangiles.

Déjà, peu d'années après la disparition de Jésus, un contemporain qui ne l'avait pas connu mais s'était rallié tardivement à l'esprit de sa prédication, Paul, de Tharse, tisserand et tapissier de son état, puis citoyen romain, et juif hellénisé tout à la fois, esprit génial, tempérament susceptible d'une prodigieuse activité et d'un courage à toute épreuve, voyagea en exploitant son industrie et propagea autour de la Méditerranée jusqu'à Rome, les idées nouvelles qu'il interprétait et développait selon son propre jugement de sage et de philanthrope.

Décimés par des guerres malheureuses, les juifs se répandirent par divers pays et fondèrent des colonies notamment en Grèce et en Italie. Gardant partout l'esprit très religieux de leur nation, ils pratiquaient les rites assez simples de Jérusalem et invoquaient en les commentant les maximes de justice et d'amour de Jésus et des autres propagandistes qui l'avaient précédé.

Jésus, ils l'appelaient *Christ*, traduction grecque du mot hébreu *Messie*, ce qui leur valut, à Rome, le surnom de *christiani*, d'où : chrétiens. Ils furent très peu sympathiques à la population romaine. Tous les auteurs latins parlent d'eux en termes défavorables.

Pendant plus de deux cents ans, la religion des juifs chrétiens vécut et se propagea en occident, notamment en Grèce, en Italie et dans les pays environnants, d'une façon presque obscure et, pour ainsi dire souterraine, résistant, souvent avec héroïsme, à l'opposition politique et aux persécutions dont elle était l'objet.

Des communautés ou églises s'établirent nombreuses. Elles élisaient (1) des chefs, *presbyteroi* ou prêtres, *épiscopoi* ou évêques, désignés pour l'administration, le culte, la prédication et la propagande.

Au IV° siècle, l'empereur romain Constantin, aux prises avec des compétiteurs qui lui disputaient le trône, estima qu'il y avait un bon parti à tirer de la religion nouvelle pour ses intérêts dynastiques et s'aboucha avec les dignitaires de l'Église chrétienne. Ce fut l'admission directe et définitive de l'Église dans la politique qu'elle ne devait plus quitter jusqu'à nos jours.

Ce fait est l'évènement capital de l'histoire de l'Église : il devait avoir sur la marche de l'humanité en Occident des conséquences énormes.

M. Ajam a dit ici qu'à un moment donné l'Église catholique avait représenté un progrès dans l'évolution de

---

(1) Souvent à la majorité des voix, quelquefois par un tirage au sort.

l'humanité. Cette assertion souleva dans la salle, au lieu des applaudissements presque unanimes qui s'étaient plusieurs fois produits, ceux d'un auditeur isolé. Sans vouloir affliger cet ami de l'Eglise et moins encore l'orateur qui l'a satisfait au moins à cet instant, je désire présenter, à ce sujet, certaines réflexions.

**
**

Si M. Ajam a voulu dire que l'essence des maximes évangéliques pouvait favoriser l'adoucissement des mœurs à une époque où la prépondérance de l'élément militaire leur avait imprimé jusqu'à l'outrance son empreinte brutale et sanglante, c'est toute la concession que nous pouvons lui faire, encore ne va-t-elle pas sans réserves.

Le christianisme apportait deux choses dans le monde : une religion et une morale.

Il prétendit substituer son autorité à l'influence de la culture gréco-romaine, et il y réussit.

Ce ne sont pas seulement les religions antiques qui furent détrônées par la religion chrétienne, c'est aussi (et là est le malheur, là est le grief énorme), la philosophie rationnelle qui se propageait de plus en plus, qui fut abolie pour des siècles; ce sont les notions déjà approfondies du droit, c'est tout le progrès de l'esprit humain réalisé par une élite sociale admirable, et dont le monde aurait dû normalement profiter, qui furent écartés pour laisser toute la place au Dieu jaloux des juifs et des chrétiens.

Le monothéisme remplaçant le polythéisme : l'Eglise voit là son principal titre de gloire. Vraiment il n'y a pas de quoi, car ce Dieu, personnel comme les autres dieux, a été, comme eux aussi, envisagé semblable aux hommes et affublé des qualités humaines : goût de l'arbitraire, colère, amour de la vengeance, etc. Il n'y a pas de quoi, puisque ce Dieu unique, non seulement on l'a divisé en trois personnes, mais encore on l'a environné d'une quantité de saints, véritables successeurs des dieux païens de second ordre, comme eux munis chacun d'une spécialité et d'une part de pouvoir qui n'est pas négligeable (1).

Le grand exploit de l'Église, celui dont elle a vécu et vit encore, c'est sa victoire violente et trop longtemps assurée par la force, sur la philosophie néoplatonicienne, au moment où celle-ci, florissante, pouvait tant contribuer au développement régulier de l'esprit humain et à la prospérité sociale.

Voilà donc que l'Église, union des églises éparses, s'installe et se développe prodigieusement. Elle professe une intolérance religieuse qui contraste avec la tolérance hellénique et celle dont les romains avaient fait preuve au cours de leurs conquêtes. Elle a, nous l'avons dit, gagné à sa cause Constantin.

Depuis Auguste, l'empereur romain était chef de la religion en même temps que souverain politique : il avait le titre de Grand Pontife. L'Église fortifie en lui, mais alors à son profit à elle, la conception des droits et des devoirs illimités du souverain en matière religieuse. Dans ce grand bouleversement, l'empereur, devenu chrétien, agit en despote oriental. Plus il était pieux, plus il devait être intolérant, en vertu de ce principe que la divinité ne lui a pas confié seulement les corps mais aussi les âmes. L'Église, qui n'a pas oublié ses luttes et ses épreuves, décide qu'il faut écraser les hérétiques. Or, sont réputées hérésies les moindres tentatives de philosophie, de science, de critique ou d'étude rationnelle.

A l'esprit purement évangélique des premiers temps se substitua le dogme impératif. Ainsi s'éleva l'ortho-

---

(1) Cf. Les Saints successeurs des dieux par P. SAINTYVES, lib. Nourry.

doxie agressive et absorbante de l'Église et de l'État, ou plutôt de la religion d'État, ambitionnant la domination universelle.

Le développement du goût pour les cérémonies liturgiques qui repousse le dogme lui-même au second plan et s'inspire des rites grecs transférés dans le christianisme, achève, en un sens, le caractère de cette évolution et, de plus en plus, incite le croyant à une véritable idolâtrie (1).

Voilà pour la religion.

Quelques mots maintenant sur la morale.

La morale chrétienne peut se qualifier d'un mot : c'est la doctrine du renoncement intéressé.

La morale naturelle (développée par la philosophie), s'inspire du besoin qu'ont les hommes de se rendre mutuellement heureux pour vivre en société. Le principe de la maxime : « Agis pour les autres comme tu veux qu'on agisse pour toi », est antérieur à Confucius, aux sages de la Grèce et aux prophètes d'Israël qui, tous, l'ont formulé ; il est antérieur à l'écriture, antérieur au langage, il est adéquat au besoin de vivre en famille ou en groupe. Tous les peuples de la terre l'ont, en des termes divers, exprimé dans leur morale, leurs règles de conduite ou leurs lois.

Le christianisme a érigé la morale en préceptes impératifs soi-disant d'origine divine. Il a enseigné l'obéissance aux ordres de Dieu, jamais le bien pour le bien. Il s'est adressé à notre égoïsme en en déplaçant le but. Simplement plagiaire en cela de la plupart des religions païen-

---

(1) Un religieux, Dom Cabrol, abbé de Saint-Michel de Farnborough, dans un livre récent, a écrit : « Nous nous trouvons en face d'une objection : le culte catholique ne vient pas de Jésus ; Jésus n'avait pas de liturgie, il était ennemi des formules vides, des pratiques extérieures. Il voulait un culte intime, celui du cœur..... Il veut une religion sans prêtres et sans autels, et il n'admet d'autre temple que l'âme. » *Histoire de la Liturgie, conférences à l'Institut catholique de Paris.*

nes depuis l'Egypte primitive, il a persuadé aux hommes que tout ne se décidait pas dès cette vie et qu'il existait au-delà un lieu de récompense et un lieu de vengeance et d'expiation. Et il a fondé sa morale sur cette promesse fallacieuse et sur cette menace.

Le christianisme impose au fidèle l'amour de Dieu. Pour Dieu, la religion demande tout au pur croyant et n'hésite pas à l'affranchir des règles communes. L'idéal de perfection du chrétien, c'est la vie en extase et en prière, le renoncement à la famille, aux devoirs naturels et sociaux, la vie monastique et ascétique. Que devient, dans cet état réputé le plus parfait, le croyant que l'ardeur et la logique de sa foi y ont conduit? Sous l'empire de cette idée fixe, être voué à Dieu, il perd toute conscience des obligations de la vie, ses facultés s'effacent. On lui a dit qu'avant de naître il était déjà impur. Pour se le faire pardonner par son Dieu irrité, il sacrifie talents, intelligence, moyens de contribuer à la grande œuvre humaine, il lutte contre lui-même, contre sa nature, tue en lui jusqu'au désir et cesse, pour ainsi dire, d'exister.

Il est évident que tous les chrétiens ne tombent pas en extase, heureusement. Mais ils s'en tiennent sur le chemin. Tous professent que leur premier devoir est d'aimer Dieu et se déclarent prêts à tout lui sacrifier. Or, dans cet amour en apparence désintéressé, fleurit précisément, avec l'espoir calculé des béatitudes célestes, cet égoïsme que nous avons indiqué.

L'Église qui, comme le remarque le philosophe Nietzche, « a su jouer du sentiment de culpabilité en artiste consommée » (1), hypnotise prêtres et fidèles par la crainte,

---

(1) Décréter des péchés et des fautes réels, insignifiants ou imaginaires, amener l'enfant, la femme, l'homme à s'en accuser aux pieds de l'agent de l'Église : quelle force et quel moyen dans l'œuvre de l'asservissement de l'esprit !

la prière et les pratiques, et c'est son meilleur moyen d'écarter la concurrence des idées opposées aux siennes.

Enfin, par un prodige de sa charité, elle condamne toute la partie de l'humanité qui, dans le passé, le présent et l'avenir n'est pas avec elle et pour elle.

Je ne méconnais pas certaines manifestations exceptionnelles des grands sentiments humains : le côté compatissant de l'âme d'un François de Sales, la passion philanthropique d'un Vincent de Paul. Mais l'esprit de dévouement est chose humaine, et l'on en trouverait de beaux exemples dans tous les temps et dans tous les pays. De plus ce qu'il importe ici, c'est :

1º De considérer l'aboutissement logique, et généralement effectif, de la mentalité catholique et les conséquences communes, au point de vue humain, du renoncement imposé en vue du ciel ;

2º De comparer par la pensée ce qu'a été le monde, sous l'empire de cette mentalité, avec ce qu'il aurait dû être si l'autorité chrétienne n'avait interrompu et détruit, pour prendre sa place, le cours de l'influence directrice de l'élite gréco-romaine.

« Au milieu même de la splendeur gréco-romaine, dit le philosophe que nous avons nommé plus haut, en face du monde des lettres antiques qui existait encore dans son entier sans tares et sans lacunes, à une époque où l'on pouvait encore lire quelques livres pour la possession desquels on donnerait aujourd'hui des littératures entières, la naïveté vaniteuse de quelques agitateurs chrétiens — on les appelle les pères de l'Église — osa décréter : « Nous aussi, nous avons notre littérature classique, *nous n'avons pas besoin de celle des grecs!* » Et, sur ce, on montrait fièrement des livres de légendes, des épitres apostoliques, de petits traités apologétiques, à peu près comme aujourd'hui, à l'aide d'une littérature analogue, l' « armée du salut » anglaise combat le bon combat contre Shakespeare et d'autres « païens ».

« Je n'aime pas le « nouveau Testament », dit encore Nietzsche (1) dans un passage que je crois devoir citer ici. Cela m'inquiète presque d'être ainsi seul de mon avis sur ce livre si estimé et si surfait, (le goût de près de 2.000 ans *s'élève* contre moi) : mais qu'y faire ! « Me voici, je ne puis être autrement » (2) — j'ai le courage de ma mauvaise conscience. L'ancien testament, c'est une autre affaire. Chez lui je trouve de grands hommes, un décor héroïque et, chose rare, l'inestimable naïveté du *cœur fort* ; bien plus, j'y trouve un peuple. Dans le nouveau, par contre, règne le remue-ménage de toutes sortes de petites sectes, le rococo de l'âme, quelque chose de contourné, d'anguleux et de bizarre, l'atmosphère des conventicules, sans omettre parfois un souffle de douceur bucolique qui sent trop son époque (*et sa province* romaine), et qui du reste est plutôt hellénique que judaïque. L'humilité et l'air important s'y donnent la main ; il y a là une loquacité de sentiments qui assourdit presque ; de l'emballement, pas de passion ; une mimique pitoyable ; il est évident que toute éducation solide faisait défaut. Comment pouvaient-ils tant faire état de leurs petites imperfections, ces pieux bonshommes ! Il n'y avait pas de quoi intéresser Dieu ni personne. Pour finir, ils veulent avoir « la couronne de la vie éternelle », ces petites gens de province. Pourquoi donc ? C'est de l'impudence. Un Pierre « immortel » : qui supposerait cela ? Ils ont un orgueil qui prête à rire. Ils ne cessent de rabâcher leurs affaires personnelles, leurs sottises, leurs tristesses, leurs soucis mesquins, comme si l'essence des choses était tenue de s'en préoccuper, ils ne sont jamais las de mêler Dieu aux petits chagrins où ils s'embourbent... »

Ce côté vulgaire et mesquin du Nouveau Testament que remarque avec une si pénétrante justesse l'esprit profond de Nietzche, c'est précisément ce dont l'Église a très habilement tiré parti. Elle a exploité auprès du peuple ces puériles fictions qui lui ont permis, (et c'est là le propre de son génie), de verser dans les âmes souffrantes et déprimées des trésors ingénieux et faciles de consolation

(1) Généalogie de la Morale.
(2) Parole de Luther à la diète de Worms.

et d'espérance. Magnifique, immense résultat, dira-t-on. Oui, auquel il ne manque que d'être fondé sur la vérité.

En réalité, l'Église est la grande ouvrière, la conservatrice intraitable de l'obscurantisme. Selon le mot de Pascal : elle a abêti le monde.

Plus on étudie l'antiquité, plus on admire le degré d'intelligence, de civilisation vraie où était parvenue l'élite ; plus on déplore que tout cela ait sombré dans l'avènement de l'Église ; moins on estime la pauvreté des doctrines arbitraires, exclusives et intolérantes que celle-ci a mises à la place ; moins on aperçoit, enfin, que son triomphe et sa puissance aient jamais constitué un avantage pour l'humanité.

Revenons vite, maintenant, à la conférence de M. Ajam.

L'enseignement de l'Église est renfermé, a très bien dit M. Ajam, dans un petit livre conçu selon l'esprit et les préceptes de saint Augustin, c'est-à-dire du sixième siècle, et qui s'appelle le catéchisme. A peine modifié après plus de treize cents ans, il est toujours en usage et, tant que l'Église a détenu une parcelle de pouvoir, elle a tout fait pour l'imposer.

L'homme a toujours éprouvé la préoccupation de connaître son origine et l'explication de l'univers où il vit. Le christianisme, le catholicisme surtout, étant une religion absolue, a prétendu posséder toute science.

Adoptant d'antiques légendes babyloniennes que le judaïsme avait faites siennes, il a donné comme à lui révélés par Dieu, des récits populaires antiques de la création du monde et de l'homme et en a dicté la croyance *obligatoire* aux générations. Formant une grande philosophie théologique et cosmologique où entrent toutes les matières, l'Église a prétendu donner à toutes les questions des réponses définitives et sacrées. Le petit livre qui s'appelle le catéchisme en renferme l'abrégé, avec celui de la série des dogmes et de la morale qui leur est subordonnée.

Malheureusement pour l'Église, les découvertes scientifiques sont venues déranger ses prétentions. Ce fut d'abord l'astronomie. Selon la révélation et selon les peuples anciens, la Terre occupait le centre du monde ; elle était plate et ovale comme une table et de tous côtés environnée par l'océan. Elle est immuable dans l'espace. Autour tournent le soleil, les étoiles spécialement créés pour lui procurer de la lumière. Par dessus est le ciel proprement dit, où Dieu resplendit dans sa gloire. La distance de la terre au ciel est assez facilement franchissable et des rapports fréquents existent de l'un à l'autre. Dieu descend de temps en temps sur la terre pour donner ses lois : au premier homme, aux patriarches, à ses mandataires Moïse et les prophètes. En sens contraire, sont montés au ciel : les prophètes, Jésus fils de Dieu, la Vierge Marie et y montent constamment les âmes de ceux qui ont su plaire à Dieu pendant leur vie terrestre. Au dessous de nous, dans le sous-sol de la terre se trouve le séjour infernal où vont brûler, « d'un feu qui ne s'éteindra jamais », les réprouvés.

Cependant, plusieurs siècles avant Jésus-Christ, en Egypte, en Grèce au temps de Périclès, en Ionie, des hommes de grande intelligence, se livrant à l'observation des astres, avaient présumé ou entrevu la véritable situation respective de la terre, du soleil et de la lune. Mais leur opinion, consignée dans leurs écrits, ne pénétra pas les populations. Pythagore, notamment, six siècles avant notre ère, peut avoir compris le véritable système du monde. Philolaüs, après lui, et en partant comme lui de prémisses géométriques, avait admis le mouvement de rotation de la terre sur elle-même, produisant l'alternance du jour et de la nuit et un autre mouvement de la terre, de la lune, des planètes et du soleil lui-même. Aristarque, qui paraît avoir vécu 250 ans avant notre ère, fut chez les Grecs le véritable initiateur du système du monde solaire tel qu'on devait le vérifier plus tard. Enfin dans le premier siècle de notre ère, Plutarque mentionne la doctrine d'Aristarque, mais seulement pour indiquer sa préférence pour celle de Platon qui, elle, fut erronée et néfaste au point de vue scientifique.

A partir du moment où l'Église étend sa domination sur l'Occident, pendant plus de mille ans, le monde christianisé retombe au niveau de l'Égypte thébaine et des Hindous brahmanistes ; ce fut là nuit, l'oubli de tout ce que l'antiquité avait si péniblement appris. Toute la science allait être à recommencer.

Au commencement du XVIe siècle, à l'époque des premiers développements de l'imprimerie, le professeur polonais Copernic vint en Italie. Des imprimeurs florentins, les Aldes, ayant eu l'idée d'éditer d'après un manuscrit ancien, l'œuvre de Philolaüs, le savant polonais put l'étudier et il en fut frappé. Il la soumit au calcul, la développa et en déduisit le système qui porte son nom et qui paraît avoir été achevé vers 1527. Mais la crainte d'encourir les censures de l'Église et de s'exposer aux rigueurs de l'inquisition lui en fit ajourner la publication. Il ne la commença que rentré dans son pays et c'est seulement le jour de sa mort qu'il reçut le premier exemplaire imprimé de son ouvrage.

Les craintes de Copernic n'étaient pas vaines.

La première édition de son livre, bien que dédiée au

pape Paul V, n'en fut pas moins mise à l'index et détruite par la main du bourreau.

Il en parut d'autres éditions plus tard à Bâle et à Amsterdam. Il n'y aurait pas eu alors de pays protestants en Europe que nous n'aurions peut-être pas l'œuvre de Copernic.

Un des disciples les plus éminents de Copernic, Giordano Bruno, déduisit une remarquable doctrine philosophique des travaux de son maitre et vint la soutenir en Sorbonne à Paris. Inquiété par les clercs et chats-fourrés de la scolastique, il eut la fâcheuse idée de retourner en Italie où il fut emprisonné et brûlé.

Vint ensuite Galilée qui vérifia au miroir de son télescope ce que Copernic avait déduit du calcul et marcha de découverte en découverte. On sait le sort que lui fit le Saint-Office. Emprisonné, il fut condamné à l'humiliante rétractation à genoux de ce qu'il avait reconnu être la vérité scientifique.

Ainsi, par toutes les violences possibles, l'Église voulait sauver l'erreur nécessaire à son dogme. Ses errements n'ont jamais changé. Aujourd'hui encore, bien que ne disposant plus du pouvoir temporel qui, entre ses mains, fut si funeste au monde, elle s'efforce toujours d'arrêter l'essor de la pensée et elle interdit à ses clercs et fidèles la lecture de tout ouvrage qui se permet l'examen de ses vieilles croyances.

A cette époque, aucun père de l'Église ne pouvait admettre qu'un Dieu, le Dieu des chrétiens et des juifs, supposé le créateur du monde, eût pu venir s'incarner sous une forme humaine dans une petite planète circulant de guingois autour du soleil au même rang que cinq ou six autres, tandis que le soleil lui-même n'était qu'une étoile perdue comme toutes les autres étoiles dans l'immensité de l'espace. Il fallait, pour le dogme chrétien, que la terre continuât d'être le centre du monde, et l'homme le but final de toute la création. C'est que, dans le système nouveau, l'argument du ciel et celui de l'enfer ne trouvaient plus de place.

Et en somme, l'Église a eu beau faire, les découvertes de Copernic et de Galilée ont porté à la foi d'irréparables atteintes. Avec la nouvelle conception du monde, le peuple devait forcément en arriver à douter du Dieu personnel, créateur et régisseur de l'univers, tel que le montre la Bible et tel que l'a adopté le christianisme ; à douter du paradis, dont les télescopes fouilleurs du ciel n'aperçoivent nulle part la trace ; à douter de l'enfer, dont la géologie, science également redoutée de l'Église parce qu'elle sonde les profondeurs du sol terrestre, ne révèle aucunement l'apparence.

Ébranlée dans cette espérance, détournée de cette crainte, mise en défiance par la vue des profits et des jouissances dont abusaient, à ses dépens, ceux-là mêmes qui la berçaient de la chanson des récompenses et châtiments ultra terrestres, la pauvre humanité finit par se dire qu'une part de bien-être et qu'un peu de justice ici-bas serait chose plus sûre et de meilleur aloi (1). Et, dans ce grand nombre de pauvres gens, dans cette démocratie, enfin, la protestation s'éveilla, sourdement d'abord et plus manifestement avec la marche du temps. L'élite sociale, les gens instruits, les philosophes, les savants, les hommes de cœur parmi eux du moins, frappés de l'inanité des

---

(1) Dans sa récente brochure destinée à faire accepter par Pie X les mutualités de vieux prêtres, M. Fuzet, archevêque de Rouen, cite ses paroles du pape Léon XIII : « ... Préférer un bien présent et certain à l'espérance douteuse et à l'attente incertaine d'un plus grand bien... ». Le curieux rapprochement que nous nous permettons, n'était pas, sans doute, dans la pensée du Pontif ni dans celle du Prélat qui la rapporte, mais le peuple n'avait pas attendu que le pape exprimât cette idée pour la concevoir et l'appliquer au détriment de la croyance.

mystères religieux d'une part, et, de l'autre, de la détresse des malheureux auxquels tout est peine et misère, vinrent courageusement au secours de cette démocratie.

« A partir du XVIe siècle, dit éloquemment M. Joseph Fabre au début de son bel et récent ouvrage (1), grand siècle plein de sève et de vie, l'intelligence européenne, émancipée du joug des autorités religieuses par la Réforme de Luther qui était grosse d'orages politiques et de révolutions intellectuelles que son auteur ne prévoyait ni ne voulait, émancipée du joug des autorités par Ramus, l'infatigable adversaire d'Aristote ; par Rabelais, le gigantesque railleur ; par Montaigne, le profond douteur ; par Galilée, le savant penseur, enfin, par les inventeurs et les artistes de la Renaissance, commence à reprendre les grandes traditions de l'antiquité ; se retrempe aux sources vives de la nature, rompt avec le pédantisme ergoteur et vide, s'affranchit du servage théologique.....

« Pourtant, le fanatisme voyant se dissiper la nuit où il prétendait emprisonner les âmes, redoublait ses fureurs....., [mais c'est lui qui] était frappé à mort et ce qu'il voulait tuer était fait pour vivre ».

Une fois encore je m'aperçois que je m'écarte, en suivant ma propre pensée, de la conférence de M. Ajam. Il me faut revenir en arrière et m'arrêter avec lui au tableau que présentait, au moyen âge, la situation du peuple, l'état de la démocratie.

La période qui suit les troubles de la fin de l'Empire romain et l'établissement de l'Église chrétienne, s'appelle le Moyen âge et embrasse une durée d'environ mille ans, du IVe au XIVe siècle.

Quel est, pendant ce millénaire, le sort du plus grand nombre des hommes ? Trois puissances le dominent :

(1) La pensée moderne de Luther à Leibniz. — Lib. Alcan.

la Monarchie, l'Église et les Seigneurs. Les deux premières surtout s'entendent pour exercer la souveraineté.

Le monde est loin d'être changé aussi complètement qu'avaient pu l'espérer les premiers chrétiens. Sous le règne de la religion nouvelle, les hommes ne se sont pas mis à se traiter en frères. La misère continue de s'étaler à côté de l'opulence, la licence et la violence n'ont pas disparu ; les guerres et les drames sanglants se succèdent presque sans discontinuer. Les évêques, en accumulant des richesses et en harcelant les « hérétiques » montrent qu'il est des accommodements avec l'Évangile. De persécutée qu'elle fut à ses débuts, l'Église est devenue persécutrice à son tour.

Toutefois, pour être impartial, il faut reconnaître que l'action de l'Église ne fut pas toujours néfaste, de même que la monarchie ne fut pas en tout et partout malfaisante. Nulle œuvre humaine n'est complètement mauvaise ; aucune, en revanche, n'est absolument bonne. L'Église eut donc une action bienfaisante à plusieurs reprises : en essayant, (sans y réussir, il est vrai), à faire régner la Trêve de Dieu, c'est-à-dire la paix (1) ; en instituant des œuvres de bienfaisance et d'enseignement. Mais combien plus grands eussent été les résultats, on ne saurait trop le remarquer, si sa doctrine eût été plus tolérante, moins exclusive de la raison, moins calculée en vue de ses intérêts.

Sous la domination de la Monarchie, de l'Église et des Seigneurs féodaux, au bas de l'échelle sociale, il y a les serfs. La différence entre le serf du moyen âge et l'esclave

---

(1) Conforme à ses intérêts, qui souffraient des petites guerres que se faisaient les seigneurs entre eux. Guerroyant dans un but de gain et profit, soudards et routiers incendiaient souvent les abbayes, pillaient les églises, abolissaient le service divin et désolaient les religieux.

de l'antiquité, c'est que le serf peut constituer une famille, cultiver un lopin de terre et qu'il ne peut être vendu qu'avec l'une et l'autre. A cela près, le serf est esclave.

Son lopin de terre, il lui est défendu de le quitter; s'il s'enfuit, son maître, (roi, seigneur ou dignitaire de l'Église), exerce sur lui le « droit de suite » et, s'il le trouve, il le punit cruellement. Le serf ne peut épouser une serve appartenant à un autre seigneur sans autorisation (1). Son maître hérite de lui et non ses enfants. Le serf, disait-on, « a la main morte pour donner », ce qui signifiait qu'il n'avait le droit de rien léguer au siens. Enfin, son maître peut exiger de lui autant de « corvées » ou services de corps qu'il lui plaît : ce sont des journées de travail gratuit. Il exige des redevances en nature ou en argent, qu'on appelle des tailles. Le serf est taillable et corvéable à merci, c'est-à-dire jusqu'à ce qu'on ait pitié de lui.

Au-dessus du serf est le serf affranchi ou vilain libre. En des moments de gêne, le seigneur octroie la charte d'affranchissement aux serfs moyennant finances. Dès le XIIIe siècle, presque tous les serfs sont devenus libres. Il existe cependant encore des serfs sous Louis XVI au moins sur le domaine royal. Le vilain peut quitter sa terre et s'établir ailleurs. Il peut léguer ses biens mobiliers et même vendre le lopin de terre qui lui est affermé et dont, à la longue, il se considère comme le vrai propriétaire. Il peut disposer de son travail et de ses produits lorsqu'il a acquitté vis-à-vis de son seigneur *le cens* ou prix de sa libération. Mais il doit au seigneur des péages pour circuler sur les routes et les ponts. Il ne peut moudre son blé, cuire son pain ou fabriquer son vin qu'en ayant

---

(1) Quand un serf épousait une serve appartenant à un autre seigneur, les deux seigneurs se partageaient les enfants.

recours au moulin banal, au four banal, au pressoir banal que le seigneur lui fait payer cher. Ces charges déguisées s'appellent les banalités.

Le seigneur a seul droit de chasse partout et ravage les champs impunément ; défense au paysan de protester ou de toucher au gibier sous peine d'être pendu. Le seul tribunal auquel le paysan puisse se plaindre est précisément celui du seigneur ; or, selon la coutume, il n'y a d'autre juge, entre le seigneur et le vilain, que Dieu.

A ces charges accablantes, il faut joindre la dîme payée aux prêtres. Tout ceci a pour résultat de maintenir l'agriculture dans un état lamentable. Pendant tant de siècles, aucun progrès ne se fait ni dans le matériel agricole, ni dans le mode de culture, ni dans la plupart des industries humaines. Aucun bien-être chez le paysan, ses vêtements sont sordides, sa maison un taudis.

Rien de plus pitoyable que l'aspect d'un village d'alors blotti contre les murailles du château ou de l'église paroissiale ; cabanes de torchis, souvent sans fenêtres, lits de feuilles sèches où de paille où couche pêle-mêle toute la famille ; devant la porte, du fumier, des immondices, des eaux croupissantes. Pour nourriture, pain noir, châtaignes, légumes, quelquefois un peu de viande de porc. Mais vienne une mauvaise récolte, une de ces guerres qui sont si fréquentes et ruinent les cultures, alors ce tableau qu'a dû abréger M. Ajam, s'assombrit davantage encore. C'est la famine et ses horreurs. On ne sait pas assez maintenant jusqu'où descendaient les instincts de l'homme sous l'action de ce fléau qu'on a vu se renouveler jusqu'à soixante-dix fois en un siècle en certains points de la France. On mangeait l'écorce des arbres ou l'herbe des champs. M. Ajam a parlé d'abord du temps antique où régna l'anthropophagie. Sous l'empire de la famine on en vit de véritables accès dans certaines campagnes de

France, au moyen âge, comme sur certains vaisseaux perdus et désemparés à travers l'Océan (1). Sur les routes on assaillait un voyageur isolé pour le manger ; ses membres étaient dépecés, grillés, dévorés. Un contemporain rapporte que des enfants étaient attirés à l'écart par l'appât d'une pomme ou d'un œuf, et que là on les égorgeait. Près de Mâcon, dit un historien, on trouve chez un malheureux quarante-huit têtes d'hommes, restes de ses horribles repas.

Le curé est l'intermédiaire entre le pouvoir et les paysans. C'est lui qui leur apprend ce que le bon roi exige d'eux : ce que chaque maison, « chaque feu », comme on disait, allait avoir d'impôts nouveaux à verser au passage du percepteur du roi, ce qu'il va falloir que chacun paie pour la rançon du seigneur fait prisonnier à la guerre.

Souvent, bestiaux, charrue, on prend tout au paysan et on le met à la torture pour lui faire dire où il a pu encore cacher quelque chose.

D'interminables guerres favorisaient le pillage, les voleries de bétail, de provisions et de mobilier, sans compter les incendies car, comme l'avait dit un roi d'Angleterre : « Guerre sans incendies ne vaut, non plus que tripes sans moutarde ».

Il est convenu, selon la formule du temps, que, pour le service du roi, le seigneur paie de son épée, le prêtre de ses prières, et le vilain ou le manant paie de ses deniers et de sa personne.

A côté de cela règnent des superstitions telles que le paganisme n'en imagina jamais de plus grossières.

---

(1) Dans ses remarquables mémoires, le général Marbot, racontant les horreurs du siège de Gênes en 1800, dit des malheureux prisonniers autrichiens relégués sur les pontons par Masséna : « Après avoir mangé leurs brodequins, leurs havre-sacs, leurs gibernes, *et même peut-être quelques cadavres*, ils moururent presque tous d'inanition.

Il fallait, dit M. Rambaud, ne commencer à labourer qu'après avoir promené trois fois du pain et de l'avoine autour de la charrue avec un cierge allumé, en récitant des prières ; on ne devait filer ni coudre le jeudi ni le vendredi parce que cela faisait pleurer la Sainte Vierge. Tracer une croix sur la cheminée empêchait les poules de s'égarer, etc., etc.

La peur du diable et sa conséquence, la peur de la mort étaient inculquées dès l'enfance. Les prédicateurs menaçaient à tout propos les pécheurs de la damnation.

Les plus coupables, dit M. Lavisse, pouvaient être frappés d'une peine terrible : l'excommunication.
La cérémonie de l'excommunication était faite pour inspirer la terreur : elle était accompagnée de malédictions solennelles. On lisait la sentence devant le peuple assemblé à l'église ; les évêques et les prêtres tenaient à la main des torches allumées ; ils les éteignaient en s'écriant : « Ainsi Dieu éteigne la vie de l'excommunié ! » Celui-ci était retranché de la société des fidèles ; ses amis, ses serviteurs le fuyaient ; nul ne s'asseyait à sa table ; ce qu'il touchait était souillé…

L'Église, on le sait, essaie encore aujourd'hui la pénalité de l'excommunication, mais combien timidement et quel dommage pour elle que cette arme, si terrible autrefois, soit maintenant si émoussée et si ridicule.

Tel fut, en abrégé, l'état de la démocratie au moyen âge.

Au régime de la féodalité succède, à partir du XV° siècle, celui de la monarchie absolue qui a réalisé l'unité française.

Sous la monarchie absolue, le nombre des serfs alla sans cesse en décroissant. Les fermiers et les métayers étaient de plus en plus nombreux.

Autre signe de progrès, les besoins des paysans se sont accrus : si leur habitation a toujours l'air misérable, si les plus aisés ne mangent guère de viande qu'aux grandes fêtes, du moins l'usage des draps de lit se répand dès le

XVIe siècle, le vêtement s'améliore sensiblement et l'usage des sabots se généralise.

Cependant, les exigences de l'impôt de toute nature subsistent. On a calculé que sur une valeur de 100 francs de revenu, l'impôt royal, les droits féodaux et la dîme ecclésiastique enlevaient au paysan 81 fr. 71 et lui laissaient 18 fr. 29. Et pires encore que l'impôt lui-même étaient les tracasseries et les cruautés de son recouvrement (1).

---

(1) Voici, à ce sujet, un curieux passage d'un ouvrage de mœurs historiques (*Histoire d'un Village*. Delox.)

« Le roi a dit : Il me faut tant de millions. L'intendant de la province a écrit : Ce village paiera tant pour sa part. Il s'agit de tirer cet argent aux paysans. Ce ne sont pas des employés du Gouvernement, ce sont des gens du village, choisis parmi les plus aisés, que l'on désigne pour cette corvée où il n'y a que des malédictions et des haines à recueillir.

L'année dernière, c'était Jean du Chêne, le gros Pierre Leroux et Guillaume qui étaient « collecteurs ». Cette fois, c'est le tour à Simon le Vanier, à Jacques du Chemin et à Jean des Touches. « Hélas ! dit l'un, je ne sais ni lire ni écrire, pas plus que les deux camarades, guère compter. — N'importe, répond l'homme de l'intendant. Ce n'est pas mon affaire, il faut tant. Faites payer comme vous voudrez. S'il en manque, c'est vous qui compléterez ».

Que faire ? Tant d'argent ! Où le trouver ? Tout le monde est déjà ruiné. Ils n'en dorment plus. Les mauvaises années surtout ; où prendre quand il n'y a plus rien ? Les gens sont couverts de haillons. Si quelques-uns ont caché sous la pierre du foyer ou dans le coin de l'étable quelques pièces économisées en se privant de tout, ils s'arrangent pour avoir l'air plus misérables encore que les autres. « Car, pensent-ils, si on savait que nous avons quelques sous, vite on nous les prendrait ».

Les trois collecteurs se réunissent dans une grange. A eux de répartir la taille, de décider combien paiera chaque famille. Ils disputent longtemps. Chacun voudrait bien ménager un peu ses parents, ses amis. Enfin, quand c'est arrangé, ils sortent, tous trois ensemble, pour se soutenir. Ils vont de porte en porte, demandant, exigeant, menaçant et ne recueillant que des cris et des injures.

Il faut recommencer cinq à six fois, ahuris, bousculés. Ils menacent des soldats, de la prison. A peine arrachent-ils le quart de la somme.

L'intendant, qui ne voit pas venir l'argent, envoie au village des huissiers, des recors, des sergents. Les villageois prient, supplient, promettent. Qu'on leur donne du temps, qu'on attende telle récolte, telle foire. On fait boire les agents. Ils emportent quelques sous et beaucoup de promesses.

Un mois après, ils reviennent. L'intendant s'est fâché. Les huissiers saisissent, font emmener par les sergents tous les bestiaux du village sans

Peu à peu, émerge du peuple une classe nouvelle, qui continue à en faire partie, mais qui, en réalité, se différencie du reste du « tiers-état » par sa fortune, son genre de vie et son instruction : c'est la bourgeoisie. Ce sont ceux qui, par leur habileté, leur esprit d'économie ou leur avarice, souvent aussi par leur dureté envers leurs aides, ou encore par des héritages, réussissaient à *amasser*. Il est à remarquer qu'ils n'eurent de bonne heure en France qu'un rêve : devenir ou faire de leurs fils des fonctionnaires du roi. Les rois, spéculant sur cet engouement, leur vendirent toutes les charges, moyennant certaines garanties apparentes ou réelles de capacité.

Malgré les guerres politiques et religieuses qui ont ensanglanté l'Europe et entravé la marche de l'humanité de la fin du XV° siècle à la fin du XVIII°, dit, en substance, M. Ajam, les progrès réalisés pendant ces trois siècles ne sont pas niables : progrès matériels et progrès intellectuels. Le progrès matériel consiste dans la multiplication des industries, des échanges commerciaux, des voies de communication, dans l'accroissement de la navigation maritime (1), dans l'augmentation du luxe des classes riches.

Toutefois, on ne peut oublier que ce développement du

---

s'inquiéter qui a payé ou pas payé, car les habitants sont *solidaires* : cela veut dire que si le voisin ne paie pas vous payez pour lui ; le roi ne veut rien perdre.

Les huissiers s'installent dans la rue, font enlever et vendent à la criée les meubles quand il y en a, la table, le banc, le lit, le berceau, hélas ! le petit berceau où dormait tout à l'heure l'enfant. Ils y ajoutent les portes et les fenêtres, décrochées. C'est donné plutôt que vendu à deux ou trois brocanteurs avertis et venus de la ville pour faire une bonne affaire.

Ce n'est pas tout. Les collecteurs sont saisis à leur tour, et la somme est loin d'être complète ; alors, on les emmène en prison d'où ils reviendront dans quelques mois malades et ruinés pour toujours. L'année prochaine ce sera le tour de trois autres.

(1) On sait que l'Amérique, longtemps appelée le *Nouveau Monde*, avait été découverte par Christophe Colomb en 1492 et que son exploration excita le zèle des hardis navigateurs des XVI° et XVII° siècles.

luxe et de la prospérité, qui favorise les privilégiés, n'empêche pas la misère de renouveler fréquemment ses sinistres apparitions dans la classe la plus nombreuse. Les années 1707, 1725, 1739, 1740 et un certain nombre d'autres en ce siècle, sont marquées par des disettes où les paysans mangent de l'herbe, du pain de fougères, des animaux en putréfaction et sont décimés par la maladie et la faim. En 1739 et 1740, des soulèvements occasionnés par l'excès du mal se produisent en diverses régions notamment à Caen et à Rouen. Vauban, Fénelon, Saint-Simon, à des dates différentes, comparent le pays à un hôpital de mourants et de désespérés. Ainsi, le progrès et la prospérité marchent, mais accompagnés à courte distance d'un sinistre cortège. La cour, les riches et l'Eglise s'efforcent à maintenir le peuple dans un état d'esprit qui l'empêche de se plaindre et surtout de trouver illégitimes leur opulence quelquefois prodigieuse, leur morgue, leur perfidie et leur dureté.

Les progrès intellectuels se manifestent par l'éclosion des écoles de littérature et de peinture originales dans tous les pays. La science, grande puissance internationale qui ne connaît ni frontières, ni haine fratricide, ouvre des horizons grandioses.

Enfin, les philosophes français du XVIIIe siècle, Rousseau, Voltaire, Diderot, Condorcet, etc., font entrevoir aux hommes de bonne volonté, la possibilité d'un avenir radieux. Ils communiquent à toute l'Europe quelque peu de leur espoir dans le triomphe de la raison humaine sur les préjugés du passé et les iniquités sociales, et le monde en les entendant commence à tressaillir, pressentant une ère nouvelle. Ils sont les pères de la Révolution qui s'avance.

**

A la vérité, la Révolution Française est l'œuvre de la bourgeoisie. Devenue la classe la plus riche et la plus instruite de la société, tenant le commerce, l'industrie, les finances et de nombreux domaines, c'est de son sein qu'étaient sortis les grands écrivains émancipateurs, véritables éclaireurs avancés, et c'est elle, en même temps, qui prêtait au trésor royal les capitaux énormes dont la privation, quand elle les refusa, précipita les embarras de la monarchie. Les craintes que lui inspirait la gestion des affaires de l'État l'incitèrent à exiger des réformes. Mais elle savait qu'elle pouvait compter sur le peuple des villes et des campagnes qui, las de souffrir, exhala toute la haine qu'il avait au cœur depuis des siècles contre la dîme, contre les droits féodaux, contre le poids écrasant des impôts, contre l'arbitraire et les abus de la royauté du bon plaisir. Napoléon disait que l'infanterie est la reine des batailles, la démocratie fut cette infanterie dans la bataille révolutionnaire. Bataille formidable et sans précédent où la nation française se délivra, par un héroïque effort, du triple joug de la royauté, de l'Église et des droits seigneuriaux.

Comme il arrive souvent dans les guerres, l'élan irrésistible du parti victorieux l'entraîna trop loin. Telle avait été l'injustice du passé, telle avait été la cruauté des privilégiés, telle avait été la souffrance du peuple qu'une fois engagé à fond dans le mouvement réformateur on ne vit qu'une solution : détruire entièrement le ci-devant état de chose et refaire à neuf la société pour l'avenir. Dans l'élan furieux d'extermination du mal, quoi d'étonnant si l'on ne s'arrêta pas aux limites qu'approuve la froide raison des temps apaisés ? (1)

---

(1) Les massacres de septembre, par exemple, si regrettables soient-ils, furent l'œuvre d'un peuple exaspéré par les nouvelles de la frontière où les uhlans coupaient les oreilles des officiers municipaux et les leur

Malheureusement, comme l'a dit M. Ajam, au flux de l'océan succède le reflux ; la grande action révolutionnaire fut suivie d'une sinistre réaction.

La marche rapide des événements, les troubles inhérents à la réorganisation, les succès de nos armées au dehors, incitèrent un jeune général victorieux à concevoir l'ambition du pouvoir suprême. Bonaparte ne craignit pas d'entreprendre le rétablissement à son profit de ce qu'avait détruit, au prix de son sang, toute une génération d'hommes. Doué d'une énergie et d'une activité prodigieuses, favorisé par les circonstances, secondé par ses troupes qu'il avait su amener à lui obéir aveuglément en tout, ce despote de génie comprit bien vite que, pour asservir de nouveau le pays, il n'était rien de tel que le concours de l'Église. Il s'empressa de conclure, avec le pape d'alors, ce concordat qui rétablissait en France le clergé romain et faisait des évêques et des prêtres des fonctionnaires à lui. Peu d'années après, les curés enseignaient à tous les enfants de France le catéchisme impérial, où l'obéissance à l'empereur découlait des commandements de Dieu, et la nation surprise se voyait abandonnée au régime de la plus dure et de la plus dangereuse tyrannie (1).

***

L'empereur Napoléon disparut, laissant la France en

---

clouaient sur le front, où Longwy avait été livré par trahison, Verdun investi ; par les conspirations découvertes en province, par l'insolence des royalistes calculant le jour où l'ennemi serait à Paris et conspirant jusque dans les prisons. Napoléon lui-même a dit à Sainte-Hélène que « cette réaction *en petit* de la Saint-Barthélemy » était « dans la force des choses et dans l'esprit des hommes ».

(1) Taine a admirablement montré comment le clergé et la magistrature jouaient, dans l'organisation impériale, le rôle d'une gendarmerie supérieure destinée à assurer la stabilité du régime.

ruines et la démocratie éprouvée par les énormes pertes d'hommes, résultat de guerres insensées.

La Révolution, toutefois, n'avait pas été faite en vain. Le sentiment de la liberté politique était acquis à la mentalité nouvelle. Le roi Louis XVIII, longtemps exilé en Angleterre, y avait vu fonctionner le gouvernement parlementaire. Il crut prudent d'octroyer à ses sujets, une *Charte* qui leur garantissait le maintien d'une partie des libertés conquises par la Révolution. Mais le clergé avait repris de plus belle sa situation politique et son pouvoir devait, non seulement survivre longtemps à celui de Napoléon qui l'avait rétabli, mais grandir de jour en jour. Il prit une part active aux élections et réussit à faire nommer une chambre plus royaliste que le roi (1) et qui, en janvier 1821, invita le gouvernement « *à fortifier l'autorité de la religion sur l'esprit des peuples et à épurer les mœurs par un système d'éducation chrétienne et monarchique* ». En exécution de ce vote, le roi publia une ordonnance posant la religion, la monarchie, la légitimité de la charte, comme les bases essentielles de l'éducation publique. Les évêques eurent la tâche d'inspecter les écoles. Les curés prirent chez eux des élèves. La congrégation travailla sans relâche, s'affiliant des congrégations secondaires et organisant des œuvres innombrables. L'Église se retrouvait en pleine possession de son rôle naturel : inculquer au peuple, par les croyances légendaires, la mentalité d'asservissement.

Vint la Révolution de 1830. L'esprit borné et par trop arriéré de Charles X l'ayant entraîné à des mesures excessives, la démocratie se joignit encore à la bourgeoisie pour un nouvel effort contre la vieille monarchie qu'on

---

(1) La « Chambre introuvable ».

voulait faire revivre. Les barricades se dressèrent dans les rues, le peuple arbora le drapeau tricolore et, après trois jours de combat, les insurgés étant vainqueurs, Charles X prit la route de l'exil.

Alors, la bourgeoisie craignit que le concours du peuple ne ramenât la République, régime trop favorable à la démocratie, et s'empressa d'offrir le pouvoir à un prince de la famille royale qui, de son côté, le guettait d'un œil ardent. Le duc d'Orléans, appelé alors par Lafayette « la meilleure des Républiques », devint roi sous le nom de Louis-Philippe Ier. La démocratie dut ajourner encore la réalisation de ses rêves.

« Supposez, dit M. Ajam, une table copieusement servie, qui, pendant longtemps, reste l'apanage d'un seul. Une société d'un certain nombre de personnes ayant pu s'en emparer, jouit maintenant des repas abondants. Mais voilà qu'une foule de gens s'approchent et laissent clairement apercevoir que, pour prendre une petite part au banquet, ce n'est pas l'appétit qui leur manque. Les nouveaux occupants ne l'entendent pas ainsi et, n'en trouvant pas trop pour eux, font en sorte d'écarter la foule gênante ». Cet apologue est un peu l'histoire de la bourgeoisie et de la démocratie à la suite de toutes nos révolutions. Le peuple fut toujours à la peine et partout au danger, toujours plein d'espérance. N'ayant jamais rien à perdre, il avait toujours tout à gagner.

Mais la bourgeoisie seule, plus instruite, plus intrigante et surtout plus riche, sut voir ses avantages politiques, économiques et sociaux s'accroître et tous les sommets lui devenir accessibles. Sous Louis-Philippe, comme sous ses prédécesseurs, on appliqua le cens électoral, c'est-à-dire que ceux-là seuls pouvaient voter qui payaient une certaine somme d'impôts et ceux-là être élus qui en payaient une plus forte encore. Il y eut en France 200.000 électeurs (1) et 25.000 éligibles. La démocratie tout entière continua d'être exclue du droit de suffrage réservé aux propriétaires, industriels, banquiers et négociants.

C'était aussi le temps de la garde nationale : celle-ci, comme les autres institutions appelées à jouer un rôle dans l'Etat, fut exclusivement composée de bourgeois. Le peuple en fut écarté, on se défiait de lui et, en effet, ce n'est pas lui qui avait grand intérêt à défendre la Constitution rédigée plus contre lui qu'en sa faveur.

A cette époque commença le bouleversement économique qui s'est prodigieusement développé depuis. Les mines, les machines agricoles et industrielles, les chemins de fer, les bateaux à vapeur firent leur apparition. Pour exploiter le tout, se fondèrent, avec les capitaux bourgeois, les grandes compagnies. Quant au peuple, on songea aussi à lui : on fit appel à ses bras et, pour obtenir la main-d'œuvre à plus bas prix, on employa, outre les hommes faits, des travailleurs de tout âge autant que ce fut possible. On citait des ouvriers de neuf, de sept et même de six ans. On reconnut, il est vrai, la nécessité d'une loi limitative à cet égard. On la fit, mais elle resta lettre morte. Sous le second empire, Jules Simon put écrire son livre : *L'Ouvrier de huit ans*.

C'était le temps du service militaire où les riches pouvaient se faire exempter à prix d'argent et éviter la caserne, mais où tous ceux qui n'avaient ni une fortune suffisante, ni la chance de tomber sur un bon numéro, passaient sept années de leur vie au régiment.

Le servage était pour toujours aboli, mais le peuple restait aux prises avec toutes les difficultés de l'existence.

Cependant, certaines manifestations socialistes se produisirent à Paris et à Lyon. Des esprits éminents et

---

(1) Sur environ huit millions de citoyens.

généreux, tels que Saint-Simon, Fourier, Louis Blanc et leurs amis proclamèrent la nécessité de diminuer les injustices sociales.

Quant au clergé, s'apercevant que sous le précédent régime il s'était trop avancé dans le sens de la réaction, ce qui l'avait rendu impopulaire, il fit une volte-face habile : il affecta de devenir libéral. Cela le servit bien quand vint la Révolution de 1848.

Au mois de février de cette année, la troupe ayant tiré sur la foule au cours d'une manifestation, les barricades se dressèrent aussitôt dans les rues étroites des quartiers populaires, on envahit la Chambre des députés et Louis-Philippe s'enfuit, comme Charles X, tandis que républicains et socialistes proclamaient la République.

*
* *

La République de 1848 ne put pas vivre. Pourquoi ? Parce qu'elle fut une République cléricale.

Au lendemain de la révolution de février, tous les partis se réclamaient de l'Évangile. Lamennais y découvrait les principes d'une démocratie radicale. On exaltait la morale du « Sans-Culotte Jésus ». De fervents républicains rêvaient d'une réconciliation de l'Église avec la liberté, et, illusion prodigieuse, comptaient sur le pape Pie IX pour y présider.

La bourgeoisie, sous Louis-Philippe, avait été libérale et voltairienne, et volontiers avait boudé l'Église. Celle-ci ne regretta pas cette royauté qu'elle avait subie plus qu'elle ne l'avait aimée. Elle vit son intérêt à marcher avec la révolution, à la diriger, sauf à la mettre tout à fait à la raison quand, plus tard, elle dominerait la situation. Aussi, d'un bout à l'autre de la France, l'Église poussa-t-elle des acclamations en l'honneur du gouvernement nouveau. Partout les curés bénissaient les arbres de la liberté et chantaient des *Te Deum* en faveur de la République.

Une chose est à retenir de cette époque, pour la démocratie : le suffrage universel lui fut rendu. Il est vrai que quand elle demanda davantage, ses porte parole furent massacrés ou déportés et de plus bafoués sous l'appellation de *partageux*.

Les membres du gouvernement provisoire, sans être des croyants, ne parlaient du catholicisme qu'avec respect, semblant considérer, dans le chaos révolutionnaire, que l'Église restait une force organisée, précieuse à la société. Le mot : « Il faut une religion pour le peuple » vit alors les plus beaux jours de son exploitation (1).

Aux élections de 1848 et à celles de 1849, le clergé, sous le vernis républicain dont il s'était recouvert, prit une part extrêmement active aux luttes politiques. Le peuple, peu instruit, facile à abuser, s'y trompa si bien que presque aucun des candidats que l'Église combattait ne fut élu. Les Parlements de la deuxième République furent parfaitement cléricaux.

Alors qu'arriva-t-il ? Le service de Rome prima le service des intérêts français. Une expédition militaire fut envoyée en Italie pour rendre au pape la souveraineté de ses États. Une loi sur l'enseignement, la loi Falloux, fut votée pour permettre à l'Église cette mainmise sur la jeunesse dont souffre encore notre pays divisé. Puis, enfin, un prince de la famille Bonaparte, élu président à la suite d'un véritable marché, s'entendit avec le haut clergé et avec le haut commandement de l'armée pour balayer le

---

(1) Il y a 2.000 ans déjà, Cicéron écrivait : « *Oportet populum in religione decipi* ». (La religion nous est utile pour tromper le peuple, ou, littéralement : Il est opportun que le peuple soit pris ou abusé par une religion).

Parlement élu. Il rétablit le trône impérial, à l'imitation de son oncle, et accapara comme lui le pouvoir suprême, et même, pendant plusieurs années, le pouvoir absolu.

Alors ce fut pour dix-huit ans la France privée de la libre disposition d'elle même et de ses destinées. Ce fut la compétition incessante de l'Église et du pouvoir civil, ayant besoin l'un de l'autre, le second demandant à la première son concours auprès des populations, et celle-ci montrant au pouvoir des exigences toujours excessives.

Enfin arrive le désastre final où sombre le régime impérial et d'où la France ne devait sortir que mutilée.

Le parti républicain recueille, sans révolution violente à l'intérieur, le pouvoir devenu vacant, mais cela, en pleine crise guerrière, dans le pays envahi. Et il fait face à l'ennemi, quoique voyant, éploré, nos armées prisonnières prendre le chemin de l'Allemagne.

L'Italie profite de notre désarroi pour réaliser enfin le vœu auquel les gouvernements français, pour s'assurer le concours du clergé, avaient si longtemps mis obstacle ; elle complète son unité nationale, rétablit Rome sa capitale et réduit le pape au gouvernement spirituel de la catholicité.

Ainsi se trouve instaurée la troisième République française, en pleine détresse et au milieu de difficultés inouïes.

Quelle que soit la valeur des hommes, on n'improvise pas du jour au lendemain, dans un pays en partie épuisé surtout, des armées nouvelles capables de résister à des armées aguerries et déjà victorieuses. Après une lutte prolongée qui reste son honneur, la France fit la paix, au prix de quels sacrifices ? On ne le sait que trop.

Le pays élit une Assemblée dont les membres se partageaient à peu près également entre républicains et cléricaux réactionnaires. Mais ces derniers eux-mêmes se divisaient en partisans de chacune des trois dynasties ayant régné en France dans ce siècle.

L'Assemblée porta au pouvoir M. Thiers, ancien ministre de Louis-Philippe, ancien député d'opposition libérale sous l'empire.

La démocratie parisienne, inquiète de l'aspect réactionnaire de l'Assemblée et peu rassurée par les antécédents de l'homme qui l'avait traitée de « vile multitude » en 48, fonda un autre gouvernement sous le nom de Commune de Paris. Une lutte s'engagea qui devait laisser de tragiques souvenirs.

La Commune vaincue, les vieux partis monarchistes s'agitèrent pour reprendre le pouvoir. Secondant leurs efforts et les encourageant, l'Église est derrière eux tous, quoique donnant la préférence à la royauté légitime. Elle arbore dans ses temples le drapeau blanc et repousse alors le drapeau tricolore qu'elle devait cyniquement exploiter plus tard quand auraient disparu les espoirs qu'elle avait entrevus dans les plis du premier.

Tour à tour les partis monarchistes s'amoindrirent et disparurent. Après les avoir excités et servis l'un après l'autre dans leurs luttes contre la République, l'Église, restée seule, continue inlassablement à poursuivre de son hostilité tout ce qui est vraiment républicain. Successivement, les lois et les mesures gouvernementales, souvent provoquées par son opposition agressive, viennent lui enlever de ses privilèges et limiter ses puissants moyens d'action. Mais on peut être bien tranquille ; plus ultramontaine et plus étroite dans ses vues que jamais, elle reste à l'affût, ardente à saisir toutes les occasions de combattre le nouvel état de choses, et, si d'aventure un ambitieux quelconque se présente avec les moindres chances de succès pour s'emparer du pouvoir, on peut être certain que l'Église sera avec lui ou plutôt derrière lui.

En attendant, c'est vers le peuple qu'elle est aujourd'hui tournée. Le corps électoral étant maintenant le maître, l'Église s'ingénie à gagner sa sympathie et à former, pour son parti, le plus d'électeurs possible.

Elle insiste moins, à cette heure, sur certains côtés de la pratique dévote autrefois plus rigoureuse ; on essaie davantage de frapper les esprits par le côté théâtral et de séduire le public par des œuvres et des institutions attrayantes mais où l'esprit religieux est, en réalité, méconnu.

Ces habiletés destinées à gagner à la fois les suffrages politiques et les subsides pécuniaires plus nécessaires que jamais depuis la séparation, n'entraînent qu'une minorité. Le peuple semble bien se souvenir que toutes les fois que rois, empereurs, seigneurs ou bourgeois au pouvoir éprouvèrent le besoin de le contenir, de le soumettre ou de le refouler dans l'humilité de sa situation, le concours toujours empressé de l'Église leur fut acquis, tout autant que, donnant donnant, ces gouvernements consentirent à agir conformément aux intérêts du pape.

**

Les révolutions, après avoir emprunté le concours du peuple, ne lui ont jamais, nous l'avons dit, assuré sa part d'honneur, de profit et de sécurité. Une tendance égoïste évidente, émanant de la classe bourgeoise, écartait toute velléité socialiste.

Sous la première République, Babeuf, le père du socialisme moderne, fut condamné comme l'eût été un simple aristocrate.

Sous le gouvernement, dit libéral, de Louis-Philippe, les possédants seuls avaient le droit de vote, les plus importants seulement parmi eux, celui d'être élus. Sous la seconde République, tout ce qui fleurait le socialisme fut écarté, déporté ou même massacré. Pour éloigner le pays des idées d'amélioration sociale, on jeta l'effroi dans les villes et les campagnes en agitant ce qu'on appela « le spectre rouge ».

Napoléon III afficha certaines idées socialistes, ce qui ne fut de sa part qu'un stratagème pour attirer à lui des voix ouvrières. Vaine simagrée à laquelle ne se trompa guère le suffrage universel, qu'à son grand dommage il fut obligé de maintenir.

Seule, la troisième République a résolument envisagé cette œuvre immense, difficile, capitale et nécessaire : assurer au grand nombre la vie, ce qui est nécessaire à la vie indépendante, conformément aux droits qui résultent logiquement de la conception naturelle et scientifique des choses.

« Quel est le premier objet de la Société ? a dit un orateur de la Révolution (1). C'est de maintenir les droits imprescriptibles de l'homme. Quel est le premier de ces droits ? Celui d'exister.

« La première loi sociale est donc celle qui garantit à tous les membres de la Société les moyens d'exister. Toutes les autres sont subordonnées à celle-là.

« Les aliments nécessaires à l'homme sont aussi sacrés que la vie elle-même. Tout ce qui est indispensable pour la conserver est une propriété commune à la Société entière ».

Ces principes sont l'objet des grandes préoccupations de la troisième République. A la vérité, l'œuvre d'amélioration est seulement ébauchée. Mais quand on se reporte à l'état antérieur, on doit reconnaître que de grandes choses ont été faites sous le régime actuel.

La troisième République a réalisé des lois d'assistance qui déjà sauvent de l'indigence un très grand nombre de

---

(1) ROBESPIERRE. — Discours du 2 décembre 1792.

gens, et procurent les soins nécessaires aux malades pauvres et aux vieillards dénués de ressources.

Pour permettre de ne rien laisser dans l'ombre des maux qu'il faut connaître, quels qu'ils soient, afin d'en étudier les remèdes, elle a institué la liberté de la presse et la liberté de réunion tant redoutées des régimes autoritaires.

Pour assurer à tous les moyens de se prêter un mutuel appui et de mener à bien des œuvres collectives, elle a réglé aussi libéralement que possible la liberté de se syndiquer et de s'associer.

Pour favoriser, au profit de tous, le développement de l'intelligence d'où sortiront les améliorations futures, elle a fondé l'enseignement gratuit et créé partout des écoles dans les conditions les plus hygiéniques et les meilleures à tous égards.

Elle a établi l'égalité devant l'impôt du sang et mêlé dans l'armée les jeunes hommes de toutes les conditions qui, apprenant à se mieux connaître, arriveront à s'aimer davantage.

Elle a fait des lois propices à l'hygiène et à la protection des travailleurs.

Et d'autres lois sont à l'étude, dont le but est d'élever et d'améliorer la condition des hommes, car la troisième République considère qu'elle ne doit pas s'arrêter dans la voie du progrès. D'ailleurs, la République, c'est la nation, et les bonnes dispositions, les aspirations généreuses qui existent dans la nation, sont fidèlement traduites dans les assemblées de représentants élus dont le gouvernement lui-même n'est que l'émanation.

L'évolution s'accentue, manifeste et favorable.

La troisième République a institué toutes les libertés nécessaires. A cette assertion nous entendons s'élever les protestations d'un parti. L'Église et le parti clérical s'écrient : la liberté ? Votre République nous prive de la nôtre !

Expliquons-nous. L'Église possédait autre chose que la liberté ; elle avait une situation officielle dans l'État et celui-ci subventionnait et semblait prendre à son compte et ses agissements et son enseignement. Or, ses agissements étaient d'opposition directe aux idées républicaines et son enseignement est profondément entaché d'erreur.

On a considéré à bon droit que l'Église liée à l'État était un poids mort, un boulet attaché à la société dont il alourdissait la marche. La République se délivre de cet impedimentum et les membres de l'Église redeviennent des citoyens jouissant des libertés communes à tous, y compris celle de dire tout le mal possible du gouvernement, ce dont ils ne se privent pas.

L'État républicain devait tout faire pour détacher de lui l'Église, parce que l'action de celle-ci alourdit la marche de l'État vers le progrès et que l'enseignement clérical est, avons-nous dit, profondément entaché d'erreur. Ne craignons pas de préciser.

L'enseignement chrétien, a dit et répété M. Ajam, est résumé dans le catéchisme, et ce petit livre, présenté comme de science révélée et absolue, doit être cru à la lettre, sous peine de délit religieux, c'est-à-dire de péché punissable des peines éternelles.

L'État républicain conçoit de façon toute autre son devoir d'éducateur public. Il reconnaît à l'esprit tout droit d'examen et de vérification. Il enseigne même l'art de la critique rationnelle, estimant qu'il n'y a ni science ni vérité qui ne la doive affronter sous peine de demeurer suspecte à l'esprit libre.

Or, soumis à l'examen et à la critique de l'esprit scientifique et libre, que devient le catéchisme ?

Ayons le courage de le dire ici. Quel que soit le préjugé qui l'environne, quelle que soit la condescendance que nous avons pour son enseignement dans nos familles, tout est erroné dans le catéchisme.

Véritable fiction est la prétendue révélation divine, imaginée par d'éminents personnages antiques, prêtres ou autres conducteurs d'hommes, qui voulurent donner à leurs prescriptions une autorité surhumaine (1).

Faux le récit de la création d'après la Bible et la plupart des légendes bibliques.

Erreur la divinité de Jésus et tout l'apanage de surnaturel qui l'environne.

Inexacte, telle qu'on la raconte, l'institution des sacrements, qui n'a aucune racine authentique dans les Évangiles eux-mêmes.

Altérées et modifiées les copies qui existent des susdits Évangiles.

Mal appropriée et ne s'adaptant pas justement aux besoins et aux intérêts de l'humanité, la morale chrétienne elle-même si singulièrement appliquée, du reste, dans l'Église et par elle.

Qu'on ne croie pas que ces graves erreurs ne sont reconnues que par les penseurs indépendants. Au sein de l'Église même, des membres du clergé, prêtres ou évêques savants et consciencieux, en ont établi l'évidence. Les Universités catholiques, (l'Église ne s'en doutait pas en les fondant), ont vu leurs professeurs se fortifier dans la connaissance des langues orientales anciennes et des lan-

---

(1) Chez les juifs, la suprématie politique et civile appartenait au Grand Prêtre de Jérusalem et les lois étaient édictées par les prêtres au nom de Javeh, dieu patron. Les siècles ont passé et nos prêtres, descendants des prêtres juifs, ordonnent toujours *au nom de Dieu* et toujours visent à s'attribuer le pouvoir sur les hommes.

gues vivantes, étudier sur les papyrus qui nous restent les textes précis et reconnaître les erreurs de traduction ou d'interprétation qui s'y trouvent (1). Sur des stèles de pierre, découvertes dans les fouilles en Asie, ils ont trouvé des inscriptions qui font remonter au-delà de tout ce que l'on prétendait, l'origine des préceptes hébraïques. Avertis déjà par les savants critiques étrangers dont ils ont appris la langue, ils ont eux-mêmes commenté les textes et les faits avec le souci de la vérité, et les idées qu'ils avaient reçues ont été souvent modifiées, sinon renversées.

Ils ont alors élevé la voix pour avertir l'autorité supérieure de l'Eglise du danger de maintenir comme articles de foi obligatoires des erreurs certaines. Ils l'ont fait en protestant de leur attachement à l'Eglise et croyant agir, sinon dans l'intérêt d'un papisme despotique digne du Moyen-Age, du moins dans celui de l'idée chrétienne proprement dite et de la pure doctrine évangélique.

L'autorité supérieure de l'Eglise n'a rien trouvé de mieux, continuant ses traditions d'obscurantisme et volontairement aveugle devant les preuves, que de se gendarmer et d'ordonner aux membres du clergé trop savants de se taire et de cesser d'écrire. Souvent elle les a frappés de toutes les peines disciplinaires à sa disposition.

Nous pourrions citer beaucoup de ces hommes de science et de conscience; nous en citerons un seul, reproduisant de lui une phrase lapidaire d'une extrême justesse

---

(1) Les erreurs de la Vulgate, (traduction des Évangiles en latin admise par les Conciles), sont nombreuses et aujourd'hui bien connues.
Dans la *version des Septantes,* (ancienne traduction en grec des textes hébreux de l'ancien testament), dans un passage d'Isaïe, le mot hébreu *jeune femme* traduit par le mot grec *vierge* a permis à l'ascétisme du second siècle d'asseoir l'idée de la conception virginale du Christ, idée bientôt convertie en dogme et qui devait, plus tard, engendrer aussi le dogme de l'immaculée conception de la mère de Jésus elle-même.

d'expression. C'est un prêtre dans le ministère, (il y était du moins alors) (1), M. l'abbé Henri Loriaux. Comme M. l'abbé Le Morin et un certain nombre de leurs confrères, il s'est adressé aux évêques et leur a demandé des éclaircissements sur la crise de la foi. « N'avez-vous donc, leur dit-il, à résoudre que des questions d'administration ? » Et, après avoir rigoureusement examiné l'autorité des Evangiles, il en arrive à proposer de définir comme suit l'Eglise chrétienne :

« Une société de braves gens qui croient à la divinité de Jésus sur la foi de copies altérées, de manuscrits perdus, rédigés on ne sait où, ni quand, ni comment, par des auteurs inconnus, qui se contredisent et qui n'ont pas été témoins de ce qu'ils racontent ».

Cette définition, ajoute-t-il, « est le résumé des constatations inattaquables que nous avons été amenés à faire » (2). Et c'est la vérité.

.

Le danger de l'enseignement du catéchisme et de l'enseignement clérical n'est pas seulement dans l'introduction d'erreurs dans l'esprit de la jeunesse, erreurs dont, très souvent, du reste, on se débarasse plus tard. Il est aussi en ce qu'il fausse nécessairement le raisonnement. Pour admettre « les saints mystères », il faut accepter une foule de contradictions et d'équivoques. Tandis qu'on démontre le vrai en arithmétique, par exemple, il faut accepter et affirmer, en religion, ce que l'on ne sait pas, l'inintelligible, et le contraire de ce qui serait démontrable.

(1) Au commencement de 1906.
(2) L'autorité des Evangiles. Question fondamentale. E. Nourry, édit.

L'enseignement religieux, au lieu d'être rationnel est plutôt *une suggestion*. Il s'applique à introduire dans l'esprit les préjugés qui lui sont propres; il les y fortifie par les pratiques de piété et par le sentiment de la crainte. Il s'efforce d'obtenir des mentalités qui résistent par la suite aux raisonnements, fussent-ils évidents, s'ils ne lui sont pas favorables.

Il y a là, pour le jeune esprit objet de cet enseignement, un continuel effort opposé à la sincérité pure et simple, une compromission constante de la bonne foi intégrale qui laisse une trace profonde chez l'enfant et bien souvent le pénètre pour toute la vie. L'habitude de la droiture dans la pensée, dans le raisonnement, dans la parole et dans l'action, l'habitude de dire : je ne sais pas, quand, en effet, on ne sait pas de science sûre, ces habitudes saines et morales qu'on devrait inculquer à l'enfant, ne sont pas favorisées, loin de là, par l'enseignement de la foi, elles sont même fortement contrariées. Combien de malentendus dans la vie privée et dans la vie publique proviennent de cette formation vicieuse de la façon de penser dans l'éducation.

Il importe donc grandement à l'avenir de la société, qu'on en arrive, dans l'enseignement et dans l'éducation, à former l'esprit et à donner la science à la jeunesse selon les principes de vérité et qu'on lui impose, plus encore que le vrai, les moyens de le contrôler. Là sont le devoir et la probité de l'État.

La troisième République l'a compris ainsi et elle agit en conséquence.

Mais cela ne suffit pas.

Cette pensée, inculquée à l'enfant par l'Église, sur l'univers, sur la vie et sur l'homme, pensée telle qu'arrivé à l'âge où l'on réfléchit et où l'on observe pour soi-même, on s'aperçoit que, dans cet ordre de connaissances, on a tout à refaire, tout à rejeter et tout à recommencer, il faut, chez l'enfant, la remplacer par la pensée de science et de vérité que nous appelons la pensée moderne.

Cette déclaration peut, à son tour, paraître insuffisante. Il se peut qu'on nous dise : « Jusqu'à présent vous avez été négateur. Vous vous êtes ingénié à détruire. Puis vous annoncez qu'il faut *remplacer* la pensée moyennâgeuse qu'on inculque à l'enfant par la pensée scientifique moderne. Cette pensée scientifique moderne, quelle est-elle ?

Cette objection ne nous laisse pas indifférent.

Aussi, nous proposons-nous d'essayer, dans la seconde partie de cet ouvrage, d'exposer brièvement l'état actuel de nos connaissances scientifiques sur la terre que nous habitons, sur le monde solaire, sur l'univers, sur le problème de la vie, sur l'homme, et de déduire de la nouvelle façon de penser les notions de morale qui en découlent.

Il y a là une lacune profondément regrettable dans l'enseignement tel qu'il existe encore aujourd'hui en France.

M. Alfred Wallace a écrit :

« Comparés à nos étonnants progrès dans les sciences physiques et leurs applications pratiques, notre système de gouvernement, notre justice administrative, notre éducation nationale et toute notre organisation sociale et morale, sont restés à l'état de barbarie ».

Sans aller aussi loin dans l'expression, on ne peut nier que, faute d'idées suffisantes et justes sur l'univers et la place que nous y occupons, sur notre espèce, au point de vue biologique et physiologique, sur le cerveau et le mécanisme de la pensée, faute de savoir déduire de ces idées leurs conséquences philosophiques, la plupart des hommes ayant des fonctions sociales marquées tels que magistrats, représentants élus, professeurs, médecins même et pères de famille aussi, restent attachés à des croyances dont les acquisitions scientifiques ont clairement démontré l'inanité. Pénétrés par éducation et par hérédité de préjugés et de superstitions surannées, ils ne sauraient envisager leur rôle avec une mentalité faite de vérité et de logique positives ni appropriée aux intérêts véritables de la société et de l'individu.

C'est en vue des connaissances justes, relatives à l'univers en général, à la terre et à l'homme en particulier, que devrait être conçu le catéchisme de l'humanité. Et si l'on consacrait à son enseignement un temps équivalent à celui que l'on sacrifie au catéchisme chrétien, il en résulterait un immense progrès pour l'intelligence commune, pour la droiture du jugement, pour la cause de la vérité et pour celle de la paix sociale.

Puisse ce très modeste ouvrage contribuer, dans une mesure si faible soit-elle, à ces améliorations si désirables.

***

Mais nous voilà un peu loin de la conférence de M. Ajam. Il y a déjà un moment qu'elle est terminée, pas assez longtemps, cependant, pour que les applaudissements qui ont éclaté à la fin, plus nourris encore que ceux qui avaient salué presque toutes ses périodes, ne retentissent encore à nos oreilles.

M. le président Guillouet termina la séance par l'allocution suivante :

Monsieur le Député,

Les applaudissements chaleureux qui ont accueilli vos paroles vous ont montré, mieux que je ne saurais le dire, combien elles sont allées au cœur de vos auditeurs.

Aussi suis-je certain d'être leur interprète en vous adressant nos vifs remerciements pour votre belle conférence.

Les sentiments élevés que vous avez exprimés avec une chaude éloquence ont affermi les convictions et réconforté les courages pour les luttes de demain.

Au nom de tous, M. le Député, merci.

Messieurs,

M. Ajam ayant bien voulu nous faire l'honneur d'une visite au siège de l'Association, il va s'y rendre dans quelques instants.

Je prie les Membres de l'Association de ne pas s'éloigner et de lui faire escorte pendant le trajet.

Au siège de l'Association, devant un très grand nombre de Sociétaires, M. le Président Guillouet adresse à M. Ajam le discours suivant :

Monsieur le Député,
Messieurs et chers Camarades,

En entrant dans cette salle, le premier devoir du Président de l'Association est d'adresser à M. Ajam les chaleureux remerciements des républicains. Merci, Monsieur le Député, de votre belle conférence dans laquelle vous nous avez magistralement montré ce que doit être une démocratie digne de ce nom ; merci aussi, et tout particulièrement, du grand honneur que vous faites à notre Association par cette visite à notre modeste local.

Nous sommes ici en famille et dans l'intimité, nous pouvons donc nous entretenir librement, à cœur ouvert.

Tous ceux qui vous entourent et vous font fête, Monsieur le Député, parce qu'ils ont vu en vous l'ami sincère et dévoué de la démocratie que vous êtes, sont de bons et fermes républicains.

Et ils ont à cela quelque mérite, car ici la lutte est poussée à un degré d'acharnement qui, je l'imagine, n'est atteint nulle part ailleurs. Le combat que nous avons à soutenir est de tous les instants, il affecte toutes les formes et la réaction met au service de ses rancunes et de ses passions les énormes forces sociales dont elle dispose. Pour elle, le républicain c'est l'ennemi qu'il faut poursuivre et anéantir à tout prix. Les événements n'ont pas modifié le but de ses audacieuses tendances, mais ne pouvant plus exercer son action directrice dans l'État, elle s'efforce, en attendant mieux, à créer un État dans l'État et contre l'État républicain. Sa pression s'exerce avec une implacable rigueur. Comme entre les lacs d'un réseau savamment ourdi, elle enserre l'individu à toutes les époques de sa vie ; elle met la main sur l'enfant dans ses garderies et ses écoles, sur le jeune homme et la jeune fille dans ses patronages et ses réunions de persévérance, sur l'homme fait dans ses cercles, par ses conférences, ses fêtes et attractions de toutes sortes.

Ajoutez à cela l'action persévérante d'une presse locale qui, chaque semaine, dans ses polémiques perfides, déverse l'injure sur tout ce qui porte un nom républicain, qui s'efforce de déconsidérer le parti et ses élus et vous aurez une idée de la situation qui nous est faite. Aussi faut-il vraiment à nos amis le triple airain dont parle le poète pour résister à cette poussée furieuse, pour conserver et professer au grand jour leurs convictions démocratiques, au risque d'être frappés dans leurs intérêts, parfois même dans leur gagne pain.

A ces vaillants vous avez apporté le réconfort de votre parole entraînante, de votre chaude éloquence. Vous leur avez excellemment montré qu'ils étaient dans la bonne voie, dans la voie du progrès et de l'amélioration sociale et, avec plus d'ardeur encore ils vont continuer la lutte pour hâter l'avènement d'un avenir plus doux à ceux qui peinent, plus miséricordieux à ceux qui souffrent. C'est vers ce lumineux avenir que nous marchons sans crainte ni défaillance, car, qu'importe l'épreuve d'aujourd'hui, si demain est meilleur.

Cet avenir, Messieurs, luira, malgré la réaction..

Quels que soient ses efforts désespérés, le progrès est en marche et rien ne pourra l'arrêter, car il est la loi suprême de l'humanité.

Ayons donc confiance et poursuivons résolument notre route en poussant notre cri de ralliement : Vive la République démocratique.

M. Ajam, reprenant alors la parole, transmit à la réunion le salut amical de M. Chéron, député de Caen et Sous-

Secrétaire d'Etat à la guerre, qui l'avait chargé la veille de cette mission. Puis il intéressa de nouveau ses auditeurs par le récit des luttes républicaines dans la Sarthe.

Le soir, un dîner intime et cordial réunit, autour du conférencier, un certain nombre d'amis.

Puisse M. Ajam avoir emporté de Condé le même bon souvenir qu'il y a laissé et puisse-t-il partager le désir qu'on a de l'y revoir.

La Conférence AJAM
et la Presse Locale[1]

Protestantisme et Catholicisme

Dans son numéro qui suivit la réception de M. Ajam, le *Journal de Condé* publia un article dont voici la partie relative à sa conférence :

M. Ajam est un causeur fort agréable. Auteur d'un ouvrage sur *La Parole en Public*, qui dénote une culture extrêmement variée, il possède plus et mieux qu'une connaissance théorique de l'art oratoire : il est orateur.

Il avait affaire chez nous à un auditoire hétérogène, inorganique, pour emprunter sa terminologie. Il a su le faire vibrer en pinçant la corde anticléricale et a été chaleureusement applaudi, avec parfois même plus d'enthousiasme que de discernement. C'est que, comme il l'a écrit : « la première condition du succès réside dans la propre conviction de celui qui parle ». Et le succès n'est que plus certain lorsque cette conviction se trouve concorder avec « les tendances, les sentiments, les instincts et...... les préjugés » de ceux qui nous écoutent.

---

[1] Malgré le long temps écoulé, bien que l'intérêt d'actualité ait disparu, nous avons cru bon de maintenir ici ces appréciations de la presse locale, parce qu'elles mettent assez en évidence certains états d'esprit propres à des hommes de classe élevée ayant une action sur leurs contemporains dans un rayon déterminé. Nous les avons maintenues aussi parce qu'elles nous sont une occasion de plus de donner une idée de l'écart existant entre ces états d'esprit encore très répandus et l'esprit entièrement libéré.

Le *Journal de Condé* résume brièvement ensuite la première partie de la conférence Ajam. Arrivé au XV⁰ siècle, il ajoute :

Ici eût pu se placer, à notre avis, un développement sur le mouvement de la Réforme d'où sont sorties toutes les grandes nations modernes, nations qui, parce qu'elles n'ont pas rétréci leur horizon, parce qu'elles ont su associer aux conquêtes nouvelles ce qu'il y avait de bon et de durable dans l'héritage des pères, ont réalisé avant nous, et bien mieux que nous, la liberté et la démocratie.

Après avoir cité quelques passages de la conférence, le *Journal de Condé* termine ainsi :

Il serait intéressant de montrer que l'idée de solidarité est essentiellement chrétienne et même hébraïque, que saint Paul en a été le grand théoricien, et que, si l'on prend le mot de charité dans son vrai sens, dans son sens primitif, il a la même signification que le second terme. Le conférencier a donné la preuve, dirait Wagner (?) qu'on peut « revenir aux vieilles vérités par des chemins nouveaux ».

Huit jours après la publication de cet article, on pouvait lire dans l'autre journal local, le *Réveil de Condé*, les lignes suivantes :

Le *Journal de Condé* et la Conférence de M. Ajam

.... L'Assemblée, où trônaient avec suffisance tous les gros bonnets du bloc, était, nous dit le *Journal de Condé*, *hétérogène et inorganique*.

Nous sommes surpris de cet aveu, car ces Messieurs se prétendent toujours très unis, convaincus des mêmes principes, luttant pour la même cause.

Eh bien, de leur avis même, il n'en est rien. Ils ne forment qu'un groupement d'occasion, divisé en fractions ayant des tendances différentes sinon opposées, douées d'intentions diverses et travaillant chacune pour un idéal spécial. Sans cela, ils seraient homogènes.

Mais que pour pallier cet aveu, ils ne viennent pas prétendre maintenant, que la salle était en partie fournie par nos amis et que c'est à cause de cela qu'ils la qualifient *d'hétérogène et d'inorganique*. M. L'Enfant, nous assure du contraire, en nous rapportant que le conférencier sut faire vibrer ses auditeurs et se faire chaleureusement applaudir, *en pinçant la corde anticléricale*. Puisqu'il en est ainsi, nos amis, tous bons cléricaux, ne pouvaient être là et ce ne sont donc bien que des blocards bon teint et du vrai cru qui applaudirent avec plus *d'enthousiasme que de discernement* (c'est toujours le *Journal de Condé* qui parle).

Nous ne voudrions pas, même à l'égard d'adversaires, nous exprimer avec un pareil mépris. Comment, tous ces hommes que vous prétendez vos amis, sont assez inintelligents pour comprendre ce qu'on leur dit; pour applaudir, alors qu'ils devraient se taire, et au lieu de cacher cette infirmité, vous allez la faire connaître à tout le monde. Ah! M. L'Enfant, ce n'est pas gentil.

Et remarquez que grâce à vous, nous voici fixés sur la valeur intellectuelle des **Blocards**. Nous savons que ce sont des gens à l'esprit trop borné pour rien comprendre et que vous conduisez comme vous voulez, en *flattant leurs tendances, leurs sentiments, leurs instincts et leurs préjugés*, suivant les paroles mêmes de M. Ajam.

Ce que vous devez rire entre vous, lorsque vous avez fait marcher ainsi ces pauvres gens, en exaltant leurs penchants, et combien vous devez vous amuser de les voir si faciles à mener.

Nous avons le regret, MM. les chefs du Bloc, de vous dire que ce que vous faites-là, est absolument honteux. Puisque vous savez que ces hommes que vous fréquentez, ont des **préjugés**, au lieu de les y entretenir, vous avez le devoir de les en détourner en les éclairant. Vous n'avez pas le droit d'abuser de leur inintelligence pour favoriser vos ambitions et vos intérêts personnels.

Mais, après tout, puisque le Bloc est *hétérogène et inorganique*, nous comprenons que tout le monde, dans ce bazar-là, travaille chacun pour son compte ; les plus malins cherchant à exploiter ceux qui le sont moins.

Nous pourrions maintenant amuser longtemps nos lecteurs

avec les stupidités énumérées par le citoyen Ajam tout le long de sa conférence. Nous ne le ferons pas, afin de ne pas sembler donner à cette manifestation oratoire plus d'importance qu'elle n'en a et elle n'en a aucune.

M. Ajam devait parler sur la démocratie, il n'a tapé que sur les curés, sans quoi, vous pensez bien qu'il n'eût pas eu le moindre succès.

Nous nous bornerons à citer ce seul passage, où l'orateur s'est oublié en quelques sincères aveux :

« *Mais qu'on ne s'illusionne pas ; la vie n'est pas un lieu de délices et il est peu probable qu'elle le devienne jamais. Il ne faut pas croire que, par un miracle, le bonheur puisse être institué. L'égalité n'est pas dans la nature* »... Eh bien, mais, M. Ajam, c'est absolument ce que les curés vous disent depuis des siècles. Il vous en faut du temps pour comprendre quelque chose.

Mais pourquoi faire cet aveu à tous ces pauvres ouvriers, ces malheureux de la vie à qui vous avez déjà supprimé l'espérance d'un bonheur et d'une récompense dans l'autre monde. Ils croyaient qu'un jour prochain, bientôt, grâce à vous, c'est ici-bas qu'ils jouiraient et seraient heureux et voilà que vous les assurez (ce qui est vrai, hélas) que la vie ne deviendra jamais un lieu de délices. N'avez-vous donc pas songé que vous les livriez ainsi au découragement et au désespoir.

Vous entendez, blocards, vos chefs ne vous assurent le bonheur ni maintenant ni plus tard. Lorsqu'ils vous le promettent et c'est souvent, de leur propre aveu, ils se moquent de vous.

Ce qui frappe à la lecture de ces articles, c'est la préoccupation religieuse dont on les sent tous les deux animés. L'un d'inspiration protestante présente une allure modérée et quelque souci de courtoisie, ce dont est exempt le second qui, d'inspiration très catholique, s'abandonne à la trivialité agressive devenue fréquente dans son parti. Il n'était pas représenté à cette conférence. Il s'est emparé après coup des armes que son confrère protestant lui a fournies contre le conférencier... et contre le public. Il s'en est escrimé pour injurier tout le monde... Cela, joint à l'absence d'arguments sérieux, caractérise suffisamment sa mentalité. Il n'y a pas lieu pour nous d'en dire davantage.

« L'auditoire, dit le *Journal de Condé*, était hétérogène et inorganique ». En effet, on n'avait nullement *fait la salle*. Y était entré qui avait voulu. Chacun pouvait applaudir, protester ou se taire et s'en aller en appréciant à sa guise ce qu'il avait entendu. Rien de semblable ici à l'homogénéité de l'auditoire des temples où, pénétré d'avance de respect pour la parole du prêtre, tout le monde n'attend que l'*amen* final pour entamer à l'unisson les chants sacrés. Les réunions où se remuent les idées nécessitent, pour profiter au progrès intellectuel qui est leur but, la liberté, qui implique l'hétérogénéité et, en fait d'organisation, le minimum indispensable au bon ordre.

L'orateur, insinue le même journal, se fit applaudir en flattant les préjugés de son auditoire. Voilà qui mérite attention.

Qu'est-ce donc qu'un préjugé ? C'est une croyance conçue et adoptée au préalable sans examen suffisant. Voilà ce que c'est qu'un *préjugé* ainsi que l'indique le mot lui-même.

Et quels pouvaient être les préjugés du public condéen ?

Tous, dans ce pays, élevés dans les idées chrétiennes, nous avons reçu les croyances propres au christianisme, sous menace de châtiments effrayants si nous n'y demeurions fidèles. S'il est au monde un grand et profond préjugé, c'est celui qui résulte pour les hommes de cette éducation. M. Ajam n'a pas flatté ce préjugé. Il s'en est montré dégagé. Ceux qui l'ont applaudi ont, de leur côté, prouvé qu'ils n'en étaient plus esclaves. Nous inclinons à penser que d'autres, qui ont obstinément gardé le préjugé chrétien qui leur fut inculqué se sont sentis atteints à son endroit de la liberté même avec laquelle s'exprimait l'orateur. De là leur tendance à renverser les rôles.

Le croyant, que les Églises caressent du doux nom de *fidèle*, a ceci de particulier qu'il ressent une véritable douleur morale quand un libre quoiqu'inoffensif discours fait de ses croyances l'objet d'un simple examen.

Tandis que nous étudions le dogme et l'histoire religieuse avec le même calme qu'un problème scientifique quelconque, le pur chrétien incline la tête et se signe avant de procéder à la lecture d'un fragment d'évangile ; cela est sacré et doit pénétrer en lui comme un baume divin. Les rites dont on entoure l'usage des livres saints dans les offices, écartent de l'esprit toute idée de réflexion critique et le croyant garde, sans jamais s'en départir, cette habitude de respect profondément établie en lui. Y manquer se caractérise d'un mot effrayant : le sacrilège.

Le protestant, pour apparaître avec des allures plus libres que le catholique, ne vaut cependant, en tant que chrétien, que par ce qu'il a conservé de la foi catholique. Dans le catholicisme, l'autorité vient d'en haut ; cette religion implique, de la part des fidèles et du clergé, l'obéissance au chef suprême de l'Église, le pape.

Dans le protestantisme, l'autorité est en bas. Tout fidèle s'impose à lui-même les croyances et les garde avec soin, (sans cela il ne serait plus chrétien), ce qui a permis au poète d'écrire :

Tout protestant est pape une bible à la main.

Le catholicisme, fondé sur un dogme qui a la prétention de ne point varier, est la négation du progrès. Le protestantisme, moins réfractaire en apparence à l'évolution, sature sa religion d'un verbalisme qui donne l'illusion qu'il y a quelque chose de changé. En réalité, tous deux gardent la même prétention à dicter des croyances et à punir les dissidents. C'est toujours le même acte de foi, c'est-à-dire la même conviction artificielle de choses que l'on ne sait pas, le même état de duperie de soi-même et des autres, la même mainmise sur les consciences.

Les uns et les autres, protestants ou catholiques, demeurant hypnotisés ou infiniment respectueux devant les évangiles, s'obligent à y voir le divin, incapables, par piété, d'y reconnaître l'humain, le trop humain qui en est l'essence exclusive.

Les uns et les autres ne voient qu'une lumière au monde, qu'un évènement qui domine tout dans l'histoire de l'humanité : le christianisme. C'est la vue réduite à un étroit fragment de l'horizon.

Ils ne tiennent pas compte des centaines et des centaines de mille ans que l'humanité a mis à se former, à apprendre à émettre des sons articulés, à apprendre à tracer des signes d'écriture. Ils ne tiennent pas compte des connaissances morales déjà acquises et des maximes de sagesse déjà formulées bien avant l'Évangile et bien avant la Bible. Ils ignorent ou méconnaissent, et souvent ils calomnient la valeur des civilisations, si différentes de leur idéal, qu'a traversées l'humanité. Enfin, il ne songent pas que, dans l'ensemble de ce passé, précédant les milliers de siècles que l'homme a encore à vivre, les deux mille ans du christianisme doivent un jour présenter l'aspect d'un simple incident — qui ne sera pas tout entier irréprochablement cité à l'édification des races futures.

Ainsi qu'on le voit, il y a loin de la mentalité du *Journal de Condé* à celle des libres-penseurs nombreux dans le public condéen. Cela n'empêche pas le confrère catholique d'aimer à les confondre en un seul et même adversaire. La vérité est simplement que le *Journal de*

Condé, non exempt d'un certain libéralisme, seconde souvent le parti républicain. Mais, dans les questions confessionnelles, en revanche, il tend volontiers la main au catholicisme, sentant bien que l'ébranlement des croyances atteint également l'une et l'autre religion. Le catholique repousse généralement ces avances avec des procédés de frère ennemi (et hargneux) dont l'article ci-dessus peut donner l'idée.

En somme, aucun journal local n'a apprécié comme elle le méritait la conférence Ajam. Le succès qu'elle a obtenu est un témoignage du chemin que la libre pensée fait dans les esprits malgré des organes locaux qui se donnent visiblement mission de prolonger dans la rue et à domicile l'apostolat des pasteurs et des prêtres.

Contribution à la Diffusion

de la

Pensée Scientifique Moderne

CONTRIBUTION A LA DIFFUSION
De
La Pensée Scientifique Moderne

Cette œuvre n'a rien de dogmatique. C'est, en un résumé nécessairement très incomplet, l'exposé, fait de bonne foi, des connaissances actuelles sur l'univers, l'homme, la vie, etc., telles qu'on a pu les recueillir en des études suivies depuis longtemps déjà, et documentées à l'aide d'un grand nombre d'ouvrages choisis parmi les productions les plus modernes sur ces matières.

On espère, en écrivant ces pages, que ceux qui les liront ne s'en tiendront pas à des données aussi succinctes et chercheront dans les ouvrages plus étendus et plus autorisés, à poursuivre l'étude de la nature.

Qu'ils veuillent bien se souvenir de rester assez libres d'esprit pour que les découvertes nouvelles qui viennent fréquemment modifier certains détails et déplacer certains points de vue, ne les déconcertent ni ne les étonnent. Car, si l'erreur dogmatique est détruite pour toujours, la limite des explorations ne saurait être atteinte, et il importe que notre attention demeure accueillante aux résultats prévus ou imprévus des investigations savantes auxquelles se livrent chaque jour des chercheurs infatigables de plus en plus nombreux.

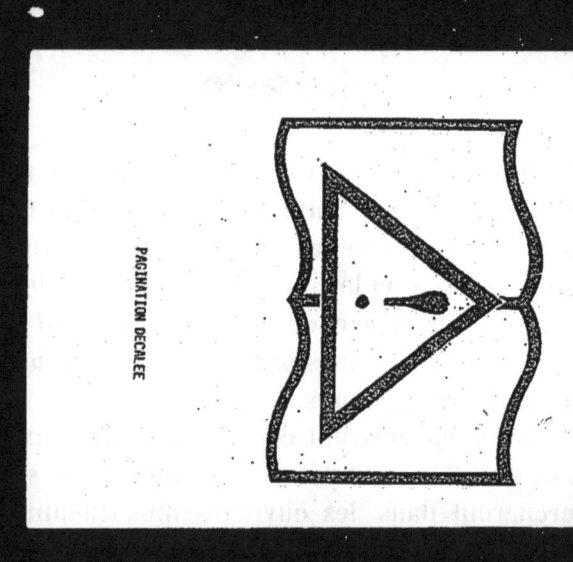

I

Remontons vers l'Origine des Choses

L'ÉTHER

Chacun sait que le sol sur lequel nous marchons est la surface d'un globe, d'une sphère se mouvant dans l'espace et que nous appelons la Terre. Ce sol, ou écorce solide, dont l'épaisseur ou la profondeur nous paraît si grande, est très mince, au contraire, par rapport au volume de la sphère. Son épaisseur peut se comparer à celle d'une feuille de papier enveloppant une orange. Il a été formé principalement par des dépôts se produisant dans les eaux à des époques géologiques diverses, très anciennes, et dont les premières, dites précambrienne et cambrienne, remontent à des centaines de millions d'années derrière nous.

A ces époques primitives de la formation de la terre, le globe fut absolument partout recouvert par la mer qui portait en suspension ou en dissolution quantité de matières. Cette nappe liquide provenait de la condensation de vapeurs, de gaz auparavant incandescents, formant une masse beaucoup plus volumineuse que la sphère actuelle. Cette masse de gaz en feu, qui roulait dans l'espace, n'était elle-même qu'une petite partie, déjà resserrée, détachée d'une autre masse pareille infiniment plus grande, occupant un espace plus vaste que celui où évoluent actuellement le soleil, la terre et les autres planètes faisant comme elle cortège à l'astre du jour, et qui, toutes avec lui, proviennent de cette même masse.

Ainsi donc, le soleil, la terre, les autres planètes et leurs satellites, se confondirent, il y a de cela des milliards et des milliards de siècles, en une masse immense, unique, gazeuse et incandescente. On voit au loin, dans l'espace, à l'aide des télescopes, de tels exemples de masses énormes, également gazeuses et incandescentes ; on les appelle des nébuleuses. Leur état actuel est analogue à celui où fut le monde solaire qui est le nôtre. Mais auparavant encore, qu'était ce monde ?

Des hommes de grande intelligence ont entrevu à diverses époques, notamment dans l'antiquité grecque et égyptienne, une réponse plausible à cette question (1). A la fin du XVIII° siècle, un homme de génie, le grand philosophe allemand, Emmanuel KANT, l'a formulée. Au commencement du XIX° siècle, notre compatriote Pierre-Simon LAPLACE (2), l'a admise et développée scientifiquement, et cette théorie porte son nom.

Combattue par les uns, soutenue par beaucoup, elle rallie maintenant, avec de notables perfectionnements, la plupart des savants et des philosophes. Nous allons la résumer telle qu'on la conçoit aujourd'hui.

Il existe, dans les espaces intersidéraux, c'est-à-dire entre les étoiles, entre le soleil et les mondes, quelque chose d'impalpable, d'impondérable, d'extrêmement subtil, qu'on appelle l'éther. Son immatérialité, pour ainsi dire, est telle que nos savants ne voient en lui qu'une qualité, qu'un symptôme qui le révèle, c'est l'énergie. La physique mathématique unit aujourd'hui les deux notions de matière et de force, en synthèse difficile à comprendre peut-être, mais qui, sous le nom d'énergie,

---

(1) Anaximandres, Protagoras, Leucipe, Épicure, Lucrèce, etc.

(2) Laplace est né à Beaumont-le-Roger (Calvados), en 1749, et mort à Paris en 1827. Il existe à Caen, dans une petite cour d'entrée des Facultés, une modeste statue de ce grand savant, œuvre digne tout au plus d'une illustration de quatrième ordre. On organise en ce moment une souscription pour élever à Beaumont-le-Roger un monument plus digne de cette gloire qui ne le cède à aucune autre.

est indéniable en fait et démontrée par l'expérience. Nos moyens d'investigation ne nous permettent de percevoir l'éther que dans ses manifestations énergétiques, mais son existence n'est plus contestée depuis les derniers progrès de la physique. Aucun phénomène ne pourrait même plus s'expliquer sans lui. Bien plus, l'homme a trouvé moyen de lui commander et de l'utiliser. C'est par l'action de l'éther qu'on a résolu l'étonnant problème de la télégraphie sans fil. Ce sont les vibrations de cet agent, provoquées par de puissantes décharges électriques, qui transmettent au loin les chocs combinés par lesquels des appareils ingénieux et délicats produisent (1) les points et les traits de l'alphabet de Morse. C'est par les vibrations de l'éther également que nous parviennent la lumière du soleil et le scintillement des étoiles. C'est par lui encore qu'on explique aujourd'hui la gravitation universelle.

Essence énergétique de tous les mondes, l'éther est susceptible de se condenser et c'est en se condensant qu'il forme, avec développement de chaleur, de lumière et d'électricité, la matière gazeuse d'abord, liquide, puis solide ensuite. Là est l'origine des nébuleuses, des étoiles ou soleils et, par suite, des planètes qui, comme la nôtre, se solidifient en se refroidissant. Là est l'essence de tous les corps, quelle que soit leur forme, leur aspect, de toutes les matières jusques et y compris la matière vivante.

L'éther, donc, il faut retenir ceci, est partout ; non seulement il comble les espaces infinis, mais on perçoit sa présence dans les moindres interstices des corps matériels, tous issus de lui. Toutes les recherches formulées sur la constitution des atomes conduisent à admettre qu'il forme leur trame.

---

(1) Tout au moins pour l'oreille de l'agent récepteur.

A la fin du XVIII° siècle, l'illustre savant français Lavoisier introduisit l'usage de la balance dans la chimie et démontra que rien ne se perd et que rien ne se crée ; que les corps se transforment, s'allient entre eux et se séparent, qu'ils semblent se métamorphoser mais que l'union de deux ou plusieurs corps donne toujours un poids égal au total des poids de chacun d'eux ; que, de même, si on divise ou si on soumet à l'analyse un corps complexe, les parties séparées représentent dans leur ensemble le poids exact du corps analysé.

Les savants les plus modernes n'ont pas, par leurs travaux et leurs découvertes, contredit le célèbre principe fondamental ainsi établi par Lavoisier. Mais ils sont allés plus loin et se sont aperçus qu'à l'extrême longueur du temps, la matière est susceptible de se dématérialiser, soit spontanément, soit sous l'influence de causes diverses, surtout sous l'action des courants électriques, et de redevenir éther.

Ce que Lavoisier a établi pour la matière, Robert Mayer l'a démontré pour l'énergie qui, de même que la matière, se transforme et ne se perd jamais (1).

(1) Nous connaissons les discussions auxquelles ont donné lieu ces principes, comme ceux de Newton et de Carnot. A la vérité, les découvertes nouvelles semblent bien, finalement, devoir les perfectionner et compléter, non les détruire. Après l'exemple du principe de la conservation de la matière, établi par Lavoisier, celui *de l'inertie*, établi par Newton, peut être cité comme subissant l'évolution au gré des découvertes nouvelles mais sans y succomber. « *Tout corps persévère dans l'état de repos ou de mouvement uniforme en ligne droite, dans lequel il se trouve, à moins que quelque force n'agisse sur lui et ne le contraigne à changer d'état* ». Voilà un principe qui est aujourd'hui dans tous les esprits, mais qui fut très nouveau pour le monde à l'époque où Newton le formula. Il est encore à la base de la science. Pourtant, les phénomènes du rayonnement radioactif, que Newton ne pouvait soupçonner, sont venus apporter des renseignements que d'aucuns ont voulu trouver contraires à ce principe. Mais un examen approfondi montre que la conciliation existe là aussi, et que, ainsi que conclut M. Léon Bloch dans un ouvrage tout récent, si la mécanique moderne, enrichie de tous les résultats qu'elle doit à la physique expérimentale et théorique, n'a pu se contenter de ces axiomes simples

S'appuyant sur des recherches expérimentales, la science moderne a reconnu que les atomes infiniment petits auxquels s'étaient arrêtés les anciens ne sont pas le dernier élément analytique de la composition des corps et que ces atomes eux-mêmes sont formés de tourbillons d'éther tournant autour d'une ou plusieurs masses centrales avec une vitesse de même ordre que celle de la lumière (300,000 kilomètres à la seconde).

Les produits de la dissociation de la matière sont identiques pour tous les corps. Les radiations de l'uranium, du thorium et du radium, dont il a été beaucoup parlé, ne sont pas autre chose, et il a été reconnu, qu'à un moindre degré, tous les corps sont susceptibles de radiation.

La désagrégation de la matière dont il s'agit ici, implique des durées infinies pour que la diminution d'un corps quelconque nous soit sensible. Pour que Lavoisier pût s'en apercevoir, il aurait fallu que sa balance de précision pût être influencée par une différence de un millionième de milligramme (1). Aujourd'hui les progrès de la physique et l'ingéniosité des chercheurs ont amené, dans cet ordre d'idées, la découverte de procédés expérimentaux dont quelques-uns sont très simples. Mais ce n'est pas ici le lieu de les décrire. On en trouvera l'explication dans les ouvrages spéciaux, dans ceux du Dr Gustave Le Bon notamment. (*La Naissance et l'Évanouissement de la Matière*, etc.)

Donc, les choses en s'usant retournent à l'état d'éther et c'est l'éther, en se condensant, qui forme les mondes

c'est en les élargissant, non en les reniant qu'elle est arrivée à se constituer. Ainsi, la théorie de Laplace se complète par les épreuves successives qu'elle a subie jusqu'ici.

(1) Aujourd'hui, on construit des balances sensibles au vingtième de milligramme.

en leur masse et en leurs détails. Les mondes se créent, progressent jusqu'à un certain stade ; puis, leur évolution continuant, ils déclinent, s'usent, pour ainsi dire, et se détruisent d'eux-mêmes, sans parler des conflagrations, des explosions et d'autres causes encore de disparition qui peuvent les atteindre.

Dans le ciel que nous observons, on a pu établir que l'étoile Sirius est un monde qui commence ; que l'étoile Aldébaran est un monde en train de mourir.

Notre soleil et nous, nous sommes à un certain degré de notre évolution et, dans la suite des siècles, le refroidissement doit faire de nous une chose morte, comme l'est actuellement notre satellite, la lune, et destinée à se disperser en d'autres formations avec retour partiel sinon total à l'éther (1).

Toutes les choses de l'Univers entier, les plus petites comme les plus grandes, sont enfermées dans ce cycle fatal : naître, grandir, décliner et mourir pour contribuer ensuite à d'autres formations.

Les savants philosophes monistes ou unicistes (2), après leurs prédécesseurs les panthéistes (3), ont adopté cette théorie de l'unité foncière de tous les corps ; d'un élément unique doué d'énergie, de mouvement et formant toutes les choses de la nature par ses transformations (4). Ils disent :

---

(1) Un obstacle à la compréhension de ces choses est dans le long temps que met notre esprit à concevoir l'infinie durée des âges, l'infinie grandeur des espaces, et, à l'opposé, l'infinie petitesse des corpuscules composant les atomes, qui défient les plus puissants microscopes et qui, cependant, ne sont pas encore l'éther.

(2) Cf. les ouvrages de l'illustre savant allemand Haeckel : *Création naturelle*, *Énigmes de l'Univers*, *Monisme*, etc.

(3) Cf. notamment Spinoza.

(4) On a reconnu que la soi-disant Matière n'est qu'une combinaison particulière d'énergies, dit le savant professeur Wilhem Ostwald, dans un article de la revue italienne *Rivista di Scienza* qui a eu un certain retentissement.

c'est cette substance animée de mouvement, en dehors de laquelle rien n'a jamais été constaté, qui est la cause unique de tout ce qui est. Voilà ce qu'il y a, il n'y a que cela, cela est partout, cela a toujours été et sera toujours ; cela est la puissance, cela est l'essence ou le Dieu, ou ce qu'il y a de divin dans la nature.

Les savants les plus positifs disent simplement : voilà ce que nous constatons ; nous n'apercevons pas autre chose.

II

Revenons à la Terre

I. *Point de vue géologique.* — Nous savons que la terre que nous habitons est une sphère. Elle est maintenant légèrement aplatie aux deux pôles. Elle a 12,740 kilomètres de diamètre et 40.024 kilomètres de pourtour à son équateur. Le sol sur lequel nous marchons est, avons-nous dit, d'une épaisseur relativement faible ; on l'estime, (en moyenne, car on la sait fort inégale), proportionnelle à un centième du diamètre, telle une écorce d'un centimètre sur une boule d'un mètre de diamètre.

La partie extérieure de la croûte terrestre, le tiers environ, doit sa formation à des dépôts ou sédiments qui se produisirent successivement dans les eaux dont le globe fut partout entouré. Les géologues ont pu arriver à classer ces diverses couches qui diffèrent considérablement entre elles, et à déterminer les époques correspondantes et les stades successifs que traversa la terre, pour arriver à l'état où nous la voyons.

Logiquement, comme l'a dit d'abord, en 1669, le Danois Nicolas Stenon, le père de la géologie moderne, « un dépôt qui recouvre un autre dépôt lui est postérieur ». Cela est, en effet, le cas très fréquemment. Mais, souvent aussi, le géologue se trouve en présence de grandes difficultés, par suite des bouleversements survenus. Les eaux qui enveloppèrent le globe étaient loin d'être tranquilles. Elles eurent d'abord une température très élevée, et, comme l'énorme noyau qu'elles recouvraient de toutes parts était à une température bien supérieure encore, il arriva que, par endroits, les dépôts formés dans les eaux furent soulevés, brisés et violemment projetés, par explosion, à travers les eaux et au-delà, sous la pression des gaz que dégageait le foyer intérieur en ignition.

Souvent des dépôts soulevés et plus ou moins vastes, restèrent hors de la surface des eaux : ce sont eux qui constituèrent ce que nous appelons des îles et des continents.

Ailleurs, les dépôts s'affaissèrent, au contraire, et les eaux, remplissant alors le creux de leur dépression, s'y localisèrent et restreignirent leur étendue selon les contours formés au hasard des parties saillantes des soulèvements. Telle fut la limitation des océans et des mers.

Puis il arriva que des parties en dépression, des parties profondes et, à cause de cela, moins épaisses et moins solides que d'autres, furent brisées et soulevées à leur tour ; les continents précédemment émergés, furent recouverts à nouveau par les eaux et s'effondrèrent plus ou moins sous elles. Et ce phénomène grandiose put fréquemment et capricieusement se renouveler.

> Du sein des grandes eaux, sous les cieux rayonnants
> Elle a vu tour à tour jaillir des continents
> Et d'autres s'engloutir, tels que des rêves.

a dit le poète Leconte de Lisle (1).

« En un seul point de la terre, dit le géologue L. de Launay (2), nous pouvons constater que, dix fois la mer est revenue, a accumulé ses dépôts pendant des périodes géologiques diverses, a disparu pour laisser à sa place un continent émergé, où affleuraient au jour les dépôts précédents inclinés et plissés, avec des craquelures où montaient les métaux, où s'élevaient les roches volcaniques en fusion, puis est revenue de nouveau avec une égale profondeur. Nous voyons que, sur ce point, s'est étendue un beau jour une nappe charriée par les eaux, formée de terrains renversés dont l'origine était cent kilomètres plus loin et cette nappe a couvert elle-même des dizaines de kilomètres enlevés par érosion. Après quoi, à cette même place, le sol s'est ébranlé encore une fois et tout cet ensemble a pu être plissé, disloqué de nouveau ».

Cette citation et ce qui la précède suffisent à montrer quels bouleversements ont présidé à la formation de ce sol que nous aimons à nous imaginer solide pour y asseoir notre sécurité. On voit aussi par là combien se trouve compliquée la tâche du géologue chargé de démêler l'ordre des dépôts, la nature des éruptions et tous les détails historiques des formations terrestres.

L'opiniâtre travail des dernières générations de savants n'en est pas moins parvenu à établir, avec une clarté qui nous paraît déjà très avancée, l'ordre de ces dépôts, l'historique et l'explication des mouvements de l'écorce terrestre.

(1) *La Forêt Vierge.*
(2) *Histoire de la Terre.*

D'abord les dépôts se formèrent horizontalement ; mais les soulèvements ou les affaissements les amenèrent à l'état d'inclinaison ou de renversement où nous voyons les couches de schiste des rochers de notre région qui, parfois, avoisinent ou même dépassent la position verticale.

Ces mouvements ne se sont pas, pour la plupart, accomplis avec la rapidité que l'on pourrait concevoir à la lecture de ce qui précède. La plupart ont été, au contraire, à marche très lente, ont duré, pour s'effectuer, des millions d'années ; ils durent encore et se continuent presque à notre insu sous nos yeux.

Certains mouvements aussi ont été brusques ; tels l'éboulement subit d'un pan de montagne ou d'une falaise, la rupture d'un épaulement de terrain formant barrage et l'inondation d'une vallée, l'engloutissement d'une ville, d'une région même, sous les cendres volcaniques, ou les craquelures occasionnées par des tremblements de terre. D'autres furent d'une lenteur majestueuse, mais encore relativement prompts, tels le soulèvement des Alpes ou de l'Himalaya sur l'emplacement d'anciennes mers, ou l'invasion de la Méditerranée là où se trouvait auparavant un continent. Vis-à-vis de cela, la terre subit des changements tout à fait lents, dont le progrès continu a duré des dizaines de mille ans et davantage ; tels l'érosion par le mouvement des eaux dont le cours a creusé, parfois déplacé, des vallées; l'action du vent érodant aussi le sommet des montagnes, et formant des plateaux ; celle répétée des hivers corrodant peu à peu les rochers à chaque dégel (1) ; le déplacement des rives de la mer, comme celui qui l'a faite reculer de Dives (Calvados), où

---

(1) Exemple remarquable: les fameuses marmites des environs de Lucerne, en Suisse.

s'embarqua Guillaume le Conquérant, au XIe siècle, jusqu'à quelques kilomètres plus loin, où l'on a bâti la brillante station balnéaire de Cabourg. C'est, du reste, à un recul de même nature que nous devons une partie de la campagne de Caen, avec cette circonstance que ce dernier mouvement remonte à plusieurs millions d'années.

Aussi, dans le sol calcaire qui forme cette région, trouve-t-on une infinité de restes organiques, animaux marins pétrifiés dont la connaissance contribue à éclairer le géologue sur l'âge des terrains qu'il étudie. C'est ce que M. de Lapparent appelle justement « l'argument paléontologique ».

La paléontologie est la science des êtres organisés qui ont vécu sur la terre ou dans la mer et dont il ne nous reste que des corps pétrifiés, des squelettes, des coquilles, des débris ou des traces au sein des terres et des pierres.

L'évolution animale suivit celle de la terre elle-même. Plus un terrain est ancien, plus les animaux fossiles qu'on y trouve sont simples d'organisation et, dans les terrains tout à fait primitifs on ne trouve rien qui ait vécu, car la terre n'était pas encore propice à la vie à l'époque où ces terrains se formèrent. Tel est le cas pour le petit pays que nous habitons ; les rochers de schiste qui environnent Condé-sur-Noireau et dont la poussière détrempée forme nos terres labourables, sont de l'époque tout à fait primaire, on y chercherait en vain des fossiles. Si la vie y a existé, elle ne se manifesta qu'en de petits animaux mous, non encore armés d'ossatures, de carapaces ou de coquilles, et incapables de laisser des restes durables ou des traces après eux. Cependant, à des époques postérieures à la formation de nos roches, d'autres dépôts très importants les recouvrirent, qui ont disparu depuis. Les géologues estiment que des terres de plusieurs kilomètres de hauteur ont jadis reposé sur le sol que nous foulons tous les jours. Mais l'action du vent et surtout les mouvements aquatiques les ont déblayés, laissant seulement çà et là des parcelles qui témoignent de ces faits. Un exemple typique à cet égard est le bois de la Mousse, près Sainte-Honorine-la-Guillaume (Orne). Ce terrain représente un lambeau de lias moyen reposant sur du granit et des phyllades. C'est un témoin d'une formation sédimentaire qui couvrit toute la région. Il est formé de grès et de sable avec de nombreux fossiles, brachiopodes, débris de végétaux, etc.

L'écorce terrestre n'a pas acquis, en se refroidissant à l'extérieur, assez de rigidité et de solidité pour se prendre définitivement. Elle a gardé une malléabilité qui l'a faite se mouler, pour ainsi dire, sur le noyau interne incandescent, et elle a subi les contre-coups des retraits ou des pressions qu'engendre ce contact. C'est en cela que l'américain Dana voit la principale cause des mouvements qui ont bossué la surface, dressé des montagnes et creusé des océans dans la proportion relativement faible (quoiqu'énorme pour l'homme), de moins de vingt kilomètres, depuis les fonds du Pacifique (9.636 m.) jusqu'au sommet de l'Himalaya (8.840 m. de hauteur).

Le refroidissement du globe a commencé par les pôles. Les plissements montagneux semblent avoir suivi un ordre chronologique parallèle à celui de ce refroidissement. « C'est, dit M. Stanislas Meunier, un des résultats les plus frappants des études géologiques que les chaînes de montagnes qui accidentent le sol de cette portion du monde sont disposées, très grossièrement d'ailleurs, d'une façon concentrique à un point peu éloigné des régions polaires. Ce sont, du nord au sud : 1º un ridement, le plus ancien, qui comprend les monts Grampians et les Alpes scandinaves ; 2º un ridement, le second en date, dont font partie les monts de Bretagne, les Vosges, les

Sudètes et la chaîne de l'Oural ; 3° un ridement, venu ensuite, formé par les Pyrénées, les Alpes, les Carpathes et le Caucase ; 4° un dernier ridement, de beaucoup le plus récent, dont les éléments sont la chaîne de l'Atlas marocain, les îles de l'Archipel et les sommets de l'Asie mineure ».

On a la preuve que ces bourrelets montagneux, qui nous paraissent énormes, dérivent du phénomène unique et incessant du refroidissement de la surface du globe, par rapport au foyer intérieur, et de la contraction progressive qui en est la conséquence. Ils ont surgi dans des cassures de l'écorce en des dépressions auparavant occupées par la mer, cassures qui mettaient les laboratoires souterrains en communication avec l'extérieur. On retrouve l'époque relative de ces surrections. La première, date des temps siluriens (époque primaire) ; la seconde, des temps anté-carbonifères (époque secondaire) ; la troisième, est tertiaire et la quatrième, la plus voisine de l'équateur, est tout à fait récente. Le long de ces cassures, il est sorti des émissions volcaniques et filoniennes, dont les traces sont persistantes (mines métalliques, sources minérales).

Les mouvements géologiques sont loin d'être terminés. Ils se continuent sous nos yeux, les uns lents, les autres brusques. Le tremblement de terre qui, récemment, détruisit San-Francisco, a fait penser à quelques géologues qu'un nouveau plissement montagneux pourrait bien se préparer dans cette région du Pacifique. Certains estiment aussi, qu'un jour à venir, une chaîne montagneuse pourra se dresser dans l'axe de la Méditerranée, dont les bords continentaux actuels seront submergés. Ajoutons, qu'indépendamment des forces souterraines, il se peut que des forces astronomiques aient agi et viennent agir encore sur le déplacement des mers.

Mais de nombreuses générations passent, sans que la mémoire et l'attention des hommes puissent constater des différences très grandes dans le dessin des continents, ou dans les formes bossuées de la surface. Les grandes modifications géologiques marquent des phases de millions d'années de durée et sont, par conséquent, antérieures à l'apparition de notre espèce.

On espère que, dans l'avenir, il sera possible d'évaluer beaucoup mieux qu'aujourd'hui la durée des principales périodes passées des formations et transformations terrestres. On compte, pour cela sur le concours de certains phénomènes, les uns géologiques, les autres astronomiques, repérés par les savants, et sur la continuation désormais assurée et transmise de génération en génération, des observations scientifiques. Les données actuelles ne permettent que des évaluations plus ou moins justifiables ou vraisemblables, et qui varient beaucoup, selon les auteurs. Les uns estiment qu'un milliard et demi d'années a pu s'écouler depuis l'époque où le sol commença à se figer vers les pôles. De beaucoup le plus timide de tous à cet égard, M. de Lapparent dit que, peut être, une centaine de millions d'années a pu suffire. Tous les géologues ont ceci de commun : 1° qu'ils comptent par centaines de millions d'années ; 2° qu'ils donnent aux périodes les plus anciennes de refroidissement et d'apparition des premiers végétaux et animaux les plus simples, les durées de beaucoup les plus longues.

On appelle *primordiale* ou *archaïque*, l'ère des premières formations terrestres, dûes en partie à la solidification superficielle du globe en fusion, en partie aux premiers dépôts terrestres dans les régions polaires. Cette époque ne nous a pas laissé de traces d'êtres vivants. On appelle *primaire* la période où se sont constitués les terrains dans lesquels on rencontre les restes des premiers être vivants ;

déjà cette époque présente des formations complexes qui obligent à la diviser en plusieurs parties dites : *précambrienne, silurienne, devonienne, carbonifère,* et *permienne.* Les premiers phénomènes de vie s'y développent jusques et y compris le règne des poissons. Puis vient l'ère *secondaire* divisée principalement en *triasique, jurassique* et *crétacé,* où apparaissent les reptiles, issus des poissons, puis les grands sauriens, immenses animaux amphibies depuis longtemps disparus (1); les ammonites, et enfin les premiers oiseaux, issus des reptiles transformés. Ensuite on compte l'époque *tertiaire* divisée en périodes *éocène, miocène* et *pliocène,* où se forment les animaux plus perfectionnés, d'abord ceux qu'on appelle les marsupiaux, puis les mammifères. Enfin vient l'époque *quaternaire* où l'homme apparaît, et qui aboutit à la période historique, très courte par rapport aux autres, et ainsi nommée parce qu'enfin notre espèce a appris à tracer des documents qui nous permettent d'établir plus précisément son histoire pendant cette minime portion de l'éternelle durée.

Le géologue américain Dana estime à 75 % de la durée totale des temps géologiques l'époque primordiale et primaire ; à 18 % l'époque secondaire ; à 6 % l'époque tertiaire et à 1 % la quaternaire.

Schmidt, élève de Haeckel, pour rendre plus frappante à notre esprit cette proportionnalité (un peu différente de celle de Dana), l'assimile à une journée et dit que, si l'on se figure l'époque primordiale comme ayant duré de minuit à midi et demi, l'époque primaire commençant à midi et demi se termine à 8 h. 1/2 du soir; l'époque secondaire irait de 8 h. 1/2 à 11 h. 1/4 ; l'époque tertiaire

---

(1) Grâce à la générosité du milliardaire américain Carnégie, le Muséum de Paris possède maintenant un moulage en plâtre du squelette retrouvé d'un de ces animaux, le *Diplodocus.*

de 11 h. 1/4 à minuit moins deux minutes et enfin l'époque quaternaire occuperait les deux minutes complémentaires de la journée, dans lesquelles notre période historique de six mille ans occuperait juste les cinq dernières secondes.

On comprendra aisément que l'étude de ces périodes géologiques, si étendues et si complexes, devait amener les savants à y créer, dans les divisions que nous avons indiquées, des subdivisions beaucoup plus nombreuses M. de Lannay en présente soixante pour le détail desquelles nous renvoyons le lecteur à ses importants ouvrages.

A certaines époques géologiques, notamment au début du quaternaire, il y eut des périodes de refroidissement, périodes dont on n'est pas parvenu à préciser exactement la durée, mais qui furent relativement courtes et passagères. On les appelle les périodes glacières ou de glaciation. Il y a quelques années, on ne connaissait les traces de ces périodes qu'en Europe. De grandes études récentes entreprises en Chine, ont montré qu'il s'en était produit aussi dans l'hémisphère sud, et cela dès l'époque primaire.

La cause de ces abaissements momentanés de la température, paraissent être dans un changement de la composition de l'athmosphère, consistant surtout en la diminution de sa teneur en acide carbonique ; et peut-être aussi dans la surélévation locale de certaines aires continentales. Ces causes se relient-elles à d'autres phénomènes géologiques, tels que les plissements qui ont produit les chaines de montagnes, les maxima et les minima d'intensité volcanique, la transgression des mers, etc. ? C'est très possible. Disons que l'on touche ici à des problèmes encore inabordés dans leur ensemble, et qu'il serait déplacé d'envisager plus longuement ici. Il importait seulement de signaler ces faits toujours susceptibles de renouvellement.

La science géologique n'a pas seulement une portée philosophique. Elle présente des résultats pratiques de la plus grande importance par la révélation des richesses minières que renferme le sol, richesses dont l'exploitation est loin d'avoir atteint le développement qu'elle comporte.

A cet égard, notre région de la Basse-Normandie n'est pas déshéritée. Formée en grande partie de terrains primordiaux et de terrains primaires, elle possède, dans ces derniers, des fissures où se sont introduits, par voie d'éruption, des filons métallifères dont l'exploitation, entamée déjà il y a un siècle ou deux (peut-être davantage ?), est reprise en ce moment par de puissantes compagnies dont elle fait ou augmente la prospérité. Telles sont les régions de Domfront, de Saint-Rémy-sur-Orne, Feuguerolles, etc.

Le Préhistorique. — Pour compléter ce chapitre, il y a lieu de nous arrêter un instant à la période dénommée ci-dessus quaternaire, période caractérisée par la présence de l'espèce humaine, et de dire quelques mots des découvertes si intéressantes à cet égard qui ont été faites depuis soixante ans par des spécialistes d'une science qui tient de très près à la géologie et confine tout à fait à la paléontologie.

De 1836 à 1859, un amateur d'archéologie, Boucher de de Perthes, découvrit, dans le quaternaire d'Abbeville (Somme), des outils de silex travaillés par l'homme. Il préconisa avec un grand zèle la recherche et l'étude des vestiges laissés par nos ancêtres *avant l'histoire* et, après avoir lutté pendant vingt ans avec une incroyable ténacité, il força le monde savant à reconnaître que, pendant quelque deux cents mille ans avant les six mille de la période historique, une humanité primitive avait existé, lutté, progressé.

« Un haut singe tertiaire, dit à ce sujet M. E.-A. Martel (1), s'est trouvé amené, pour cueillir des fruits, à se dresser sur ses membres postérieurs, voire à manier une branche cassée comme canne ou gourdin ; puis, à cet anthropopithèque sont venues, peut-être, la compréhension du choc des cailloux, la notion de leur force contondante et la *mise en main* de cette force ; enfin un autre précurseur qu'on appellera *homo primigenius* ou préhomme, aura distingué la dureté tranchante du silex (et, qui sait, l'étincelle de ses heurts produisant le feu), et imaginé les sommaires retouches rendant l'utilisation plus efficace ». Ces lignes donnent, avec beaucoup de vraisemblance, une idée de la très lente évolution que suivit la longue lignée d'anthropoïdes qui devait devenir l'humanité.

Cette nouvelle branche scientifique, dite *La Préhistoire* a obligé les spécialistes de plus en plus nombreux qui s'en occupent à diviser la période qu'elle comprend en plusieurs parties dont les deux principales sont, l'une, *Le Paléolithique*, caractérisée par les armes en pierre grossièrement *taillée* ou *éclatée* (2), et l'autre, la plus récente et la plus courte, *Le Néolithique*, caractérisée par les haches en pierre *polie*, la taille de l'os, de l'ivoire, du bois, les dolmens et autres monuments mégalithiques.

En 1852, près d'Aurignac (Haute-Garonne), un ouvrier, fourrant la main dans un terrier de lapins, en ramena un os long. Intrigué, il se mit à creuser et, après deux heures de travail, il arriva à une plaque de grès verticale, qui

---

(1) Martel : *L'évolution souterraine*. Chap. XIV, *La Préhistoire*.
(2) Il exista un art de faire éclater le silex d'une façon convenable pour en faire des armes, sans doute par le feu, et aussi de le denteler. On a vainement essayé de nos jours d'y réussir.

fermait une assez vaste excavation voûtée. A l'intérieur, il trouva une énorme quantité d'ossements humains. Il parla de sa découverte et les curieux accoururent. Le maire, docteur-médecin, compta les éléments des squelettes de dix-sept individus, hommes, femmes et enfants. Il fut, après cela, assez inepte pour faire jeter à la fosse commune du cimetière ces débris d'un prix inestimable pour la science. Ce n'est qu'en 1860, que le naturaliste Lartet, spécialement adonné comme Boucher de Perthes, à l'anthropologie préhistorique, vint étudier sur place la grotte d'Aurignac. Chose étrange, il ne put trouver personne qui osât lui indiquer l'endroit où avaient été ensevelis, huit ans auparavant, les précieux ossements. Mais il trouva encore, en fouillant la grotte même et ses alentours, quelques os humains parmi des ossements d'animaux, des outils en silex, des molaires de cheval et d'auroch, des canines de l'hyène et du lion des cavernes, des dents de renard, et des petits disques ronds percés au milieu, paraissant taillés dans des coquilles et qu'on devait porter, réunis entre eux, à la manière d'un collier.

Depuis cette découverte sensationnelle, on a entrepris des fouilles dans tous les pays du monde de formation quaternaire et même tertiaire et, presque partout, on a trouvé des grottes qui avaient servi d'habitats ou de sépulcres. La science du préhistorique est devenue pratiquement la science des cavernes. En France, sur beaucoup de points, et principalement dans la région de la Dordogne, on a trouvé des éléments précieux et nombreux. Dans les Pyrénées, on a découvert des grottes ornées de peintures représentant des animaux, surtout des bisons, d'une remarquable justesse de dessin. Mais à cette heure, tous les pays aux terrains récents offrent à la science nouvelle une richesse inattendue de documents relatifs à l'enfance de l'humanité, documents qui suscitent parfois des controverses très animées.

L'intervalle entre la race des singes et la race humaine est le grand point intéressant de ces discussions. On attend beaucoup, à cet égard, de la science du préhistorique et, déjà, cette attente n'est plus complètement vaine. La découverte d'ossements, faite à Java en 1891, par le médecin hollandais Eugène Dubois, eut une importance considérable. Ce n'était pas un squelette entier, mais seulement quatre débris : une calotte crânienne, un fémur (os de la cuisse), une troisième molaire et une autre molaire. Le tout gisait dans un conglomérat volcanique jugé pliocène (fin du tertiaire). Le crâne présentait une forme et une capacité intermédiaires entre celles du crâne de l'orang-outang, et du crâne humain. Les dents étaient simiesques (de singe). Et la forme humaine du fémur dénonçait la marche debout.

On conçoit que cette découverte ait excité au plus haut point l'attention. Elle suscita aussi les controverses les plus vives entre transformistes et non transformistes. Finalement, les savants les plus prudents eux-mêmes, estiment aujourd'hui que les débris trouvés à Java sont *très probablement* ceux du *Pithécanthropus érectus* (1) représentant, dans la chaîne des êtres animés, un anneau intermédiaire ayant précédé les races humaines les plus inférieures.

Les recherches se continuent incessantes et, fréquemment, ajoutent de nouveaux éléments au triomphe de la théorie de l'évolution ainsi que nous le verrons plus loin.

II. *La Terre au point de vue cosmographique.* — Nous avons dit que la terre est un morceau jadis détaché de la

(1) Homme singe droit.

masse du soleil. Elle est aujourd'hui séparée de cet astre par une distance de 148 millions de kilomètres aux époques d'équinoxe. Elle évolue autour de lui, roulant en spirale, accompagnée de la lune, son satellite, et avançant dans ce mouvement *de translation* à raison de 29 kilomètres 670 mètres à la seconde, d'après les plus récents calculs.

Roulant sur elle-même, elle présente toujours au soleil une moitié qui en reçoit la lumière et c'est, pour cette face, le jour. Mais le globe terrestre intercepte, par sa masse opaque, la lumière solaire et les pays situés dans l'hémisphère opposée au soleil sont dans l'ombre ou dans la nuit. La nuit n'est donc autre chose que l'état de la partie de la terre non éclairée. Le soleil étant beaucoup plus gros que la terre, l'ombre de celle ci s'étend derrière elle en un cône allongé qui se termine en pointe à environ 300.000 lieues. En dehors de ce cône d'ombre, la lumière du soleil s'étend perpétuellement partout (sauf les ombres semblables que peuvent produire d'autres planètes ou satellites).

La rotation de la terre produisant l'alternance du jour et de la nuit a fixé, pour les hommes, depuis la plus haute antiquité, l'unité de mesure du temps : la journée, que l'on a ensuite arbitrairement divisée en heures, minutes et secondes. Plus tard, le retour périodique des saisons a déterminé une autre mesure du temps beaucoup plus grande : l'année. Enfin, on a essayé de concilier la durée du cycle de la lune avec la division de l'année en douzièmes, ou mois, et de faire correspondre chacune des phases lunaires à une série de sept jours ou semaine. Mais toutes ces divisions ne coïncident avec les mouvements d'astres observés qui y ont donné lieu qu'imparfaitement, moyennant addition ou soustraction de fractions notables dont l'explication nous entraînerait trop loin et qu'on trouvera aisément dans les traités spéciaux.

Indépendamment de ses deux mouvements principaux : rotation sur elle-même et translation autour du soleil, la terre est animée de dix autres mouvements (soit douze en tout) (1), ou oscillations. Les uns sont dus au voisinage de la lune, au mouvement de translation de tout le système solaire dans la direction de la constellation d'Hercule, (qui fait que jamais, depuis qu'elle existe, la terre, non plus que les autres astres, n'a passé deux fois par le même point, et que jamais elle n'y passera). Les autres mouvements relèvent d'autres causes diverses.

La courbe fermée que la terre décrit autour du soleil est ce qu'on appelle en géométrie une ellipse. Le soleil occupe non le centre mais un *foyer* de cette courbe, c'est-à-dire un point déporté d'un côté sur la ligne centrale, de telle sorte que l'une des deux grandes parties du trajet que parcourt la terre est plus étendue que l'autre. Il y a, par suite, cinq jours de plus dans une moitié de l'année que dans l'autre. La plus longue est celle de l'été ; aussi, contrairement à ce que pensent bien des gens, notre saison chaude correspond au plus long parcours et au plus grand éloignement de la terre par rapport au soleil. Au 21 juin, nous sommes à 152 millions de kilomètres et à la fin de décembre à 145 millions seulement du soleil, soit à 7 millions de kilomètres plus près. Au 21 mars et au 22 septembre, nous en sommes à 148 millions de kilomètres, ainsi que nous l'avons dit plus haut. Mais, en hiver, nous avons moins longtemps le soleil au dessus de notre horizon, et l'inclinaison de la terre se trouve sensiblement plus accentuée par rapport à ses rayons ; ceux-ci tendent à effleurer, pour ainsi dire, la surface de notre

---

(1) Le douzième, qui fait légèrement varier les latitudes a été découvert il y a peu d'années.

hémisphère au lieu de la frapper directement et nous donnent beaucoup moins de chaleur. D'ailleurs, il s'agit ici d'une différence de température de 50 degrés environ du plus chaud de l'été au plus froid de l'hiver, et cela nous paraît très considérable, parce que la température favorable à la vie est extrêmement limitée, mais il faut remarquer que, du froid interastral qui est le zéro absolu, c'est-à-dire 273 degrés au dessous de notre zéro, à la température du soleil, il y a une différence de six ou huit mille degrés, certains disent beaucoup plus encore, ce qui montre combien sont minimes, relativement, les écarts qui suffisent à nous incommoder si fort.

De même que la terre est un morceau détaché de la masse solaire, la lune, notre fidèle compagnon, est un morceau détaché de la terre à l'époque où la fluidité de celle-ci permettait cette séparation. La lune est un globe refroidi, désert, sans atmosphère, inhabitable et dont la surface rappelle la région des volcans éteints de l'Auvergne. Elle tourne autour de la terre en 27 jours 7 heures 43 minutes. Dans sa translation autour de nous, elle nous présente toujours la même face ; il en résulte que, pendant la moitié de sa course, soit 14 jours, c'est toujours la même face qui est tournée vers le soleil et, pendant les 14 autres jours, toujours la même aussi qui lui est opposée. De cette façon la lune a, par an, 14 jours et 14 nuits seulement, moins une fraction. La courbe fermée décrite par la lune autour de la terre est également une ellipse, mais l'ensemble de ses mouvements est encore plus compliqué que celui des mouvements de la terre.

La distance moyenne de la terre à la lune est de 384 mille kilomètres. Le diamètre de la lune est de 3.484 kilomètres, soit à peu près le quart de celui de la terre ; son volume est la 49e partie du volume de la terre.

III

Notre famille Solaire

D'un volume égal à 1.280.000 fois celui de la terre; lançant des flammes qui, parfois, dépassent 200.000 kilomètres de hauteur, présentant, dans sa surface lumineuse, des taches sombres, rares et variables périodiquement, qui sont des cavités profondes et dont certaines absorberaient plusieurs fois le volume de la terre, le soleil marche vers un point mal déterminé de la constellation d'Hercule et entraîne avec la terre un certain nombre d'autres planètes, toutes ayant, comme elle, fait partie autrefois de la même nébuleuse que lui (1).

De ces planètes, les plus éloignées du soleil semblent avoir acquis les premières leur existence individuelle. Elles ont aussi des satellites détachés d'elles-mêmes ou ayant tout au moins la même origine. Les plus rapprochées du soleil n'ont pas de satellite soit qu'elles n'aient acquis leur existence propre qu'à une époque où leur matière avait déjà une certaine consistance, soit que la proximité du soleil ait attiré à lui ces petits corps.

Les planètes qui évoluent autour du soleil sont : Mercure, la plus petite de toutes et la plus voisine de l'astre du jour ; Vénus, qui vient ensuite, puis la Terre, toutes deux de grosseur presque égale. Plus éloignées que la Terre sont : Mars, plus petit que notre globe, mais

---

(1) Des nébuleuses engendrent des soleils, des étoiles, des mondes, mais pas nécessairement : il se produit des extinctions de nébuleuses comme des extinctions d'étoiles. (Observation due à M. Barnard, de l'Observatoire de Yerkes, Etats-Unis. *Rev. astron.*, septembre 1908).

possédant beaucoup d'analogie avec lui ; Jupiter, le géant des planètes ; Saturne et ses merveilleux anneaux ; puis, visibles seulement avec des instruments, Uranus et enfin Neptune. Cette dernière n'a été observée qu'à partir de 1846, après que les calculs de notre compatriote Leverrier (1) et ceux du jeune astronome anglais Adams eurent fait connaître sa situation et sa prochaine apparition.

Toutes ces planètes doivent leur visibilité, non pas à ce qu'elles possèdent une lumière propre comme les étoiles, mais de même que la lune, à la lumière que projette sur elles le soleil. Aussi, celles d'entre elles qui sont situées entre le soleil et nous (Mercure et Vénus), présentent-elles des phases semblables à celles de la lune et observables à l'aide de télescopes ou de fortes lunettes. Les planètes les plus visibles sont Vénus, Jupiter et Mars, les deux premières reconnaissables à l'éclat de leur lumière blanche, la troisième à sa rougeur. Mercure toujours proche voisin du soleil, ne se voit que le soir, au crépuscule ou le matin à l'aube, selon sa position.

Rien n'est plus intéressant que de suivre la marche des planètes parcourant le ciel à travers les constellations. Quelquefois on en voit plusieurs évoluant ensemble. En ce printemps de 1908, Vénus, le soir, se voit du côté de l'ouest et Jupiter lui fait vis-à-vis à l'est. Vénus retarde un peu tous les jours tandis que Jupiter avance. Le 14 octobre prochain (2), ces deux belles planètes se trouveront en conjonction, c'est-à-dire très rapprochées l'une de l'autre et il sera très curieux de comparer leur éclat et leur coloration.

Il y a énormément de choses de grand intérêt à dire

---

(1) Né à Saint-Lo, ancien élève du lycée de Caen.
(2) A 4 heures du matin.

sur chacune des planètes de notre monde solaire, pour lesquelles nous ne pouvons mieux faire que de renvoyer le lecteur aux ouvrages de M. Flammarion.

Bornons-nous à dire qu'il existe encore, très probablement, une autre planète importante au-delà de Neptune, aux frontières du domaine solaire ; qu'il en existe en outre plus de cinq cents petites, découvertes en grande partie entre Mars et Jupiter, et que les astronomes en découvrent encore à peu près chaque année ; qu'enfin les comètes semblent être des sortes de planètes décrivant des ellipses extrêmement allongées, dont le grand axe est selon un rayon du soleil (1).

Ce qu'il importe surtout de retenir dans tout ceci, c'est la notion du groupement, en un point, (d'ailleurs mobile), de l'univers, du soleil et de son cortège de planètes et de corps divers issus de lui, au nombre desquels est la Terre que nous habitons.

Passons maintenant au reste de l'univers.

IV

Notre Univers

Celle de nos planètes connues qui est la plus éloignée du soleil, Neptune, en est à 4.478 millions de kilomètres (2), et l'orbite qu'elle parcourt a, par conséquent, un diamètre double, c'est-à-dire 8.956 millions de kilomètres. Cette étendue nous paraît immense, mais elle est fort peu de

---

(1) En 1910, nous reverrons la célèbre comète de Halley.
(2) *Chiffre du Bureau des longitudes.*

chose quand il s'agit du monde des étoiles dont il nous faut maintenant dire quelques mots. En effet, les étoiles les plus rapprochées de notre groupe solaire sont *alpha* et *béta* de la constellation du Centaure, et il faut déjà un grand nombre de chiffres alignés pour indiquer en kilomètres la distance d'elles à nous ; aussi est-on forcé, dans les études astronomiques, d'adopter une unité de mesure beaucoup plus grande que le kilomètre. C'est généralement la distance moyenne de la Terre au Soleil, rayon de l'orbite terrestre, 148 millions de kilomètres, qui est cette unité. Eh ! bien, on estime, d'après les calculs, à 275.000 fois la distance de la Terre au Soleil, celle du Soleil à alpha du Centaure. Pour une fois, réduisons-la en kilomètres, nous en trouvons : 41.000.000.000.000, quarante et un trillions. Par suite, la lumière qui parcourt 300.000 kilomètres à la seconde met quatre ans à venir de cette étoile à nous. L'étoile Sirius est, d'après les plus récents relevés de sa parallaxe (1), à 625 mille fois le rayon de l'orbite terrestre, (soit à 92 trillions de kilomètres), et sa lumière met neuf ans et dix mois à nous parvenir.

L'étoile désignée « 1830 Groombridge » est à 4 millions 583 mille rayons de l'orbite terrestre, et c'est en 72 ans que sa lumière parcourt cette distance d'elle à nous. Il en est que nous ne voyons que plusieurs siècles après le départ de leur rayon de lumière. Il en est dont la lumière nous parvient par l'intermédiaire des télescopes ou bien est constatée par la photographie, cela des millions d'années depuis son départ de l'astre ainsi aperçu. C'est un lointain passé que nous voyons ou qu'enregistrent nos appareils.

Pour mieux établir dans l'esprit la proportionnalité de

---

(1) La parallaxe, moyen de calculer la distance des astres, est l'angle sous lequel, de cet astre, on verrait le demi-grand axe de l'orbite terrestre.

ces chiffres gigantesques, un écrivain scientifique qui a publié récemment sur ces matières d'excellents articles, M. le Dr G. Ollivier (1) dit simplement ceci : Imaginez qu'on représente le soleil par une orange et la terre par un grain de millet situés à un mètre l'un de l'autre ; il faudra, pour maintenir la proportion, placer Neptune, notre plus lointaine planète connue, à 30 mètres de l'orange ; alors on devra, pour figurer alpha du Centaure, envoyer une autre orange à 220 kilomètres de là, c'est-à-dire au Havre, par exemple, si l'orange représentant le soleil est à Paris. Telle est la proportionnalité des espaces interplanétaires et celle des espaces intersidéraux.

Et M. Flammarion, pour mieux donner une idée de l'éloignement des étoiles, dit d'alpha du Centaure qu'un train express qui en serait parti à la vitesse de 60 kilomètres à l'heure, n'arriverait ici qu'après une course non interrompue de 77 millions d'années. S'il en est ainsi de l'étoile la plus voisine, que l'on juge des autres qui toutes sont infiniment plus lointaines.

Ces distances entre les étoiles et nous, dont l'immense étendue passe la puissance de notre imagination, sont de même ordre que celles qui séparent entre elles les étoiles. Celles-ci sont réparties par constellations, mais ces groupements sont tout-à-fait arbitraires et dus seulement à l'imagination de nos ancêtres ; ils ne répondent à aucune réalité. « Entre ces étoiles ainsi rassemblées sous un même nom, dit Mme Clémence Royer, il n'existe aucun lien, pas même celui de la proximité dans l'espace, car elles sont souvent placées à des distances de nous très différentes et, par rapport à nous comme par rapport à elles-mêmes, sur des plans très différents aussi. Aucune com-

---

(1) *Les Lacunes de l'Enseignement*, articles parus dans la *Revue Socialiste* de novembre et de décembre 1907.

munauté de mouvement n'existe entre elles. Si les astronomes ont ainsi conservé les noms traditionnels des constellations, si même ils en ont ajouté d'autres, c'est simplement comme moyen mnémonique, pour désigner commodément certaines régions du ciel. Toutes ces figures mythologiques, conservées sur certaines cartes célestes ne font que les obscurcir. Maintenant, au lieu d'ourses et d'hydres aux replis tortueux, on sépare simplement les mêmes régions par des lignes, en désignant les étoiles de chaque constellation, d'abord par des lettres de l'alphabet grec pour les premières grandeurs, puis par des lettres de l'alphabet latin pour les moyennes et enfin, par des chiffres et seulement quand elles sont si nombreuses, que les deux alphabets sont insuffisants. »

Lorsque, par une belle nuit, du haut d'un point élevé, on contemple le firmament, on voit les étoiles très inégalement distribuées sur le ciel. Vers le nord, indiqué par l'étoile polaire, toutes les étoiles ensemble tournent en 24 heures, semblant décrire, autour de la polaire immobile, des cercles concentriques. Ce mouvement journalier des étoiles n'est qu'apparent. C'est la terre qui tourne et nous qui sommes entraînés à sa surface devant la voûte céleste immobile. L'observateur qui serait placé au pôle même verrait constamment les étoiles décrire ainsi leurs cercles complets au dessus de sa tête, les plus voisines de la polaire tournant en des cercles d'autant plus petits et les plus voisines de l'horizon courant parallèlement à lui. Mais cet observateur ne verrait jamais que la moitié du ciel.

A mesure qu'on s'écarte du pôle, à mesure qu'on se rapproche de l'équateur, on voit un plus grand nombre d'étoiles. Mais alors, elles ne décrivent plus des cercles horizontaux autour du zénith, elles s'élèvent obliquement au-dessus de l'horizon et leur ligne d'élévation va se redressant jusqu'à devenir tout à fait perpendiculaire quand on est dans la région de l'équateur. Là on voit toutes les étoiles se lever à l'est, monter dans le ciel, passer au zenith, redescendre à l'ouest et disparaître derrière l'horizon les unes après les autres. Seule, l'étoile polaire, au nord, reste immobile, et son chariot, la petite ourse pivote autour d'elle ; de même à l'horizon austral la belle Croix-du-Sud pivote presque sur elle-même.

Mais, même à l'équateur, pour voir se coucher et se lever la totalité des étoiles de notre univers, il faut deux nuits entières en deux saisons opposées, puisque partout la lumière efface, pendant le jour, la visibilité de celles qui sont au-dessus de l'horizon.

Le nombre des étoiles visibles à l'œil nu est d'à peine sept mille. Les télescopes puissants d'aujourd'hui en montrent plus de cent millions et la photographie perfectionnée qui vient si efficacement en aide au télescope, en révèle une multitude plus grande encore.

Ainsi donc, rien que dans les limites du champ que nos faibles moyens nous permettent d'explorer, des centaines de millions de soleils pareils au nôtre ou beaucoup plus vastes que lui, évoluent, et chacun représente un système planétaire et des mondes où, sans doute, la vie étant possible, des êtres probablement différents de nous et de ceux que nous connaissons, s'agitent, luttent et s'entre dévorent comme les êtres terrestres.

L'ensemble de cet immense amas d'étoiles-soleils est assez semblable à une lentille très aplatie. Le grand nombre des étoiles se presse surtout dans le plan vague de la voie lactée ou aux abords de cette ceinture lumineuse qui semble entourer notre monde visible. C'est un véritable fourmillement. Mais cette densité diminue et les astres se raréfient à mesure que le regard, s'éloignant des bords de la voie lactée, s'abaisse vers l'un ou l'autre pôle.

Si l'on compare cet univers visible, dit encore M. le Dr Ollivier, à un champ circulaire de 3.000 mètres de diamètre, notre système solaire, situé au milieu, devra y figurer comme un œuf de ver à soie.

Mais ce n'est pas tout. Nous n'avons encore acquis, par l'examen de notre système solaire d'abord, par celui de notre univers visible ensuite, qu'une très minime idée de l'infiniment grand. De même que notre système solaire tout entier court vers un point de la constellation d'Hercule, de même, selon Secchi, tout notre univers visible forme un ensemble qui court lui-même vers une autre région de l'infini. Et cet ensemble, cet univers visible, ce vaste système stellaire est loin d'être unique dans l'immensité : il doit y en avoir, il y en a certainement des multitudes infinies d'autres. Si nous regardons perpendiculairement au plan de la lentille dont nous venons de parler, soit au plan de la voie lactée, c'est-à-dire dans la direction des pôles du monde, les étoiles, avons-nous dit, y sont raréfiées; mais des nébuleuses y apparaissent qui sont, non pas des systèmes solaires, mais bien des univers d'étoiles comme notre univers. Et si nous pouvions nous transporter dans ces univers-là, nous verrions au-delà d'autres univers encore et ainsi de suite jusqu'à l'infini; car l'espace ne peut avoir de bornes et les éléments de la nature existent partout...

« Les choses ne sont ni grandes ni petites, dit Anatole France, et, quand nous trouvons que le champ des étoiles est vaste c'est là une idée toute humaine... »

L'expérience de physique connue sous le nom d'analyse spectrale ou décomposition de la lumière à l'aide d'un prisme de cristal, révèle la composition des corps qui fournissent cette lumière, par l'examen du ruban de couleurs que fournit sur un écran cette décomposition. Employée en astronomie, cette expérience a permis et permet chaque jour de reconnaître que tous les astres sont, chimiquement, d'une composition analogue à celle de notre monde; partout les mêmes gaz, partout les mêmes métaux. L'analyse spectrale aide aussi l'astronome à trouver, outre la composition chimique des astres, leur mouvement qui est toujours rapide et divers, leur progression, car ils ne nous semblent immobiles qu'à cause de leur prodigieux éloignement. Souvent ils sont doubles comme alpha du Centaure, comme la brillante du Cygne, etc., etc. Quelquefois ils sont variables d'éclat comme Mira Ceti « la Merveilleuse de la Baleine » qui s'élève à la seconde grandeur pour diminuer jusqu'à disparaître, puis revenir progressivement ensuite à son état primitif, et, cela, dans une période régulière et constante de 331 jours.

Enfin, à travers les étoiles, on observe dans le ciel de vastes espaces obscurs, d'immenses routes sombres. L'astronome américain Barnard, par des travaux photographiques tout récents, croit avoir fait cette découverte nouvelle, sur laquelle il ajourne du reste son opinion définitive jusqu'à de plus complètes études, que ces espaces renfermeraient des nébulosités éteintes, particularité qui, si elle se confirme, contribuera sans doute un jour à l'explication définitive de la formation de l'univers (1).

*

Tous les corps de l'univers, avons-nous dit, sont soumis à cette commune destinée : formation, progression vers un certain état, dégression, mort et dispersion, pour concourir à d'autres formations.

(1) *Revue Astronomique*, septembre 1903.

La terre que nous habitons, quand le soleil, en décroissance lui aussi et commençant à se garnir d'une croûte solide, ne lui enverra plus ses rayons, cette chaleur qui donnent toute vie et maintiennent toutes choses dans l'état propice où nous les voyons autour de nous, la terre alors, deviendra une chose morte comme aujourd'hui la lune, et tout ce qui l'habite aura disparu. Mais d'autres hypothèses sont aussi réalisables. On a vu, on voit de temps à autre, dans le ciel, apparaître une étoile inconnue. Elle brille quelque temps, quelques jours, quelques semaines ou quelques mois, puis son éclat s'affaiblit, et, peu à peu, elle disparaît sans retour. On peut admettre que c'est la conflagration de deux mondes ou l'explosion d'un seul. Rien ne dit que pareille aventure ne puisse arriver à la terre. Il est prouvé que le mouvement de la lune s'accélère de quelques minutes tous les cent mille ans et que notre satellite se rapproche de nous dans une proportion analogue, par suite du mouvement combiné du soleil et de la terre qui tend à la faire tomber sur celle-ci. Elle y tombera un jour, de même que le premier satellite de Mars, qui tourne si vite et si près de sa planète, ira effleurer celle-ci bien plus tôt encore. Quel sera l'effet de cette dangereuse accolade. Le frottement soudain de ces corps animés de grandes vitesses produira un embrasement formidable, et la planète égratignée de la sorte deviendra, elle aussi, à côté du soleil, une étoile temporaire qui surprendra les astronomes des autres mondes, s'il en existe.

De même, un jour, Mercure tombera dans le Soleil dont l'éclat augmentera tout à coup comme la flamme du foyer où nous jetons du bois (1).

(1) On peut remarquer toutefois que Mercure est bien peu de chose, eu égard au volume immense du soleil dont toutes les planètes réunies ne formeraient pas la 500ᵉ partie.

Le Soleil peut manger successivement toutes ses planètes actuelles, d'autant plus rapidement que l'absorption des premières aura augmenté sa masse et sa puissance d'attraction à travers l'éther de plus en plus dilaté autour de lui.

Grossissant d'autant plus qu'il sera plus gros et plus chaud, son atmosphère gazeuse deviendra de plus en plus profonde par la volatilisation de ses éléments et, par la répétition d'intensité de ce phénomène, il peut redevenir, par cette voie si différente, la nébuleuse qui fut son état initial dans l'hypothèse de Kant et de Laplace. Après un tel feu d'artifice, toute la masse volatilisée, dispersée dans un immense espace, peut s'y refroidir lentement par le rayonnement de son infinie surface dans l'éther au froid absolu.

Telle est une des hypothèses d'avenir de notre monde, où jouerait son rôle notre petite terre, notre petit globule « autour duquel s'agitent actuellement et végètent un milliard et demi de petits êtres soit disant raisonnables — mais plutôt raisonneurs — qui, pour la plupart, ne savent ni d'où ils viennent ni où ils vont, chacun d'eux, d'ailleurs, ne naissant guère que pour mourir assez vite ; et cette pauvre humanité a résolu le problème non pas d'écouler heureuse la vie dont elle est douée dans la lumière de la nature, mais de souffrir constamment par le corps et par l'esprit. Elle ne sort guère de son ignorance native, ne s'élève guère aux jouissances intellectuelles de l'art et de la science et se tourmente perpétuellement d'ambitions vaines et chimériques. Etrange organisation. Cette race se trouve partagée en troupeaux dont beaucoup sont livrés à des chefs ; et l'on voit de temps en temps ces troupeaux se déchaîner les uns contre les autres, comme atteints d'une folie furieuse, obéissant au signal sanguinaire et l'hydre infâme de la guerre moissonne les victimes qui tombent dans les campagnes ensanglantées.

Quarante millions d'hommes par siècle, régulièrement, ont jusqu'à présent été ainsi égorgés pour régler le partage microscopique du petit globule en diverses fourmilières !... Quand le grand nombre des hommes sauront ce que c'est que la terre et connaîtront sa modeste situation dans l'infini, lorsqu'ils apprécieront mieux la grandeur et la beauté vraie de la nature, ils ne seront plus aussi fous, aussi grossiers, aussi crédules. Ils voudront vivre dans la paix, dans l'étude féconde du Vrai, dans la contemplation du Beau, dans la pratique du Bien, dans le développement progressif de la raison et dans le noble exercice des facultés de l'intelligence » (1).

Nous venons de voir dans ses grandes lignes le mécanisme de la formation des mondes et de leur fonctionnement ; nos regards ont sondé dans la limite de leurs faibles moyens, l'immensité et l'infini de la nature. Il nous faut maintenant prendre une direction opposée et la regarder, cette même nature, dans le travail de l'infiniment petit, où nos surprises ne seront pas moindres que celles que nous avons pu éprouver jusqu'à présent.

---

(1) Adapté de M. Flammarion.

V

Les Êtres Vivants et la Vie

Claude Bernard, le savant créateur de la physiologie (1), n'admettait pas l'emploi de ce mot : *la vie*, ou du moins exigeait-il qu'on s'entendît sur le sens à lui donner. Et, en effet, la vie, en tant que ce qu'on appelle en philosophie *entité*, c'est-à-dire chose ayant son existence propre, individuelle, distincte, indépendante, n'existe pas. La vie *résulte ;* elle est la résultante du fonctionnement d'organes ou d'éléments spéciaux dans un milieu approprié. Lorsqu'on dit d'un homme qu'il *possède la santé*, on ne veut pas dire qu'il a en lui un objet dénommé santé ; la santé n'existe pas, elle non plus, en tant qu'entité ; elle aussi *résulte ;* elle résulte du bon et normal fonctionnement de l'ensemble des organes.

Et cette façon de voir trouve son complément en ceci : que l'être vivant ne vit même pas par lui-même, mais par la présence d'un milieu convenable. Sa vie, en effet, résulte non du seul fonctionnement de ses organes, mais de l'échange continu d'éléments entre eux et l'extérieur (2). Ainsi l'air, auquel il prend et rend constamment, apporte à l'organisme l'oxygène producteur d'une certaine combustion. Ainsi les aliments qui viennent renouveler sa

---

(1) La *Biologie* est la science des phénomènes de la vie chez les êtres vivants, animaux et plantes ; la *Physiologie* est la partie de la Biologie qui s'occupe des organes des êtres vivants ; il y a la Physiologie animale et la Physiologie végétale.

(2) « Je ne sais pas bien où je commence ni où je finis. », a dit, dans un savant ouvrage, notre ancien condisciple, J. Tannery, sous-directeur de l'Ecole Normal supérieure.

substance épuisée. L'être vivant n'est donc pas quelque chose de fixe, il change sans cesse. « Envisagé en dehors du milieu, il ne saurait être déclaré vivant ; tout au plus est-il *viable* » (1).

Ces considérations permettent de concevoir le sens que, scientifiquement, on doit attacher au mot *vie*, à savoir : fonctionnement d'un organisme dans un milieu favorable avec lequel il échange constamment. C'est en ce sens que nous l'emploierons, à l'exemple des maîtres éminents auxquels nous devons la substance des développements dans lesquels nous entrons.

***

Une circonstance oppose souvent une grande difficulté à l'explication de la vie quand on s'interroge sur ce grave sujet : c'est qu'on la considère presque toujours chez l'homme ou chez les animaux qui lui sont familiers et qui sont les plus compliqués après lui. Lorsqu'on veut étudier le problème de la vie, surtout si c'est chez un être supérieur, il importe d'examiner successivement les divers éléments qui sont en lui. « L'homme, a dit Metchnikoff, est né colonie, comme le corail ». Cela est juste, l'homme est composé de colonies de cellules ou plastides comme le corail, mais avec cette différence que, chez le corail la même cellule, très peu modifiée, se répète à l'infini, tandis que chez l'homme (et chez tous les animaux compliqués), les colonies de cellules sont d'espèces fort différentes entre elles, selon leur milieu et, pour ainsi dire leur emploi. Il y a les colonies diverses qui composent le sang, celles qui composent la lymphe, celles qui composent ce qu'on appelle les humeurs et les

(1) *De l'Homme à la Science*, Le Dantec.

sucs, les mucus, puis les muscles, les nerfs et la matière cérébro spinale, etc. Ces éléments constituent dans l'animal les substances vivantes auxquelles on oppose les substances mortes qui sont les os, les cartilages, les ongles, les cheveux et certains tissus conjonctifs. Ces substances mortes qui, après la mort de l'individu, se conservent, quelques-unes beaucoup plus longtemps que les substances dites vivantes, doivent cependant leur formation à l'action des cellules qui les environnent au sein de l'organisme.

C'est en cet ordre de choses surtout qu'on peut dire que, si on voulait étudier tout à la fois on risquerait de ne rien éclaircir du tout. Il faut donc sérier les questions. Il importe d'envisager d'abord la vie dans sa manifestation la plus primitive et la plus rudimentaire, et de descendre au bas de l'échelle des êtres vivants. Il faut examiner brièvement les *cellules* ou *plastides*, ces êtres infimes dont la vie fait la vie des animaux compliqués et celle des végétaux et qui, en mourant les unes après les autres, entraînent la déchéance, puis la mort de l'individu supérieur qu'elles composent.

La cellule, distinguée et mise à part par Claude Bernard, est une chose très petite, le plus souvent microscopique, qui se compose d'une enveloppe et d'un noyau intérieur ou nucléole.

Les cellules sont apparues dans des matières dites colloïdes (parce qu'elles ressemblent à de la colle), qui elles-mêmes se trouvent situées dans les eaux salines. La température qui paraît avoir été la plus favorable à leur formation première, est celle de 40 à 45°. Et M. René Quinton a démontré que le milieu vital, le milieu où vivent les cellules, où qu'il se trouve transporté, tend toujours à garder, entre autres éléments, ces conditions : présence d'une certaine dose de sel marin et température se rapprochant de 40°. Le sang de l'homme et celui des animaux supérieurs se maintiennent à 37°. Les espèces que les circonstances écartent trop de cette température pâtissent ; il en est de même de celles qui sont privées d'éléments salins.

La matière colloïde, intermédiaire entre la matière brute et la matière vivante, voit en elle se former et se multiplier les cellules. Elle est alors appelée protoplasma, protoplasme ou plasma ; quelques-uns disent cytoblastème (1). Il existe aussi un élément vivant, qui se nourrit dans un milieu favorable et se multiplie ou se reproduit par division, comme les cellules, sans présenter de noyau apparent, ce sont les *monères*, découvertes par Haeckel, c'est la plus simple manifestation connue de la vie.

Lorsqu'on examine au microscope une goutte d'eau, on s'aperçoit qu'au lieu d'être tranquille, selon son apparence à l'œil nu, toutes ses parties sont, au contraire, en mouvement, en agitation permanente, c'est le mouvement brownien, ainsi nommé parce qu'il a été découvert par le savant anglais Robert Brown. Ce mouvement se produit avec ou sans la présence du protoplasma, mais lorsque celui-ci existe, il se manifeste, en même temps, des phénomènes chimiques caractéristiques. « Dans le protoplasma rempli de cellules vivantes, dit M. Le Dantec, le mouvement qui résulte des réactions moléculaires internes et qui, en même temps, entretient ces réactions, est un mouvement d'échanges osmotiques (c'est-à-dire par pénétration), avec le milieu, savoir : entrée de substances prenant part aux réactions, sortie de substances résultant de ces réactions ». Ces mouvements

---

(1) LOWENTHAL. *La cellule et les tissus.*

qu'on observe dans la substance vivante la plus primitive peuvent sembler spontanés, mais en réalité ils ont une cause chimique, tout comme ceux qui se produisent dans d'innombrables expériences. Si l'on répand du vitriol, (acide sulfurique), sur le sol, immédiatement il se produit un bouillonnement. Si l'on jette un petit morceau de charbon incandescent dans de l'eau, il se met à tourbillonner et provoque un dégagement de vapeur tandis que vibre en cercles concentriques autour de lui la surface de l'eau. Si l'on jette également dans un baquet d'eau un morceau de chaux vive, il se produit aussitôt élévation de température, division de la chaux, petites explosions, bouillonnement de l'eau, production de vapeur, toute une révolution. Il ne viendra à l'idée de personne d'attribuer à un principe de vie ces productions de mouvement. Elles résultent de la perte d'équilibre des molécules de corps de natures différentes qui, mis en présence, s'influencent ainsi mutuellement. Ce sont des phénomènes chimiques. Eh! bien, lorsque le biologiste, armé de ses instruments perfectionnés, en arrive à pousser aux extrêmes limites l'examen des substances vivantes, il ne découvre, en dernière analyse, que des phénomènes présentant toute l'apparence possible de phénomènes chimiques.

Un rapprochement très remarquable avec les phénomènes de la vie est celui que permettent les formations cristallines. On sait que dans la plupart des solutions de sels chimiques au repos, il se forme des cristaux. Or, la nutrition et la reproduction, qui sont les propriétés les plus caractéristiques des êtres vivants, s'observent aussi chez les cristaux. « Ceux-ci sont en relation continuelle d'échange avec le milieu. Ils assimilent et désassimilent. Certains ne se forment que moyennant un point de départ préalable; un germe comparable à l'œuf ou à l'embryon de l'animal ou de la plante. Placé dans un milieu convenable, c'est-à-dire dans une solution de sa substance, ce germe se développe. Il s'assimile la matière dissoute, il s'en incorpore les particules, il s'accroît *en conservant sa forme*, en réalisant un type, une variété du type spécifique. L'accroissement ne s'interrompt pas. L'individu cristallin peut atteindre d'assez grandes dimensions si l'on sait le nourrir, on pourrait dire le gaver, convenablement. Le plus souvent, une nouvelle particule de cristal sert, à son tour, de noyau primitif et devient le point de départ d'un nouveau cristal enté sur le premier.

« Retiré de son eau mère, mis dans l'impossibilité de se nourrir, le cristal, arrêté dans son accroissement, tombe dans un repos qui n'est pas sans analogie avec la vie latente de la graine ou de l'animal reviviscent. Il attend le retour des conditions favorables, le bain de matière soluble, pour reprendre son évolution.

« Les analogies entre la vie du cristal, matière brute et la vie animale ne sont pas encore épuisées. Un baril de glycérine ayant été envoyé de Vienne à Londres, en hiver, on trouva, à l'arrivée, la glycérine cristallisée, ce qui ne s'était jamais vu. Quelles circonstances avaient déterminé la formation de ces cristaux de glycérine? On l'ignorait et on l'ignore encore. Mais ils ont servi pour en produire d'autres semblables ; on en pratique l'élevage dans un but industriel. On a constaté qu'ils ne résistent pas à une température de 18°, de sorte que si l'on ne prenait des précautions pour les préserver, un été suffirait pour faire disparaître tous les individus cristallins qui existent et en éteindre l'espèce. Car on a beau rafraîchir la glycérine, même à 20° au-dessous de zéro, elle ne se cristallise pas, elle épaissit seulement...

« Avec ces faits, si analogues à l'apparition d'une espèce vivante, à sa propagation illimitée et à son extinction, le monde minéral nous offre une image assez fidèle du monde animé... Jusqu'au moment où le concours des circonstances propices à leur génération spontanée a été réalisé, les cristaux n'ont été obtenus que par filiation. Jusqu'au temps de la découverte de l'électro-magnétisme, les aimants n'ont été engendrés que par l'action d'un aimant préexistant. Avant la découverte attribuée par la fable à Prométhée, tout feu nouveau n'était produit qu'au moyen d'un feu préalable. Nous sommes, en ce qui concerne le monde vivant, à ces débuts de l'histoire... (1) »

De ce fait que les biologistes n'ont pas, jusqu'à cette heure, réussi à produire artificiellement le protoplasma et les cellules vivantes, que la nature seule a présenté la formation de ces substances, certains esprits concluent qu'on n'arrivera pas à résoudre ce problème, comme s'il était possible d'assigner une limite aux résultats futurs des travaux scientifiques. Nous sommes, il est vrai, environnés d'inconnu, d'inexpliqué, mais nul ne saurait fixer l'inconnaissable, l'inexplicable. La vie n'a pas toujours été possible sur notre globe, elle y est apparue un jour, quand la température et les autres circonstances l'ont permis. A cela, une certaine école scientifique répond que les premiers germes vivants s'abattirent alors sur la terre venant des espaces intersidéraux ou interplanétaires. Cette hypothèse, qui n'a rien d'impossible, rassure à demi les conservateurs, qui croient trouver en elle une branche de salut pour leur idéal spiritualiste. Ils se contentent de bien peu. En effet, ce qui ne se serait pas formé sur la terre, aurait dû se former ailleurs, et il y a, de plus, toute apparence que ces éléments aient également trouvé, dans les eaux marines où on les observe, les conditions naturelles favorables à leur formation, notamment la température de 45° qui y régnait alors avec une moindre

---

(1) Dastre, *La Vie et la Mort.*

intensité de salure (V. René QUINTON, *L'eau de mer milieu organique*).

Mais la vie eût-elle existé sous des formes diverses, depuis des temps infinis, dans les milieux rares et restreints de l'univers où elle est possible, cette hypothèse, qui n'a rien ni d'absurde ni d'invraisemblable, ne sauverait nullement la conception dualiste, antiscientifique et grossière du pur esprit indépendant de la matière, du Dieu en dehors de la nature et de l'âme isolée du corps. Cette théorie, dite spiritualiste, date des temps barbares et n'est en harmonie qu'avec les mythes antiques et les fables religieuses. Elle s'évanouit devant les constatations et les expériences scientifiques, comme s'évanouissent devant l'examen rationnel les modernes inventions idolâtres, nées des passions cléricales et trop aisément acceptées par la crédulité populaire.

Le haut problème de la formation de la vie est, d'année en année, serré de plus près. Cette spécialité scientifique a même pris un nom et s'appelle la *plasmogénie*. Actuellement, chez tous les peuples civilisés, des plasmogénistes attirent l'attention du monde sur des expériences nouvelles et des travaux passionnants. Les imitations de protoplasma, qu'ils nous offrent, se rapprochent tous les jours un peu plus de la nature, comme structure et comme pouvoir absorbant. Au premier rang de ces chercheurs est le professeur Herrera, de Mexico. Voici un nom à retenir, car celui qui le porte n'est pas éloigné maintenant de comprendre et de démontrer expérimentalement la formation de la vie à la surface du globe terrestre (1).

D'autres, d'ailleurs, marchent dans cette voie d'un pas sensiblement égal. En France, les maîtres de l'Institut

---

(1) Cf. plus loin, page 129, la question de la Parthénogénèse.

Pasteur, puis Le Dantec, G. Le Bon, Quinton, Dastre, Dubois, P. Girard, Leduc et beaucoup d'autres; à Bruxelles, le Dr J. Félix, etc., nombre d'Allemands, d'Autrichiens, d'Espagnols, d'Italiens et d'Américains, dont les noms sont bien connus du monde scientifique.

De leurs recherches il résulte que les matières colloïdes, où s'observent les cellules vivantes, sont extrêmement complexes, mais entièrement formées d'éléments chimiques qui nous sont familiers : carbone, hydrogène, oxygène, azote, phosphore, fer, chlore, sodium, potassium, etc. Tels sont, en dernière analyse, les éléments du corps humain lui-même, ce qui a fait dire au professeur Félix, de Bruxelles, que « rien n'est plus inorganique que les matières organiques. » La mécanique des colloïdes et la biochimie présentent un champ d'investigation immense où l'on vient à peine de s'engager. Il est permis de conjecturer que l'étude des faits de cet ordre achèvera de rendre évidente *l'aptitude de la matière brute à l'organisation.*

* *

Nous croyons bon de placer ici quelques considérations qui ont leur importance dans ces matières. Dans un chapitre précédent, nous avons envisagé l'infiniment grand des espaces, dont les proportions inimaginables troublent notre pensée. Dans l'examen des éléments de la vie, il faut nous habituer à considérer, au contraire, l'infinie petitesse, l'infinie divisibilité des corpuscules en action.

La cellule, avons-nous dit, est ordinairement chose très petite. Mais elle se compose de molécules infiniment plus petites qu'elle ; ces molécules se divisent en millions d'atomes ; les atomes eux-mêmes se subdivisent en millions d'électrons ou d'ions doués de l'énergie naturelle.

On peut se rendre compte expérimentalement de cette

excessive divisibilité. « La quantité de particules émises par les corps, dit M. Gustave Lebon, pendant leur dématérialisation (qui dure un grand nombre d'années pour devenir tant soit peu sensible), varie suivant les corps.

« Pour l'uranium et le thorium, elle serait, pour un gramme, de 70.000 à la seconde et, pour le radium, de cent mille milliards... Je possède un instrument qui, depuis quatre ans, n'a cessé d'émettre une pluie d'étincelles provenant de la dissociation de *un dixième de milligramme* de bromure de radium fixé à la pointe d'une aiguille... » (1).

« Berthelot s'était livré lui aussi, ajoute le même auteur, à d'intéressantes recherches sur ce sujet. Il a essayé de déterminer la perte de poids que subissent des corps très odorants, bien que peu volatils. Par l'odorat, la présence de 1 centième de millionième de milligramme d'iodoforme peut facilement être révélée. Il est arrivé à la conclusion que un gramme d'iodoforme perd seulement un centième de milligramme de son poids en une année, soit un milligramme en cent ans, bien qu'émettant, sans cesser un seul instant, des effluves de particules odorantes dans toutes les directions. Berthelot ajoute que, si l'on se sert de musc, les poids perdus sont beaucoup plus petits, « mille fois plus petits peut-être », ce qui fait 100.000 ans pour un milligramme ».

Les particules émises ainsi par la matière, en se divisant, ont des vitesses de 30.000 à 300.000 kilomètres par seconde (2).

Nous ne saurions trop appeler l'attention sur cette

---

(1) Le Spintariscope (Voir : *Évolution de la Matière*, G. Lebon).

(2) Quelque étonnant que cela puisse paraître, les physiciens contemporains possèdent des moyens ingénieux et relativement simples pour mesurer ces vitesses. L'explication de ces moyens n'a pas sa place ici, on la trouvera dans les ouvrages de physique récents.

infinie divisibilité de la matière en particules infiniment petites, plus petites encore que celles dont les faits ci-dessus peuvent donner à notre esprit réfractaire la difficile idée. Se familiariser, dans la limite du possible, avec ces notions d'infiniment petit a une grande importance pour aider à comprendre les formations biologiques et la possibilité de transmission, par le seul intermédiaire des ovules fécondés, des facultés ancestrales physiques et morales, autrement dit, les phénomènes d'hérédité.

Par quels caractères les matières vivantes se distinguent-elles des matières brutes ?

Dans la vie élémentaire du protoplasma, on observe le mouvement. Mais nous avons déjà montré, par des exemples empruntés aux expériences les plus simples de la chimie élémentaire, que la mise en contact de deux corps de natures différentes, l'acide sulfurique et le sol humide, la chaux vive et l'eau, etc., etc., provoquent du mouvement. Le mouvement n'est donc pas chose exclusive à la matière vivante. Mais dira-t-on, le mouvement provoqué dans l'eau par la présence d'un morceau de chaux vive ou par un morceau de potassium, s'éteint dès que l'équilibre est rétabli entre les molécules des deux corps, tandis que dans la matière vivante il est continu. Cette dernière assertion serait une erreur. Dès que le milieu où s'agitent les plastides ne leur fournit plus les éléments nécessaires, le mouvement et la vie cessent. On peut, en alimentant de sel une solution, entretenir indéfiniment la formation des cristaux et par conséquent le mouvement; celui-ci s'arrête dès que la solution s'épuise. De même dans le milieu où vivent les cellules, si l'oxigène répandu en suspension dans l'eau se trouve supprimé, comme dans l'expérience qu'a faite le premier M. Vervorn, le protoplasma, qui a une très grande affinité pour ce gaz, ne manifeste plus aucun mouvement. Au sommet de l'échelle animale comme à la base, si l'être vivant est privé de l'ambiance d'air ou de toute provision alimentaire venant de l'extérieur, son mouvement et sa vie s'arrêtent. Le mouvement n'est donc pas une faculté spéciale et exclusive à ce qui est vivant.

Un autre caractère de la matière vivante c'est la nutrition ou l'assimilation. Nous avons montré que les cristaux la possèdent aussi. Dans l'un et l'autre cas, la nutrition a lieu par voie d'échange avec le milieu et elle a pour conséquence l'accroissement.

Vient en dernier lieu *la reproduction* qui est, dans une certaine mesure, la conséquence de l'accroissement. Les cristaux, nous l'avons vu, présentent encore cette propriété.

Ainsi donc on trouve dans les manifestations de la matière brute des facultés à l'état plus simple en apparence peut-être, mais qui présentent néanmoins une véritable analogie avec celles de la matière vivante. Mais celle-ci trouve dans les contingences où elle évolue, l'acheminement vers des complications infinies.

Dans la cellule à la limite de son accroissement il se forme un second noyau, puis l'enveloppe elle-même se partage entre les deux noyaux et il se trouve ainsi deux cellules qui se séparent ou restent accolées l'une à l'autre selon les espèces.

Dans les âges primitifs de l'histoire géologique du globe, les êtres se sont développés en partant des premières formations cellulaires. Les cellules se sont agglomérées entre elles jusqu'à former, comme dans le cas du corail, de véritables récifs dans la mer. En d'autres circonstances, des agglomérations de cellules se sont développées selon le type des éponges qui gardent, comme le corail, un point d'attache au sol. En d'autres cas, ils se sont enduits par contact avec les éléments calcaires et siliceux du milieu marin, d'une croûte solide, véritable squelette extérieur, coquille aux aspects capricieux, qui a déterminé leur forme d'une manière fixe et invariable.

A la faveur de l'activité chimique et du mouvement d'échange qu'elle provoque, des agglomérations de cellules, (morula), ont pris peu à peu la forme d'un sac (gastrula), véritable estomac très propre à l'alimentation et à l'assimilation ; puis ce sac allongé s'est ouvert à l'autre extrémité, comme un manchon. C'est alors l'embrion de ce qui devait être plus tard chez les animaux compliqués, le tube digestif. Des dépôts calcaires ont fourni à l'intérieur les premiers éléments rigides de ce qui devait devenir un jour le squelette des vertébrés. C'est ainsi que, du simple au composé et de complication en complication, avec le concours de millions et de millions d'années, la nature en activité a engendré les innombrables races d'animaux dont beaucoup se sont perdues en route pour des causes diverses, et, dont un grand nombre devaient arriver au degré de complication où nous les voyons, en attendant qu'elles finissent par disparaître à leur tour.

Telle est, en quelques mots trop simples, cette grande théorie de l'évolution et du transformisme sur laquelle le grand Français Jean Lamarck ouvrit le premier les yeux, au commencement du XIX° Siècle, que combattit Cuvier, que soutint Geoffroy-Saint-Hilaire, et, qu'après bien des contestations, l'immortel savant anglais Darwin, par des ouvrages où l'esprit de loyauté intellectuelle était lui-même un enseignement à tous les hommes de science, a établie d'une manière si solide qu'il semble qu'elle ne puisse plus jamais être sérieusement contestée.

C'est dans le cours du XIX° Siècle que fut reconnue,

puis étudiée largement et, après bien des discussions, adoptée définitivement, comme seule exacte et seule possible cette théorie de l'évolution, du transformisme et de la descendance qui s'étend, non seulement au monde animal, mais également au monde végétal. *Omne vivum ex ovo*, tout ce qui vit vient d'un œuf, est un axiome devenu banal pour affirmer que les êtres qui vivent ou végètent, depuis les plus simples jusqu'aux plus compliqués, dérivent d'un œuf, ou d'une graine, ce qui est dans le cas la même chose qu'un œuf, comme l'œuf est semblable à la graine. Tout homme, pareil en cela aux individus de toutes les autres espèces, dérive d'un œuf, c'est-à-dire d'un être monocellulaire, d'une cellule unique, analogue aux types les plus inférieurs de l'échelle animale. Et l'espèce humaine, comme toutes les autres, animales ou végétales a pour ancêtre primitif ou original, la monère.

Les savants du XIXe siècle qui ont le plus contribué à l'établissement de la théorie de l'évolution, ne sont pas arrivés du premier coup à sa vérification définitive. On doit même dire que tous se sont trompés par certains côtés, en même temps qu'ils ont apporté à la science une contribution de découvertes suffisante pour illustrer leur nom.

C'est d'abord, nous l'avons dit, Lamarck (J. B. de Masset de Lamarck), qui fit paraître, en 1809, sa *Philosophie Zoologique*. On ne peut contester à ce savant français, la gloire d'avoir, le premier, démontré la variabilité des espèces et le passage des formes animées les unes aux autres par voie de modifications graduelles. Mais sa méconnaissance forcée de la paléontologie (puisque cette science était à peine ébauchée), l'a fait errer dans ses déductions et classifications successives. Il n'en est pas moins vrai qu'il a droit à une place d'honneur dans l'histoire des sciences, pour avoir ouvert les yeux sur les transformations graduelles des animaux et des plantes, théorie dont le monde savant devait plus tard reconnaître la haute valeur et l'immense portée philosophique.

En même temps, de 1800 à 1833, Cuvier s'impose en France par ses découvertes et par la création de la science paléontologique. Il repousse le transformisme, croit à des révolutions brusques du sol et lance, pour près d'un demi-siècle, la science française dans la voie de l'erreur. Mais on lui doit, nous l'avons dit, la paléontologie. C'est là une contribution si importante au progrès, ou plutôt aux moyens de progrès scientifiques dont peut disposer l'humanité, qu'elle suffit amplement à justifier sa gloire.

A la même époque, Étienne Geoffroy-Saint-Hilaire, partisan du transformisme, succombe devant l'opinion française, écarté (quoique victorieux), par le puissant prestige dont jouissait Cuvier. La postérité devait lui rendre justice. L'idée des variations d'espèces par la naissance de monstruosités, par des différenciations soudaines d'une génération à l'autre dans une même espèce, que devait vérifier et démontrer de nos jours Hugo de Vries, est de lui. Il a de même entrevu *le parallélisme entre le développement embryologique et l'évolution paléontologique* qu'Haeckel devait plus tard démontrer, chose très importante que nous exposerons un peu plus loin.

Vint enfin, en 1859, l'œuvre sensationnelle de Darwin.

L'idée maîtresse de cette œuvre est celle de la *sélection* qui se produit dans l'évolution naturelle. Dans la concurrence vitale entre tous les êtres, les formes animales ou végétales qui ne sont pas aptes à soutenir la lutte s'éteignent, tandis que survivent les variétés mieux adaptées aux conditions ambiantes.

On reproche au Darwinisme d'être trop exclusif et de ne pas tenir un compte suffisant des influences transformatrices mises en lumière par Lamarck et Geoffroy-

Saint-Hilaire, non plus que de la paléontologie. « En revanche, l'œuvre de Darwin est, à tous égards, beaucoup plus précise et mieux documentée que celle de ses devanciers. Doué d'un merveilleux esprit d'observation que de lointains voyages avaient de bonne heure aiguisé et développé, apte à saisir et à mettre en lumière les rapports compliqués de la biologie et des mœurs des plantes et des animaux, puissamment soutenu par une érudition presque universelle, l'illustre naturaliste anglais put apporter dans la défense de la théorie transformiste une puissance démonstrative inconnue avant lui et qui ne pouvait manquer d'entraîner ensuite l'adhésion du plus grand nombre des biologistes (1). »

Si les idées transformistes de Lamarck, de Geoffroy-Saint-Hilaire et de Darwin trouvèrent d'abord peu d'écho chez les naturalistes français attardés sous l'influence trop persistante de Cuvier, en revanche elles rencontrèrent en Angleterre et en Allemagne un public scientifique très favorable et des adeptes ardents. Le plus remarquable fut le professeur Ernest Haeckel, de l'Université d'Iéna. Dans ses ouvrages retentissants sur la *Morphologie générale* et l'*Histoire de la Création naturelle*, Haeckel analyse les conséquences du transformisme, les démontre surtout par l'étude de la zoologie et de l'anatomie comparée, moins par la paléontologie, de là, peut-être, certaines inconséquences dans le détail.

Le point capital de son œuvre est dans ce qu'il appelle *l'ontogénie* ou *l'embryologie*. Haeckel démontre de la manière la plus étendue que *le développement de l'individu avant sa naissance, depuis l'instant de la fécondation, est un résumé raccourci des phases par lesquelles a passé le développe-*

---

(1) Ch. Depéret : *Les transformations du monde animal*.

ment de son espèce depuis l'origine animale dans l'histoire du globe terrestre (1).

Ainsi montre-t-il, et tout anatomiste, après lui, peut montrer, que l'homme, pareil en cela à tous les animaux, est d'abord : *œuf fécondé*, à l'instant où les 2 cellules sexuelles des parents se rencontrent pour ne former qu'une cellule ; cellule sans noyau, (type pareil à celui qu'on peut observer dans les eaux et désigné sous le nom de Monère) ; puis cellule avec noyau, représentée par le type *Amibe* ; puis cellule multipliée, état polycellulaire ou *Morula* (semblable à une mûre) ; puis amas cellulaire applati, forme *Synamile* ; amas de cellules creusé, type *Gastrula* (forme estomac). Ces divers stades existent au début de la formation de chaque individu *dans toutes les espèces vivantes*. Mais le développement des espèces inférieures telles que Éponges, Méduses, Coraux, Vers, Tuniciers, Mollusques divers, s'y arrête. Tandis que les espèces plus compliquées continuent d'évoluer.

A partir de ce point commun, les six groupes zoologiques supérieurs suivent chacun une direction différente dans la suite de leur développement. Et sur chacun d'eux, à divers degrés, se branchent un grand nombre de rameaux, à tel point que les naturalistes comptent, tant dans les espèces disparues que dans celles encore existantes, plus d'un million de variétés dans le monde animal et une quantité non moins grande dans le monde végétal. La limite, d'ailleurs, entre le monde végétal et le monde animal est des plus vagues et l'on pourrait en dire autant de celle entre le monde végétal et le monde minéral : il est des végétations de nature si simple qu'elles relèvent du domaine de la chimie et il est des phénomènes chimiques qui présentent les caractères

(1) Loi formulée primitivement par Fritz Muller.

végétatifs et quelquefois, comme nous l'avons dit à propos des cristaux, des caractères vitaux.

En ce qui concerne l'homme, au cours de son développement embryonnaire, il passe, selon Haeckel, par vingt-deux états ou stades principaux, qui correspondent chacun à un état du monde animal au cours de son développement, depuis le début de la formation d'une matière vivante sur le globe primitif. Ainsi est-il tour à tour :

Monère, nous l'avons dit ;
Cellule à noyau ;
Amas de cellules prenant diverses formes successives :
Gastrula, où l'embryon se creuse d'une cavité comme les invertébrés inférieurs ;
Ver, commençant à présenter un peu de liquide sanguin ;
Ver sacciforme, présentant, comme les Tuniciers, un rudiment de moelle épinière ou de corde dorsale ;
Vertébré sans crâne comme l'amphioxus actuel ;
Vertébré du type lamproie, présentant un rudiment de crâne dépourvu de mâchoires ;
Sélacien, présentant la division des narines, l'apparition d'un squelette de mâchoires et de deux paires de membres ;
Dipneuste, premier type susceptible de respiration pulmonaire, tel que certains de nos insectes ;
Sozobranche, présentant, avec une certaine persistance, les branchies des poissons et commençant à montrer la division des extrémités en cinq doigts ;
Sozoure, amphibie perdant les branchies à l'état adulte, mais conservant à l'extrémité de la colonne dorsale une queue comme les salamandres et les tritons ;
Protamniote, caractérisé par la disparition des branchies de poissons, type encore hypothétique, il est vrai, en

paléontologie, mais présentant des caractères communs aux Reptiles, aux Oiseaux, et aux Mammifères ;

Promammalien, type voisin de l'Ornithorynque et de l'Echnidé actuels, mais pourvu de mâchoires dentées ;

Marsupial, type supérieur au précédent par la division du cloaque (1) (qui, chez les oiseaux et reptiles persiste), par la formation des mamelons et la réduction des clavicules. Les sarigues actuelles représentent cet état ;

Prosimien, analogue aux Lémuriens (Makis, Loris), des régions tropicales. Ce type se distingue des précédents par le développement d'un placenta et la perte de la poche marsupiale et des os destinés à la soutenir ;

Monocerque, analogue aux singes à queue de l'ancien continent, chez lesquels se remarque la transformation de la mâchoire et le changement des griffes en ongles ;

Anthropoïde, différent du précédent par la disparition de la queue et le développement du crâne ;

Reste un stade où l'embryon humain présente tous ses caractères propres à l'homme et naît. (2)

On a remarqué qu'il serait excessif de prétendre trouver, soit dans les races vivantes, soit dans ce que la paléontologie nous représente jusqu'à présent des races éteintes, des types identiques à celui de l'embryon humain observé à chacun de ces stades de développement. Mais le parallélisme montré par l'œuvre géniale d'Haeckel entre l'évolution progressive de l'embryon et celle de la race dont il est issu n'est point contestable. Critiquables dans leurs détails, les théories de Haeckel, comme celles de Lamarck et de Darwin, n'en conservent pas moins une

---

(1) Le cloaque est la poche unique formée par l'extrémité du rectum et dans laquelle débouchent également, chez les oiseaux et les reptiles, comme chez l'embryon humain avant le stade ci-dessus, les canaux excréteurs de l'appareil génito-urinaire.

(2) Nous avons laissé de côté, dans cette énumération déjà longue, les trois stades qui nous ont paru les moins caractérisés.

haute valeur explicative, nouvelle pour le monde à leur apparition, et de plus en plus justifiées par les travaux subséquents. Il y a analogie entre le sort réservé à ces théories et celui que subissent les principes établis par Newton, par Lavoisier, par Robert Meyer, etc. Les études et les découvertes nouvelles viennent, non pas les détruire, mais les compliquer, les compléter, en modifier certaines conséquences et certains détails que ne pouvaient prévoir leurs auteurs.

Il est certain que les choses de la nature ne se sont pas succédées avec la simplicité d'une évolution, pour ainsi dire en ligne directe. De même que dans les âges géologiques les terrains ne se sont pas superposés tranquillement et en bon ordre les uns au dessus des autres, mais que des troubles répétés et des bouleversements de toute sorte ont compliqué leurs formations, de même des accidents et des contre marches ont, à bien des reprises, influencé la marche de l'évolution animale, ont multiplié les espèces et les races, ont fait s'éteindre les unes et en ont modifié d'autres par mutations brusques ou lentes.

Nous nous empressons de mentionner ici un point de vue aussi nouveau qu'intéressant. De jeunes naturalistes de valeur prétendent que c'est en vain qu'on cherchera dans l'ordre des primates connus l'ancêtre véritable de l'homme. Cet ancêtre était, selon eux, un mammifère plus simple entièrement disparu. Quant à la plupart des races de singes actuelles, ce seraient, selon certains de ces anthropologistes, non pas des précurseurs, mais, au contraire, des produits dégénérés d'espèces humaines primitives, des hommes animalisés par une longue suite de générations décadentes (1).

---

(1) Kollmann, Klaatsch, Fischer, naturalistes allemands cités par M. Van Genep, *Revue des Idées*, juin 1908.

Ce sont, à la vérité, des aboutissements de leurs lignées, comme nous sommes l'aboutissement actuel de la nôtre.

Les cas de régression, d'ailleurs, existent fréquemment dans la nature.

Ainsi donc l'évolution, la descendance, le transformisme sont choses incontestables et, du reste, de moins en moins contestées. Mais la marche de l'évolution en ses détails, en ses complications et, sans doute aussi, en ses contre-marches, donne lieu à des recherches qui sont loin d'avoir dit leur dernier mot, bien qu'elles avancent de plus en plus dans la conquête progressive de la vérité.

Traces ancestrales conservées chez l'homme. — Arrivé au degré de développement et de perfectionnement de ses facultés où l'ont amené des millions d'années d'évolution, l'être humain n'en conserve pas moins, aujourd'hui encore, certaines traces d'organes caractéristiques de ses origines, mais atrophiés faute d'usage, on les nomme *organes témoins*. Tels sont les vertèbres du coccyx, l'appendice du cœcum (devenu non seulement inutile, mais nuisible et dangereux); la troisième paupière, spéciale aux oiseaux, dont le rudiment se voit dans le coin de l'œil voisin du nez; la saillie émoussée qui s'aperçoit ou se sent au toucher dans le bord replié de l'oreille, qu'on appelle *l'hélix* et qui n'est autre chose que la pointe de l'oreille autrefois droite et plus allongée; les nerfs moteurs de l'oreille qui n'ont plus qu'une action infime et souvent nulle; etc., etc. La présence chez l'homme de ces restes d'organes existant encore chez divers animaux est absolument inexplicable en dehors du système évolutionniste.

La Parthénogénèse. — Le cas particulier de la question biologique que nous allons signaler brièvement est, en même temps que d'une portée philosophique considérable, très ardu s'il fallait le décrire en ses détails même sommaires, et il est compliqué de questions d'histologie et de physico-chimie plus ardues encore.

Il a fait l'objet de travaux nombreux en des laboratoires disséminés dans le monde entier. M. Yves Delage, membre de l'Institut, exposa, le 30 janvier 1908, l'état de cette question et le résultat de ses propres recherches à ce sujet, dans une conférence à la Sorbonne, en présence d'un groupe de ses savants collègues et d'un public composé de personnes cultivées et s'intéressant aux choses scientifiques. C'est à cette conférence que nous empruntons ce qui suit (1) :

Le mot *parthénogénèse* s'applique à la génération qui se produit sans rapprochement des deux sexes, sans la fécondation par une cellule mâle de l'ovule issu de la femelle. Chez les abeilles, par exemple, la reine peut pondre deux sortes d'œufs : des œufs fécondés, d'où sortent les abeilles ouvrières ; et des œufs non fécondés d'où sortent les mâles. Chez les pucerons, il existe pendant l'hiver des œufs qui ont été fécondés à l'automne et qui, lorsqu'ils éclosent au printemps donnent des femelles ; ces femelles n'ont alors aucun mâle auprès d'elles ; elles pondent cependant et se reproduisent ainsi parthénogénétiquement pendant plusieurs générations, trois, quatre ou cinq durant toute la belle saison. A la fin les mâles apparaissent, et le cycle évolutif recommence. C'est grâce à cette particularité que la reproduction de ces insectes est si active et que le phylloxera peut se multiplier de manière à rendre bien difficiles les moyens de le combattre. Certains crustacés n'ont pas de mâles du tout ; les femelles se

---

(1) *Rev. des Idées*, février 1908.

reproduisent indéfiniment par des œufs qui ne sont jamais fécondés.

C'est là la parthénogénèse naturelle ; elle constitue dans la nature, dans le règne animal surtout, une exception.

Dans la génération sexuée, le spermatozoïde pénètre dans l'œuf arrivé à maturité. Il lui apporte deux choses : 1° Un contingent de substance très précieuse que les biologistes appellent *chromatine* et qui, d'après eux, renfermerait les caractères héréditaires de la branche mâle (1) ; 2° Une source énergétique qui semble donner à l'organisme un coup de fouet, le faire sortir de sa léthargie et parcourir les phases successives du développement embriologique.

Eh ! bien, des biologistes se sont demandés s'il ne serait pas possible de provoquer ce développement embryologique par des moyens purement physico-chimiques.

La première fonction du spermatozoïde, celle qui consiste dans l'apport de la substance des caractères de la lignée ancestrale mâle qui a derrière elle l'infinité des siècles, la parthénogénèse artificielle ne saurait prétendre la réaliser et ne la réalisera jamais. Mais l'énergie spéciale fournie à l'œuf par le centrozome du spermatozoïde, d'ingénieux moyens physico-chimiques ont réussi à la produire.

Des savants étrangers de grand mérite, les américains Morgan et Jacques Loeb notamment, conduits par certaines idées dans le détail desquels il serait ici impossible d'entrer, se sont aperçus qu'on pouvait faire développer l'œuf de certains animaux marins, en le soumettant

(1) Cette hypothèse sur le problème de l'hérédité se trouve complétée (peut-être devrait-on dire remplacée), par une théorie récente qui se résume ainsi : « Une énergie donnée, ou mieux un ensemble d'énergies données, appliqué sur une architecture plasmique donnée, reconstruit toujours la même forme organique ». (D'' *Maurice Boubier, de l'Université de Genève*. — *Revue scientifique*, du 3 octobre 1908).

à des traitements spéciaux, à certains réactifs au nombre desquels l'eau de mer à salure concentrée et produisent couramment cette expérience.

En France, M. Yves Delage, le premier, a ouvert des femelles d'oursins, leur a enlevé leurs œufs et il est parvenu par des procédés chimiques d'une remarquable sagacité, à forcer ceux-ci non fécondés à se développer entièrement. Il a obtenu ainsi des larves et de jeunes oursins qui ont vécu.

Voilà donc une découverte scientifique d'une réelle portée philosophique puisque l'homme s'est là rendu maître de provoquer artificiellement un phénomène capital de la vie.

Quelques traits anatomiques et physiologiques concernant l'homme. — Si, lorsque l'on considère l'espèce humaine, on fait surtout entrer en ligne de compte, comme c'est généralement le cas, ses aptitudes actuelles, ses connaissances acquises, ses découvertes scientifiques et industrielles, la distance entre elle et les autres espèces est immense et s'accroît de jour en jour. Mais si l'on veut bien s'en tenir aux caractères zoologiques, aux éléments anatomiques et à l'organisation physiologique, on est forcé de reconnaître que, dans une classification des espèces, l'homme mérite à peine d'être placé dans un ordre distinct.

« Au point de vue anatomique, dit de Quatrefages, l'homme diffère moins des singes supérieurs que ceux-ci ne diffèrent des singes inférieurs ». Et si l'on envisage les diverses et principales races d'hommes (on en compte plus de vingt), on est frappé de l'énormité de la différence qui existe entre les Anglo-Scandinaves, par exemple, et les Negritos, ou les Tasmaniens, ou les Bachimans.

La station verticale, le développement du crâne, l'harmonie des proportions, la pureté des lignes, la délicatesse des contours sont des caractères qui distinguent, à ses propres yeux, l'homme de race supérieure, dit civilisé.

L'espèce humaine se distingue aussi par l'équilibre si parfait de la tête au-dessus du tronc, par la double courbure en S de la colonne vertébrale, par la largeur du bassin qui supporte les viscères abdominaux, par la musculature puissante de la jambe, par la largeur et la position horizontale de la plante des pieds.

La main de l'homme constitue un instrument de préhension parfait, elle est bien supérieure à celle des singes.

La dentition de l'homme est analogue à celle des singes de l'ancien monde. En commençant à la ligne médiane de la face, il y a, de chaque côté et à chaque mâchoire, 8 dents : 2 incisives, 1 canine, 2 prémolaires et 3 molaires, soit, en totalité, 32 dents. Les incisives sont verticales ou parfois légèrement obliques, comme dans les races dites pour ce fait *prognathes* (mâchoires en avant). Le sommet des canines dépasse à peine celui des autres dents. Les prémolaires ont deux racines ; les petites molaires permanentes ont deux tubercules et les grosses molaires quatre.

L'estomac de l'homme est toujours simple.

L'espèce humaine possède deux mamelles pectorales qui ne se développent plus entièrement que chez la femme. Chez celle-ci, la chute des ovules s'accompagne d'un écoulement de sang relativement abondant. La durée de la gestation, du développement de l'embryon, est de neuf mois. La femme est unipare, mais donne parfois naissance à deux jumeaux, rarement davantage. Au moment de sa naissance, l'enfant pèse 3 kilogrammes ou 3 1/2 environ et mesure 50 centimètres de longueur. Les testicules sont encore renfermés dans l'abdomen. Ses pupilles sont en général ouvertes. Il prend le sein de sa mère pendant un temps variable. A trois ans, il possède 20 dents de lait. Les dents permanentes commencent à apparaître vers la septième année. Les dernières molaires ou dents de sagesse ne se montrent que vers dix-sept à vingt-cinq ans (1).

Sous nos climats, la *puberté* se manifeste vers quatorze ans pour les garçons : les traits du visage se modifient, la voix mue, la barbe pousse, les testicules produisent des spermatozoïdes.

A la même époque, souvent un peu plus tôt, chez la jeune fille, les seins grossissent, la menstruation apparaît, le caractère change. Toutefois, la jeune fille ne devient apte à la reproduction d'enfants bien constitués que vers dix-huit à vingt-deux ans et le jeune homme de vingt-deux à vingt-six.

A trente ans environ, la taille cesse de croître, le cerveau atteint son plein développement. Le corps s'épaissit de manière à acquérir son maximum de poids vers quarante ans. Puis, — après une période d'état stationnaire variable — survient la dégression : la faculté de reproduction diminue chez l'homme, la menstruation cesse chez la femme ; les cheveux blanchissent et tombent ; les dents tendent à s'expulser de leurs alvéoles ; le cristallin de l'œil s'aplatit, rendant la vue presbyte ; les sens s'émoussent ; le poumon se dilate et se tuméfie (emphysème) ; le cœur s'accroît, s'épaissit, tend à s'engraisser ; les artères durcissent, la graisse s'infiltre dans tous les tissus, le fonctionnement des organes fondamentaux s'enraye peu à peu et, lorsque l'un d'eux, cœur, poumon ou tube digestif, devient tout à fait hors d'état de remplir son

---

(1) Les dernières molaires ou dents de sagesse, inutilisées, sont en train de s'atrophier et en voie de disparition chez l'espèce humaine.

rôle, alors c'est la cessation de la vie de l'individu, c'est-à-dire la mort.

Au commencement du dix-neuvième siècle, la *durée moyenne* de la vie humaine était, d'après Duvillard, (en 1806), de vingt-huit ans et demi. En 1867, d'après les recherches de Broca, elle était de quarante ans. Elle semble s'être élevée davantage encore depuis cette époque. Une durée de soixante-dix à quatre-vingts ans est assez ordinaire.

Dans sa belle étude sur l'*Espèce Humaine*, Metchnikoff, le savant maître de l'Institut Pasteur, a montré que jadis cet âge a dû communément être dépassé, et que, dans l'avenir, moyennant une hygiène et une alimentation mieux appropriées, il sera facile d'atteindre cent cinquante ans et davantage. Metchnikoff assimile la vieillesse à une véritable maladie. La dégénérescence sénile est produite par l'envahissement de nos organes par des microbes *phagocytes* (voraces), qui, ici, détruisent ou plutôt modifient les éléments utiles, là obstruent les canaux excréteurs qui permettent l'écoulement des liquides nuisibles, ailleurs infectent telle ou telle partie de l'organisme.

Il y a lutte à partir d'un certain âge, entre ces microbes et les cellules nobles ou utiles de notre organisme, et la victoire finit par rester aux premiers, dont l'invasion se généralise. Ces parasites intérieurs envahissent le sang, les muscles et se logent jusque sous la peau.

Metchnikoff fait entrevoir comment il sera possible, non sans un certain changement dans nos habitudes de vie, de renforcer les éléments les plus précieux de notre organisme, de retarder et d'affaiblir l'invasion agressive des phagocytes, ce qui prolongera beaucoup l'état de santé et de vie.

Mais ce problème n'est pas résolu, il se présente seulement comme une question scientifique, semblable à beaucoup d'autres dont la solution n'a rien d'improbable.

L'homme est bien supérieur aux autres espèces par l'ensemble de ses facultés, mais il n'est aucune de celles-ci qu'on ne trouve chez quelqu'un des animaux. Il est même certaines de ces facultés qui, chez des animaux ont acquis un plus haut degré de perfection que chez l'homme. Tels l'odorat chez le chien, la vue chez nombre d'oiseaux, etc. Il est chez certaines espèces des facultés dont l'homme ignore absolument le secret, celle par exemple qu'ont les pigeons et les oiseaux migrateurs de se diriger à grande distance vers un point précis, à travers des espaces inconnus d'eux et sans que la lumière même paraisse leur être nécessaire. Enfin, il est certain que nombre d'insectes possèdent des *sens* d'une nature spéciale dont les nôtres ne nous permettent pas de concevoir la nature ou la fonction.

Entre l'espèce humaine et les autres espèces, on ne peut donc, en somme, au point de vue des facultés naturelles proprement dites, établir une séparation absolue. Il y a seulement des différences de degrés, différences très grandes à la vérité, et que les progrès incessants de l'humanité dans l'industrie, les arts et les sciences, étendent, nous l'avons dit, chaque jour davantage.

VI

Sur le Monde Végétal

Aperçu concernant l'origine de la sexualité

Nous avons surtout insisté jusqu'à présent sur la vie du monde animal, mais la vie du monde végétal présente, elle aussi, un grand intérêt. Certains pensent que les végétaux ont dû précéder les animaux. La contexture plus simple des premiers, leur faculté d'assimilation directe des éléments inorganiques semblent donner de la vraisemblance à cette hypothèse (1).

---

(1) Pour le lecteur que peut fatiguer l'aridité de ces développements et qui aimerait s'en reposer par la lecture de quelques beaux vers non absolument déplacés ici à cause de la philosophie qui s'en dégage, nous reproduisons l'extrait suivant d'un poëme de Leconte de Lisle :

La Forêt Vierge

. . . .
Sur le sol convulsif l'homme n'était pas né
Qu'elle emplissait déjà mille fois séculaire
De son ombre, de son repos de sa colère,
Un large pan du globe encore décharné.
. . . .

O forêt ! Ce vieux globe a bien des ans à vivre ;
N'en attends pas le terme et crains tout de demain.
O mère des lions, ta mort est en chemin,
Et la hache est au flanc de l'orgueil qui t'enivre.
. . . .

Comme une irruption de fourmis en voyage
Qu'on écrase et qu'on brûle et qui marchent toujours,
Les flots t'apporteront le roi des derniers jours,
Le destructeur des bois, l'homme, au pâle visage.
. . . .

Il déracinera tes baobabs superbes,
Il creusera le lit de tes fleuves domptés,
Et tes plus forts enfants fuiront épouvantés
Devant ce vermisseau plus frêle que tes herbes.
. . . .

Mais tu pourras dormir vengée et sans regret :
Dans la profonde nuit où tout doit redescendre
Les larmes et le sang arroseront ta cendre...
Et tu rejailliras de la nôtre, ô forêt !

Les plantes les plus simples et probablement, par suite, les premières apparues, seraient les algues marines.

Nous avons montré plus haut la division des cellules et leur multiplication. Beaucoup d'algues produisent des cellules aquatiques microscopiques pourvues de deux cils antérieurs auxquels on donne le nom de *gamètes* et qui, d'après M. Octave Lignier (1), l'éminent professeur de botanique de la Faculté des Sciences de Caen, présenteraient, chose très importante, le point de départ de la génération sexuée. Ces gamètes, dont la forme rappelle celle des algues les plus inférieures, ont l'aspect de certaines autres cellules appelées *spores* qui sont capables de se développer directement en une plante nouvelle. Mais, une particularité caractérise à l'origine les gamètes et les fait différer des spores, c'est que, pour former un être nouveau, ils se fusionnent deux à deux. Puis, chez des algues plus élevées en organisation, les gamètes d'un même couple deviennent de taille et de motilité différentes : l'une plus grêle, plus agile, que l'on appelle mâle; l'autre plus gros, plus chargé de réserves nutritives et, partant, moins mobile, qu'on appelle femelle. Chez les descendants des algues, les gamètes se différencient de plus en plus l'une de l'autre en s'adaptant à des conditions nouvelles.

Rien ne s'oppose, ajoutons-le ici, à ce que dans les espèces primitives animales, un point de départ analogue de la génération sexuée se soit produit à un moment donné (2).

Il est vraisemblable que le résultat de la fusion de deux cellules gamètes dans l'acte de formation d'un nouvel être, c'est-à-dire de la génération par accou-

---

(1) *Miscellanées biologiques.* Paris, 1899, page 129.
(2) Cf. plus haut : *La Parthénogénèse.*

plement de deux principes différents, ait été d'accroître la faculté d'adaptation du nouvel individu produit aux conditions d'ambiance et de fournir une descendance mieux armée pour la vie que celle qui résulte du développement direct d'une cellule unique (spore). Ainsi, dès l'origine de la génération, le croisement approprié tend à perfectionner l'espèce.

Le monde végétal est innombrable au point de vue de la variété.

La plupart des plantes sont bisexuées.

D'une manière générale, c'est à l'époque de la floraison et dans la fleur que se fusionnent les cellules mâles et les cellules femelles, autrement dit que se féconde l'œuf ou graine.

Il est des espèces végétales dont l'évolution est assez simple pour rappeler certaines transformations purement minérales ; il en est d'autres qui se rapprochent du règne animal. Il est des plantes qui donnent l'impression d'un vague caractère conscient, de telle sorte que le grand écrivain belge Maeterlinck a pu, sous une forme poétique, en donner de remarquables exemples dans son bel ouvrage, l'*Intelligence des fleurs*.

A la vérité, il n'existe d'intelligence que chez les animaux suffisamment organisés et *pourvus de matière cérébrale*. Cette faculté que nous allons bientôt étudier, résulte de la coordination de sensations présentes ou passées, perçues par un organisme approprié. Chez les plantes, rien de pareil, mais cependant des *réflexes* (1), plus ou moins vagues obéissant à des causes présentes.

(1) Nous verrons plus loin l'explication de ce mot, pages 145, 146.

VII

Ame, Conscience, Pensée, Volonté
Les nerfs et le cerveau

« L'âme et l'activité du cerveau vivant sont une seule et même chose » (1).

Les conservateurs, les esprits religieux, tiennent pour le *dualisme*, c'est-à-dire pour la théorie selon laquelle il existerait deux choses : une âme et un corps indépendants l'un de l'autre, mais associés dans la vie et se séparant à la mort. Une âme pur esprit, chose dont, il est vrai, on ne pourrait définir ou connaitre ni la substance, ni la nature, c'est là une conception qui date des temps non scientifiques, des temps les plus barbares, des temps où la seule imagination comblait les vastes lacunes du savoir. Si cette conception est nécessaire à la religion, elle n'en est pas moins fort grossière ; elle exige la possession ou la volonté de croyances mystiques, et elle conduit à d'absurdes contradictions dès qu'on veut étudier et vérifier les faits à son aide. On n'a jamais vu de cerveau vivant sans qu'il en résulte ce que nous appelons les facultés de l'âme ; on n'a jamais vu d'âme sans cerveau vivant.

« L'antique problème de l'âme et du corps n'est donc plus qu'un *problème apparent*. La nature énergétique des phénomènes psychiques est chose expérimentalement démontrée. La question des relations de l'âme et du corps est de la même catégorie que celle de l'énergie chimique et de l'énergie électrique dans la pile de Volta, question

---

(1) FOREL. *L'âme et le système nerveux*. Alcan.

résolue à l'heure actuelle. Ainsi disparait l'antagonisme qu'on a cru si longtemps essentiel (1) ».

*_**

Le cerveau et les facultés mentales chez les différentes espèces animales. — Chez les êtres monocellulaires, dont le corps ne se compose que d'une masse protoplasmique, on n'aperçoit pas d'organe nerveux.

Avec les invertébrés qui sont formés de plusieurs segments, apparaissent les premières cellules nerveuses et, lorsque ces animaux prennent une forme allongée, certains éléments se groupent dans la région de tête, c'est le premier rudiment de cerveau.

Chez les vers, le cerveau commence à être différencié ; c'est un organe central, situé au devant du pharinx. Il ne ressemble pas au cerveau des vertébrés, cependant il comprend deux moitiés symétriques. Chez la sangsue, le cerveau devient déjà plus complexe et donne naissance aux nerfs des organes des sens. On observe chez ces animaux quelque chose qui se rapproche de l'intelligence.

Chez les mollusques, il n'y a pas de cerveau proprement dit, mais il y a des ganglions épars, des fibres nerveuses fines et nombreuses. Les organes des sens atteignent déjà chez ces animaux un certain degré de complication. Darwin raconte le curieux fait suivant : « Un observateur très fidèle, M. Lonsdale, ayant mis une paire d'escargots de l'espèce commune dans un jardin de petites dimensions et presque dégarni, s'aperçut, au bout de quelque temps, que le plus fort des deux (il y en avait un de chétif), avait déserté dans la direction d'un planturoux jardin dont il avait franchi le mur, comme l'indiquait la marque de bave sur la piste. M. Lonsdale en conclut

---

(1) Professeur Wilhelm Ostwald.

qu'il avait abandonné son compagnon à sa faiblesse. Mais, après une absence de 24 heures, l'escargot revint et fit sans doute part à l'autre de son expédition, car tous les deux se mirent en route et, suivant le même chemin, disparurent au delà du mur ». Ainsi, perspicacité, mémoire, affection, pourraient exister dans l'embryon de cerveau de cet animal.

Chez les arthropodes ou articulés (insectes, arachnides, genre des araignées, crustacés, etc.) le système nerveux se fait remarquer par son développement. Les ganglions cérébroïdes constituent une sorte de cerveau présentant une véritable complication. De cette masse nerveuse partent les principaux organes des sens. Chez les insectes on distingue déjà trois cerveaux : antérieur, moyen, postérieur. Chacune de ces parties donne naissance à des nerfs spéciaux.

Il en résulte, chez les insectes, de remarquables manifestations intellectuelles. Chez la fourmi, la vue (yeux à facettes), le goût, l'odorat surtout, acquièrent une grande finesse. La mémoire chez ces animaux est très étendue. Une fourmi sait retourner plusieurs fois à un endroit très éloigné où elle a trouvé des provisions. Le naturaliste Huber (cité par Romanes), put s'assurer qu'une fourmi était reconnue par ses compagnes après plus de deux mois de séparation et qu'on fêtait son retour en lui caressant les antennes, ce qui est une marque d'amitié chez ces insectes. Courage, rapacité, sentiment de pitié et d'humanité, amitié, sympathie sont autant de sentiments qu'on trouve chez les fourmis, les abeilles, etc. Ce sont les antennes qui paraissent constituer le plus important organe de sentiment, leur perte occasionne un trouble extraordinaire dans leur intelligence.

Enfin, si l'on arrive à la classe des vertébrés, le cerveau prend une importance considérable. D'un développement rudimentaire dans les classes inférieures de cet embranchement, il passe par des transitions insensibles pour atteindre une organisation de plus en plus perfectionnée. Chez les acraniens (vertébrés sans crâne, amphioxus), le cerveau n'est qu'un évasement de la moelle.

Chez les poissons, il présente des variétés infinies.

« On observe chez les poissons, dit Romanes, des manifestations de peur, d'instinct belliqueux, de sentiments sociaux, sexuels et maternels, de colère, de jalousie, d'enjouement, de curiosité, c'est-à-dire un genre d'émotions analogues à celui des fourmis et présentant les caractères qui distinguent la psychologie d'un enfant de quatre ans, sauf les sentiments de sympathie, dont je n'ai pu relever aucune preuve ; il se pourrait cependant qu'ils existent ».

Chez les reptiles, le cerveau a, dans sa structure, des détails qui le rapprochent de celui des vertébrés supérieurs, mais chez tous les animaux à sang froid, l'intelligence, les facultés mentales sont néanmoins peu développées.

Chez les oiseaux, le cerveau occupe entièrement la cavité crânienne. Le cerveau antérieur est nettement divisé en deux hémisphères qui présentent en avant les tubercules olfactifs. Le cerveau moyen, recouvert en partie par le cerveau antérieur, donne naissance à de gros lobes optiques. Le cervelet conserve un grand développement. Les cavités internes offrent déjà beaucoup d'analogie avec celles que l'on rencontre dans le cerveau des mammifères supérieurs. Les émotions, la mémoire, l'intelligence sont très remarquables dans cette classe d'animaux. Leur jalousie, leur colère, leur curiosité, leur orgueil sont bien connus.

Ils peuvent posséder certains sens bien plus développés que les nôtres. L'acuité de la vue de l'aigle est extrêmement remarquable. Les pigeons, les hirondelles, etc., ont, nous l'avons dit déjà, un sens de la direction qui nous est inconnu. Leur odorat est aussi très développé.

Enfin chez les mammifères, le cerveau présente le maximum connu de développement, et son perfectionnement se continue graduellement selon les différents ordres pour atteindre, chez l'homme, la complexité qui vaut à certains de nos semblables leurs merveilleuses facultés.

Le système nerveux chez les mammifères, et, en particulier, chez l'homme. — Pour faire une étude du cerveau, si brève et si incomplète soit-elle, il est nécessaire de savoir quels sont ses rapports avec les autres parties du système nerveux.

Les nerfs ne sont pas autre chose que des prolongements du cerveau à travers toutes les parties du corps. Toute la masse cérébrale renfermée dans la boîte crânienne et occipitale est appelée cerveau dans le langage vulgaire. C'est l'*encéphale* des anatomistes qui ne désignent sous le nom de cerveau que la partie antérieure, voisine du front. L'encéphale comprend encore la partie postérieure dite *cervelet* et la *moelle allongée* à laquelle se rattache la *moelle épinière*. Celle-ci descend dans la cavité intérieure des vertèbres, c'est-à-dire de la colonne vertébrale ; toutes ces parties constituent ensemble l'axe cérébro spinal ou système nerveux central.

Parallèlement, partant de l'encéphale, descend au devant des vertèbres et s'étend à droite et à gauche de celles-ci, le système nerveux dit sympathique, encore appelé système de la vie végétative, parce qu'il préside aux phénomènes de la nutrition. Comme le système nerveux cérébro-spinal, il comprend une partie centrale et une partie périphérique. La partie centrale est formée de nombreux *ganglions* ou centres nerveux, d'où partent des ramifications très fines qui se rendent dans tous les organes et vaisseaux sanguins.

Système cérébro spinal et système sympathique sont, jusqu'à un certain point, indépendants l'un de l'autre. Chez un animal à sang froid, on peut enlever l'axe cérébral, et cependant le système sympathique témoignera encore son action par les contractions du cœur et le mouvement des intestins. Cette indépendance n'est, du reste, que très relative, les deux systèmes étant reliés entre eux et s'influençant mutuellement.

Formation et développement du cerveau. — Dans la vie intra-utérine, l'embryon ne présente apparence de cerveau qu'à partir de la quatrième semaine. Auparavant il n'y a qu'une petite masse cellulaire sous forme de rigole dite *gouttière médullaire*. Puis se forment des étranglements de cette gouttière et des vésicules sphériques qui de trois passent à cinq, puis se recourbent et s'enroulent pour devenir, à quatre mois, une masse ovulaire. La fosse intérieure dite de Sylvius se dessine et, à partir de six mois, des circonvolutions commencent à se montrer faiblement.

Dans le cours de son développement chez l'embryon, notre cerveau ressemble successivement à un cerveau de poisson, d'oiseau et enfin de mammifère, c'est-à-dire que sa croissance reproduit celle qu'a subie le système nerveux dans la série animale.

L'action cérébrale proprement dite et les réflexes. — La substance cérébrale et nerveuse est *excitable* et propre à transmettre, à la manière d'un fil électrique, les impressions ressenties. On peut dire qu'ils sont également *excitateurs* puisque, par l'intermédiaire de leur excitation, se détermine soit la contraction d'un muscle, soit la secrétion d'une glande, soit un phénomène intellectuel. Ces propriétés peuvent se résumer en une seule, celle de la *motilité*.

Dans l'activité vitale des nerfs et du cerveau, il est deux choses très importantes qu'il faut distinguer. La première, c'est le travail cérébral proprement dit, produisant les actes intellectuels et ceux de volonté réfléchie. La seconde, le mouvement, instinctif pour ainsi dire, de nos membres et de nos organes. Exemple : nous nous piquons au doigt, nous retirons vivement la main. Ce mouvement de retraite est un mouvement *réflexe*. Pour qu'il s'opère, le cerveau lui même, l'encéphale, n'est pas nécessairement intervenu. C'est l'un des ganglions ou centres nerveux appendus à l'axe cérébro spinal, le long de la colonne vertébrale, qui, averti par le nerf sensitif de la main, a ordonné, par l'intermédiaire du nerf moteur correspondant, le retrait de la main. Les mouvements qui nous sont les plus coutumiers, tels que la marche, par exemple, ne sont que des mouvements réflexes. Beaucoup d'animaux inférieurs, ceux dépourvus de cerveau notamment, ne sont susceptibles que d'actes réflexes. On observe aussi chez les plantes certains mouvements réflexes.

Conscience, pensée, langage. — Il nous reste à expliquer la pensée et la conscience. Le mot conscience ici ne veut pas dire le sens intime d'équité et de justice dont tout homme fait plus ou moins profession (conscience morale), il veut dire le sentiment qu'a *le moi* de sa propre existence (conscience psychologique ou métaphysique).

Nous touchons ici au point le plus délicat de la science et de la philosophie.

Nous avons dit que la conscience est le sentiment qu'a le moi de sa propre existence. Cela est vrai des êtres organisés, mais, à la vérité, le mot conscience s'entend aussi dans un sens beaucoup plus général. Tout ce qui existe, chose organique ou inorganique, fût-ce le moindre atome, le moindre ion, détient, *par cela même qu'il existe*, une parcelle de la conscience universelle. C'est une conscience obscure mais adéquate au fait même de l'existence. Lorsque l'être est organisé, lorsque des cellules nerveuses se sont formées en lui, les mouvements vibratoires des corps environnants, air (le son), éther (la lumière), ou d'autres corps quelconques, frappent ses surfaces sensorielles. Ce fait donne naissance à des influx nerveux qui traversent les centres de l'être organisé, suivant un chemin que détermine le système nerveux tel qu'il est et qui agissent ensuite sur les parties motrices dudit système nerveux.

Ainsi, l'être organisé, homme ou animal, est un appareil récepteur et transformateur des mouvements et des vibrations qui se produisent dans son ambiance, dans le milieu où il vit et aussi dans sa propre structure.

C'est dans le cerveau que se trouvent les centres où s'accomplissent les phénomènes que nous appelons intellectuels ou moraux ; tout ce qui est mémoire, compréhension, volonté, etc., *résulte du fonctionnement du cerveau sous l'influence des circonstances extérieures ou intérieures se reproduisant ou se renouvelant incessamment*.

« L'homme, dit M. Le Dantec (1)..., est en activité chimique constante ; c'est grâce à cette activité chimique constante qu'il a une conscience différente à chaque instant de son activité ; c'est grâce à cette activité chimique constante que se gravent en lui les répercussions des événements ambiants et qu'il retient quelque chose de ces événements dans ses consciences ultérieures... Un homme qui serait immuable n'aurait à chaque

(1) LE DANTEC, *Traité de Biologie*.

instant qu'une répercussion extemporanée des événements et n'en connaîtrait rien; car on ne peut juger de la nature d'un mouvement que par comparaison de plusieurs positions successives du mobile; la lumière, le son sont des mouvements... Un homme qui serait immuable ne connaîtrait donc rien ».

L'enfant qui naît possède un cerveau qui n'a aucune des facultés qu'il présentera plus tard. Leur développement se fait par les relations que le cerveau a avec le monde extérieur par l'intermédiaire des organes des sens et par la création de centres spéciaux. Le premier acte c'est la sensation.

Deux propriétés cérébrales se manifestent: les sensations communiquées au cerveau par les sens ne disparaissent pas sans laisser de traces, le cerveau en garde une impression durable: c'est la mémoire. L'ouïe et la vue sont surtout les deux sens par lesquels les diverses impressions pénètrent dans le cerveau pour être emmagasinées sous forme de mémoire auditive et visuelle. Jusque-là, l'enfant est passif, il ne peut communiquer avec ses semblables; il ne peut pas parler. Mais il éprouve un certain nombre de sensations dont il pourra se souvenir.

La seconde propriété cérébrale, c'est l'association des sensations. L'enfant arrive à associer les différentes sensations qu'un même objet aura produites en son cerveau. Forme, couleur, son, saveur, odeur d'un même objet sont autant de sensations qu'il a emmagasinées dans ses diverses mémoires, il les associe entre elles pour avoir alors *l'idée de l'objet.*

Dans leur ouvrage sur le cerveau, MM. les docteurs Toulouse et Marchand montrent avec beaucoup de détails, que nous ne pouvons reproduire ici, et beaucoup de clarté, le cerveau de l'enfant, passif d'abord, acquérant ensuite l'une après l'autre les facultés actives du langage, par imitation dans l'articulation des mots entendus; de la lecture, en passant par des phases analogues à celles qu'il traverse pour apprendre à parler, le centre de mémoire visuelle des mots s'associant au centre auditif et au centre de mémoire d'articulation des mots en un centre intellectuel commun.

Ensuite, sous l'effort de l'éducation continuée, se forme, en relation avec les autres centres déjà acquis, un centre moteur spécial aux mouvements de la main pour l'écriture, le centre de mémoire motrice graphique. Alors, l'enfant peut avoir l'idée de l'objet, comprendre le mot qui le désigne, qui en est pour ainsi dire l'étiquette, le prononcer, le lire et l'écrire.

Il y a dans la formation intellectuelle, c'est-à-dire dans le développement du cerveau et de ses facultés, deux périodes bien distinctes qu'il importe de préciser :

1° La période passive où les organes des sens, la mémoire, l'association des sensations concourent à nous donner l'idée de l'objet; puis le mot correspondant à l'objet est emmagasiné dans un centre spécial ; il nous donnera l'idée de l'objet toutes les fois qu'il sera prononcé devant nous.

2° La période active où nous apprenons à parler, à lire, à écrire. Tout d'abord, il se forme un centre de mémoire des mouvements coordonnés nécessaires pour prononcer le mot qui correspond à une idée. Après avoir perfectionné ce centre par l'habitude, on apprend à lire. Le mot écrit s'emmagasine dans le centre de mémoire visuelle des mots. Enfin, pour écrire le mot, il faut que se forme, par l'habitude, dans notre cerveau un centre de mémoire des mouvements coordonnés nécessaires à la main pour l'écriture.

Ainsi le langage, la lecture et l'écriture sont des facultés complexes.

Quatre centres de mémoire dans le cerveau emmagasinent quatre éléments fondamentaux : une image auditive (mot entendu), une image visuelle (mot lu), une image motrice d'articulation (mot parlé), une image motrice des mouvements nécessaires à l'écriture (mot écrit). Toutes ces images peuvent être éveillées les unes par les autres. Nous pouvons ainsi entrer en relations avec nos semblables, comprendre leur pensée, leur soumettre la nôtre.

Ces diverses opérations se retrouvent dans la réflexion. Quand nous pensons, nous rappelons certaines images, surtout les images motrices verbales, les images auditives et les images visuelles.

L'analyse des faits par lesquels l'enfant est obligé de passer pour acquérir les fonctions du langage nous a montré les centres spéciaux de mémoire qui se développent nécessairement dans son cerveau.

L'anatomie pathologique a permis de voir où sont exactement localisés ces centres, et voici comment :

Broca reconnut et montra le premier que les malades qui avaient perdu l'usage de la parole présentaient une lésion de la partie postérieure de la 3e circonvolution frontale. Ces malades n'ont pas les muscles de la phonation paralysés, car ils peuvent encore émettre certains sons, ils peuvent encore écrire, ils comprennent les paroles prononcées devant eux, leur intelligence peut être conservée. Quel est donc le centre de mémoire qui a été touché ? (1). C'est le centre de mémoire des mouvements coordonnés, propre à l'articulation des mots. Ces malades sont devenus comme l'enfant qui ne sait pas encore parler.

Quelquefois, le même trouble se manifeste à l'endroit

---

(1) Ordinairement par la rupture d'un vaisseau sanguin et l'épanchement d'un peu de sang (hémorrhagie).

où est localisé le centre de mémoire des mouvements de l'écriture. Les malades ainsi atteints peuvent parler et lire, ils ne peuvent plus écrire. C'est alors le pied de la 2e circonvolution de l'hémisphère gauche du cerveau qui est lésé. On a pu ainsi, par l'autopsie de malades décédés, déterminer le point précis des divers centres cérébraux. On a pu, par la trépanation d'animaux vivants, provoquer aussi des paralysies partielles atteignant telle ou telle faculté motrice ou sensorielle. De sorte que, depuis Broca et Claude Bernard, depuis les remarquables études aussi de notre ex-compatriote et ami, le Dr H. Duret, les diverses localisations des facultés cérébrales sont bien connues.

Ainsi a-t-on reconnu que plus une faculté est remarquable chez un homme, plus la circonvolution cérébrale correspondante est développée. Lorsqu'on fit l'autopsie du cerveau du grand orateur qu'était Gambetta, on constata que la troisième circonvolution de gauche était extraordinairement vaste, avec un pédoncule qui paraissait double. Chez le Dr Bertillon, savant remarquable, mais qui avait une grande difficulté à s'exprimer, on trouva, au contraire, la même circonvolution très réduite.

Nous ne pouvons énumérer ici les différents centres et les nombreuses circonvolutions qui caractérisent le cerveau humain. Disons seulement que l'intelligence, l'ensemble de ce qu'on désigne généralement sous ce nom, n'est pas chose localisée en un point du cerveau : l'intelligence résulte du bon fonctionnement de chacune de ses parties, de leur association entre elles. « Les divers souvenirs verbaux, en servant de corps à la pensée, sont le fond de l'intelligence humaine et la raison de son développement » (1).

(1) VIAULT et JOLIET, cités par TOULOUSE et MARCHAND.

L'homme primitif et l'enfant ne conçoivent d'abord que des idées concrètes, c'est-à-dire des idées ayant directement rapport à des objets. Mais plus tard, avec l'habitude de la réflexion et du raisonnement, viennent les idées abstraites, c'est-à-dire des idées plus générales et non appliquées à tel ou tel objet déterminé. Exemple : *une pierre blanche* : idée concrète ; *la blancheur* : idée abstraite. *Un certain animal vivant* : idée concrète ; *la vie* : idée abstraite. Mais les idées, quelque abstraites qu'elles soient, sont toujours consécutives à la perception rapprochée ou lointaine d'idées concrètes. Quant on essaie de concevoir un être le plus irréel qu'on puisse imaginer, on ne peut le construire qu'avec des éléments empruntés à la mémoire avec des parties aussi disparates qu'on voudra, mais toujours vues les unes et les autres en quelque chose, car nous sommes incapables de dépasser la limite de nos connaissances, de nos perceptions antérieures. C'est pour cela que toutes les conceptions d'une divinité sont si pauvrement anthropomorphiques, autrement dit, qu'elles ne savent arriver à construire que des images de dieux semblables à nous.

Un homme qui n'aurait reçu aucune perception par aucun de ses sens, n'aurait aucune idée, il serait incapable de pensée, il serait moralement inerte.

Plus se pratique la culture intellectuelle, plus se développe le cerveau. La cavité crânienne des crânes fossiles que nous possédons des premiers temps de la période quaternaire, nous fournit de précieux et sûrs renseignements sur la grandeur et en partie sur la structure des cerveaux qui y étaient renfermés. Chez le moderne civilisé, le développement graduel accompli grâce aux progrès de la culture intellectuelle a donné au cerveau des dimensions beaucoup plus grandes que celle des hommes primitifs ou que celles que nous rencontrons encore aujourd'hui chez les sauvages. Plus se développe, chez l'homme qui pense, la formation des idées, plus augmentent l'importance de son cerveau, la finesse et la complication de ses replis ou circonvolutions, et plus, en même temps, sa conscience devient claire et intense.

Nous avons dit que l'enfant nouveau-né n'a encore aucune conscience véritable. Celle-ci se développe tardivement ; longtemps l'enfant parle de lui-même à la troisième personne. Puis le *sentiment du moi* commence à se former en lui, en même temps que celui de son opposition au monde extérieur.

L'enfant fait des progrès rapides et profonds en connaissance grâce à l'enseignement de tous les instants qu'il reçoit de ses parents, de son entourage et de l'école. Le sens de l'imitation joue là un grand rôle. Il faudrait, d'ailleurs tout un long chapitre pour montrer l'importance de ce rôle, même à un âge avancé de la vie de l'homme, ainsi que chez les animaux et les sauvages.

C'est vers 30 à 35 ans que le cerveau acquiert son plein développement et que se manifeste la conscience individuelle dans sa maturité.

A partir de 60 ans, tantôt avant, tantôt après, commence la lente et graduelle régression des facultés psychiques. La mémoire décroît et s'altère. Le cerveau devenant alors moins propre à enregistrer les perceptions, on s'aperçoit que, tandis que les souvenirs anciennement acquis demeurent assez nets, ceux des évènements récents, au contraire, n'acquièrent plus en nous de fixité durable et s'effacent malgré nous de notre mémoire.

Beaucoup d'esprits conçoivent difficilement que l'empreinte de tant de connaissances puisse s'accumuler, se superposer matériellement sur la substance cérébrale. Tel est cependant le fait. Si nous n'avons pas les moyens de constater cette trace effective sur ou dans la substance grise, il est dans les inventions récentes un cas qui nous offre une certaine analogie. C'est celui du phonographe. N'est-il pas prodigieux que l'on puisse enregistrer en un léger trait sinueux quelque chose d'aussi complexe que les sons réunis d'un orchestre de cinq cents musiciens avec la voix du ténor que cet orchestre accompagne ? Quand on fait ensuite fonctionner l'appareil, on entend et la voix du ténor et celle de tous les instruments. Et c'est une faible trace linéaire qui a enregistré et qui reproduit tout cela.

Sans doute, l'avenir de la science et de l'industrie nous réservent bien d'autres surprises encore... et bien d'autres éclaircissements sur les phénomènes naturels.

Jugement, émotivité, intelligence, volonté. — Lorsque nous nous laissons aller au jeu de l'association des idées, si les images évoquent les souvenirs d'événements anciens tels qu'ils se sont passés, c'est simplement de la mémoire. Si nous sélectionnons les images, si nous remontons aux causes, si nous regardons les conséquences, cela constitue le *jugement* qui, en se compliquant et en se perfectionnant devient ce qu'on appelle aujourd'hui *la critique* rationelle.

Tout acte intellectuel s'accompagne d'une *émotion*. La vue d'une fleur peut être agréable (ou désagréable). Celle d'un caillou peut (par association d'idées ou autrement), causer du déplaisir (ou du plaisir). Ceci est vrai de la perception actuelle et s'applique également aux souvenirs qui ne sont que des sensations rappelées. On comprend qu'un jugement peut de même s'accompagner d'un sentiment de satisfaction ou de déplaisir. Si ce sentiment est très intense il devient joie, douleur, colère ou passion quelconque.

Toutes ces émotions s'accompagnent de modifications physiques. L'individu attristé s'affaisse sur lui-même, ses muscles sont dans un relâchement pareil à celui de la fatigue ; son pouls est faible et ralenti, sa respiration superficielle. Remarquons que ces symptômes, conséquences d'une douleur dite morale peuvent être aussi dans bien des cas la cause même de l'état de tristesse. « Plus on s'abandonne à la douleur plus on souffre » (1). L'homme doué d'un ressort suffisant supporte l'épreuve sans abattement. Mais ce qu'il importe, dans cette partie de notre étude, de mettre en évidence, c'est qu'aucune affection dite morale n'est exempte de modification physique chez le sujet. Pas une parole ne peut être prononcée sans échange matériel, pas une pensée ne peut se former dans notre cerveau sans mouvement moléculaire de la moelle, indépendamment du mouvement continu de la circulation qui est vital. Seule la syncope est l'arrêt du sang et de tout mouvement, et quiconque a passé par cet état a pu éprouver que c'est proprement l'état de *non être*, — la mort momentanée, — la disparition de toute conscience active. La mort définitive n'est qu'une syncope dont on ne revient pas.

Toutes les émotions, minimes ou fortes, sont donc liées à des mouvements, à des modifications physiques. Si l'on est fatigué par un travail prolongé, physique ou mental, le sentiment de tristesse se fait sentir ; lorsqu'au contraire on est en train de faire une bonne digestion, dont la conséquence est une large réparation des tissus et, par conséquent, une nouvelle excitation des fibres nerveuses

---

(1) Mot de saint Augustin.

qui se rendent au cerveau, on est porté à des sentiments agréables.

L'émotivité est très variable selon les individus. Les uns sont froids et éprouvent faiblement les émotions. Chez d'autres tout incident produit des réactions énormes. L'émotivité caractérise les individus et c'est la base de ce qu'on appelle le *caractère*.

Et maintenant qu'est-ce que *la volonté* ? La volonté est un résultat de toute la série de phénomènes que nous venons d'énumérer et d'analyser.

Un individu a des sensations et des souvenirs ; à la suite d'associations d'idées, il juge et, par son émotivité il a des désirs qui l'entraînent dans un sens ou dans l'autre. Ces décisions constituent l'acte de volonté.

L'homme est-il vraiment libre dans sa décision, dans sa volonté ? Voilà une vieille question que les philosophes ont beaucoup discutée.

Si l'on prend les actes les plus simples, par exemple les actes réflexes, il est clair que la liberté n'existe pas. Ainsi, la volonté est impuissante à empêcher le clignotement des yeux que provoque le contact d'un corps étranger sur la cornée. Il en est de même des actes instinctifs et involontaires. Un homme qui, avec son génie possédait aussi une rare force de volonté, Darwin avait un jour promis qu'il ferait tous ses efforts, après avoir placé sa figure sur la vitre d'une cage où étaient des serpents, pour ne pas se retirer lorsqu'un des reptiles viendrait le menacer en s'appliquant de l'autre côté de la vitre. Malgré toute sa volonté, il ne put réussir à se maîtriser. Chaque fois que le serpent venait mettre sa tête contre la sienne, Darwin se rejetait en arrière dans un mouvement instinctif et irrésistible.

Mais, lorsque nous exécutons un acte auquel nous nous

sommes décidés après réflexion, il semble bien que nous sommes réellement libres de le faire ou de ne pas le faire. Eh bien, il y a là une illusion. Nous nous décidons par des jugements ; nous sommes entraînés à ces jugements par nos sentiments et, nos sentiments ce n'est pas un moi indépendant, à proprement parler, qui les crée, les produit, les modifie et les fixe, ce sont les éléments internes et externes les moins intellectuels, organiques et inorganiques. C'est à la suite d'associations et de sélections d'idées que nous prenons nos décisions. Or, ces associations et ces sélections se produisent automatiquement, mille choses en nous et autour de nous y contribuent, même lorsque nous avons l'illusion de les diriger. C'est frappé de cette vérité que l'empereur philosophe Marc Aurèle s'écriait : « O univers, je veux ce que tu veux ». La brise qui vient du large influera sur notre volonté. Or, la brise qui vient du large peut avoir été mise en mouvement par un incident athmosphérique survenu à l'autre extrémité du monde et nul incident atmosphérique n'est indépendant du reste de cet univers où tout se tient et s'enchaîne.

Il résulte de ceci que le libre arbitre, à proprement parler, n'existe pas ; toutes nos idées, tous nos actes sont *déterminés*.

Mais, si nous ne sommes pas libres, nous obéissons à des suggestions extérieures ou intérieures.

Le souci des conséquences bonnes ou mauvaises de nos actes entre en compte dans le fait de leur détermination. La culture des bons instincts et la répression des fautes ne sont pas de vains mots. L'éducation est loin d'être une chimère. La pénalité abstraitement peut reposer sur un principe peu juste ; elle n'en est pas moins utile, parceque efficace comme prophylaxie sociale. Le rôle de la suggestion étant énorme, par son intermédiaire, celui des

QU'EST-CE QUE LE BIEN ET QU'EST-CE QUE LE MAL ?

Comment se sont formées dans l'esprit des hommes les notions du bien et du mal ?

Volontés naturelles. — L'homme porte en lui la volonté de vivre, chose inhérente à sa nature. Cette volonté se complète de celle qu'il éprouve d'améliorer son sort, de celle qu'il ressent d'être aussi puissant que possible dans le milieu où il vit, et de celle de se reproduire. Ces volontés naturelles, (on peut dire aussi besoins ou instincts innés), se constatent comme un fait, comme le fait même de l'existence. Un éminent philosophe français de ce temps, M. Alfred Fouillée, entend les réunir toutes sous l'expression de « volonté de conscience » (1), estimant qu'elles sont parties intégrantes de la conscience.

Ces volontés, on en remarque aussi la présence chez les animaux, à des degrés divers selon leur degré d'organisation. Maeterlinck les a étudiées chez les abeilles et brillamment décrites sous le nom d' « Esprit de la Ruche ». On en aperçoit la trace jusque chez les plantes. M. Alfred Fouillée, comme beaucoup d'autres philosophes savants, voit en ces volontés une conséquence du principe de l'énergétique universelle dont nous nous sommes entretenus dans les plus importants passages de cet ouvrage.

(1) A. FOUILLÉE. *La morale des Idées-Forces.*

Notions du bien et du mal ; influences qu'elles subissent.
— Aux premiers temps de l'humanité, l'homme avait autour de lui les conditions de la vie, mais n'avait comme conditions de bien-être que ce que l'on peut imaginer en considérant la nature encore dépourvue de toute organisation artificielle et présentant tous ses inconvénients et tous ses dangers. Obéissant à ses volontés naturelles, à ses besoins innés, l'homme s'efforce d'assurer son existence, de la protéger et d'améliorer son sort. Alors il trouve *bon* ou *bien* tout ce qui favorise ou améliore sa vie ; il trouve, au contraire, *mal* ou *mauvais*, ce qui lui porte préjudice, l'endommage, le blesse, tout ce qui lui est nuisible ou simplement désagréable.

Les hommes ont besoin de vivre en société. La famille se groupe ; ses membres se sentent unis par les liens du sang ; les rapports de la mère et de l'enfant forment le noyau de cette union. L'idée de bien s'étend au bien de la communauté et l'idée de mal à tout ce qui nuit à ce groupement. Les hommes sentent la nécessité d'observer entre eux certains égards mutuels conformes à la sympathie sans laquelle, d'ailleurs, la vie en société ne se comprendrait ni ne serait possible. Le principe : « Agis avec les autres comme tu voudrais qu'on agisse avec toi », principe qui pourrait être attribué à Jésus s'il n'était inscrit dans les livres de Confucius cinq siècles avant lui, est appliqué bien avant d'être formulé en paroles. Remarquons même qu'il n'est pas le privilège de l'homme puisqu'on l'observe chez quantité d'espèces animales vivant en société.

Le groupement ne se limite pas à la famille : l'habitation des mêmes lieux, la communauté du sort, de l'activité crée la communauté des mœurs et du langage. Un idéal commun s'établit par l'explication pareille qu'on adopte des phénomènes naturels, par la croyance aux mêmes puissances mystérieuses, aux mêmes dieux. Ainsi se forme la horde. Celle-ci devient un petit État qui se rassemble pour opposer aux ennemis du dehors une commune résistance, sous le commandement de chefs ou de pères de famille qui exercent aussi le pouvoir à l'intérieur pour dompter les récalcitrants.

Un ensemble de souvenirs et de traditions s'établit, d'où doit naître le sentiment national. L'idée de bien et l'idée de mal subissent l'influence de ces traditions. Culture du sol, chasse et guerre, vêtements et armes, mariage, éducation, culte des dieux, plaisirs et vengeance, tout s'arrange moins d'après la réflexion et la raison que suivant l'usage adopté par les ancêtres. Celui qui veut introduire une coutume nouvelle fait scandale. C'est avec étonnement et mépris qu'on observe les mœurs et coutumes des autres groupes humains, dont souvent le langage diffère également ; et les peuplades diverses se traitent réciproquement de barbares.

L'idée de bien et de mal qui, logiquement, ne devrait se régler que par ce qui est favorable ou défavorable aux intérêts de la communauté et des individus, est influencée grandement, (on pourrait dire souvent faussée), par un autre facteur : le rôle des chefs. L'idée de bien et l'idée de mal ne possèdent pas le même sens et la même portée selon qu'elles sont issues de la sphère des maîtres ou de la sphère des esclaves.

De tous temps, des hommes supérieurs par leurs qualités personnelles essayèrent d'acquérir la puissance et la direction ou les reçurent d'un accord mutuel. Avec l'autorité de ces chefs, leurs façons de voir personnelles, leurs désirs et leurs préférences entrèrent en compte dans la détermination de ce qui devait être évité ou pratiqué, ordonné ou défendu. Les lois morales s'accompagnèrent des exigences politiques. Les puissants édictèrent des lois dont l'inspiration fut tantôt favorable à la communauté selon la sagesse et le désintéressement de leurs auteurs, tantôt arbitraires et tyranniques selon leur égoïsme autoritaire, et souvent présentèrent un mélange de bienveillance et de partialité qui se fit encore plus sentir dans l'application.

Le mot *bon* dans les langues primitives signifie tantôt bienveillant et désintéressé, tantôt caractère noble ou élevé par l'intelligence, tantôt brave au combat, tantôt *docile et soumis à l'autorité du chef*. Le mot *mauvais* signifie tantôt méchant et cruel, tantôt bas et inepte, tantôt lâche, tantôt *insoumis au pouvoir établi*.

A travers les temps primitifs, à travers toute la période historique, ces notions se répercutent jusqu'aux temps modernes. N'est-il pas d'hier le mot lancé par le gouvernement de Napoléon III, après le coup d'État : « Que les bons se rassurent et que les méchants tremblent ». *Les méchants*, on le comprit, étaient les citoyens qui désapprouvaient le crime par lequel venait d'être usurpé le pouvoir personnel absolu et qui se montraient mal disposés à l'asservissement. *Les bons* étaient ceux qui voyaient intérêt au rétablissement de l'Empire, ou les esclaves prêts à en accepter le joug.

Toujours et partout on a vu les dirigeants préconiser une morale, formuler des préceptes, dicter des lois, promettre des récompenses et des châtiments. Toujours et partout, lois, préceptes et morale, tout en prétendant régler et servir les intérêts généraux, se sont ressentis du souci de l'intérêt particulier des hommes ou des institutions qui ont présidé à leur confection ou à leur application.

Lois et morale sont issues de l'incessante et souvent discordante collaboration des institutions dirigeantes et des mœurs populaires. Souvent les dirigeants ont imposé leur volonté, souvent aussi les mœurs populaires ont été plus fortes que les lois édictées.

Pour atteindre au tableau que présente le temps actuel, combien de luttes, combien de résistance, combien de compétitions passionnées, de révoltes, de guerres, ont ensanglanté la terre ?

Au moins, après tant de sacrifices et d'épreuves, après tant de sang répandu, l'accord s'est-il finalement établi entre les hommes sur la notion du bien et du mal?

Incontestablement un progrès très grand s'est accompli dans la voie qui peut mener à cet accord. Mais, pratiquement, combien l'intérêt personnel n'abuse-t-il pas encore aux dépens de l'intérêt général, surtout lorsque l'individu détient une certaine part de puissance.

L'égoïsme individuel et l'égoïsme de secte ont pu changer de forme selon les mœurs, au fond ils sont restés pareils.

L'Église romaine, qu'il faut citer comme institution dirigeante, car elle s'est longtemps arrogé le monopole de l'enseignement de la morale, n'admet encore aujourd'hui comme bons que ses adeptes et ses serviteurs. Tout ce qui prétend faire le bien en dehors d'elle lui est suspect, elle combat les institutions philanthropiques où ne dominent pas ses prêtres et ses agents.

Cependant, la société entend de plus en plus vivre et progresser par elle-même et pour elle-même. En dehors de l'Église, en dehors de toute secte religieuse, dans le monde positif et scientifique dont nous essayons de refléter ici les vues, l'accord s'établit pour fixer, ainsi que nous l'avons dit, *la notion du bien dans un juste équilibre entre l'intérêt général de la Société et l'intérêt particulier de chacun de ses membres, avec tendance commune vers l'amélioration. On s'efforce au juste règlement des droits de tous et des droits de chacun rationnellement établis, et l'on estime comme mé-*

rite et vertu le *désintéressement de soi* et *le dévouement au bien général,* car l'intérêt général prime l'intérêt particulier.

Tel est, selon nous, le principe à la fois primordial et éternel de la morale humaine. Il est basé sur les besoins ou volontés et sur la sympathie qui sont naturels à l'homme. Son application a pour mobile et pour but la satisfaction, le bonheur, l'amélioration et le progrès de la société.

Existe-t-il une autre base et un autre but à la morale que ceux que je viens de définir. On a beaucoup écrit et beaucoup discuté à cet égard. Je ne crois pas que tout homme avide de vérité, s'il s'interroge sincèrement et attentivement, puisse en trouver d'autre. « La pratique et la théorie, dit le philosophe danois Harald Hoffding, ont de plus en plus fortifié en moi la conviction que les principes moraux — base et critère de tous les jugements sur le bien et le mal — ont leur origine dans la nature et la condition de l'homme, sans dépendre d'une autorité quelconque ».

Les religions ont dicté des lois morales impératives d'origine soi-disant divine. Comme leurs croyances, leurs principes moraux seraient issus de la *révélation.* Elles ont promis les mêmes récompenses et les mêmes châtiments pour les unes et les autres. Bien plus, sans attendre une autre vie elles ont prétendu voir, en des coïncidences heureuses ou malheureuses, une sorte d'avance palpable et significative de ces peines et de ces récompenses décernées dès cette vie par la toute-puissance divine.

Nous avons déjà montré qu'aucun pouvoir arbitraire ne se manifeste dans la nature, ni en dehors d'elle, de sorte qu'on ne saurait admettre cette idée religieuse d'un juge souverain penché jour et nuit sur nos pensées, nos sentiments et nos actions, pour maintenir la justice en ce monde et la compléter ailleurs. Les maux frappent aveuglément, autour de nous, les bons et les méchants. Ni la terre, ni le ciel, ni la nature, ni la matière, ni l'éther, ni aucune des forces que nous observons ne se préoccupe de justice, n'a le moindre rapport avec notre morale.

« Que je me jette à l'eau par un froid rigoureux, afin de sauver mon semblable, ou bien que j'y tombe en essayant de l'y jeter, les conséquences du refroidissement seront absolument pareilles, et rien sur la terre et sous les cieux, hormis moi-même et l'homme s'il le peut, n'ajoutera une souffrance à mes souffrances parce que j'ai commis un crime, n'enlèvera une douleur à mes douleurs parce que j'ai accompli un acte de vertu » (1).

Ainsi donc, il n'apparait dans la nature ni en dehors d'elle aucune autorité consciente imposant à l'homme des lois morales.

Mais dans la nature de l'homme et dans la société, il existe, incontestablement, une volonté de vie, de bonheur et d'amélioration, qui fait à l'homme une loi de s'imposer des règles de conduite salutaires, et qui oblige les sociétés à professer, théoriquement et pratiquement, un ensemble de principes de morale. Car telle est la nature de l'homme que cette volonté de vivre peut, souvent, si elle n'est disciplinée chez l'individu par lui-même ou par ses semblables, dégénérer en cupidité, en égoïsme excessif et en dommage pour les autres. A telles enseignes qu'une société qui n'aurait aucune morale, ne se conçoit que désordonnée, périclitant, marchant aux abîmes.

Toute société qui veut vivre, progresser et grandir,

---

(1) MAETERLINCK. *Le Temple enseveli.*

s'organise donc et s'impose de justes lois, inspirées de l'expérience du passé (1).

Telles sont, dans leur simplicité, l'origine, les motifs et les bases de la morale et des notions de justice et de droit.

Examinons maintenant les détails de l'application et de la pratique.

**
**

Constitution des États. — L'un des premiers besoins communément ressentis dans les groupements humains a été celui d'une autorité reconnue. Les différends entre les hommes ne se réglèrent pas tous par la violence, on désira, on provoqua ou on accepta l'intervention pacifique d'un juge. Dans une foule de cas, on cherche l'expression impérative d'une volonté de sagesse, de justice ou représentant les intérêts de l'ensemble. Cette justice, cette direction, elles se réalisent tant bien que mal par les chefs imposés ou s'imposant et qui en arrivent à s'entourer d'un certain appareil administratif. La notion de l'État est née ; progressivement, elle se développe.

L'État, c'est donc le peuple organisé ; c'est la concentration contre tous les dangers. L'État souverain, c'est la notion fondamentale du droit public. L'État devient l'idée et l'institution capables de susciter les grands dévouments parce que sa conservation et son action sont nécessaires pour atteindre les grandes fins universellement humaines.

(1) Dans les Sociétés civilisées, l'ensemble des vertus : probité, sincérité, courage, modestie, désintéressement, etc. prend le nom *d'honneur*. Le noble sentiment de l'honneur, si précieux pour la Société, si estimable, si justement estimé, il faut se garder de le confondre avec ce qu'on appelle *les honneurs*, qui n'en sont que l'apparence souvent vaine et trompeuse. Le beau et pur sentiment de l'honneur simple et vrai, c'est lui qu'il faut bien connaître, qu'il faut cultiver chez les enfants et que, chez les hommes qui le possèdent il faut considérer.

« L'État, s'écrie le philosophe allemand Hégel, l'État, incarnation sublime de l'idée morale... L'individu n'a de vérité et de moralité qu'en tant qu'il en fait partie... Le fondement de l'État est la force de la raison se réalisant comme volonté... C'est le Dieu vivant ! » (1)

Il ne faut pas conclure de ce qui précède en attribuant à l'État une sorte de vie mystérieuse en dehors et au-dessus des hommes. L'État n'existe et ne vit que par les citoyens, dont il est ou doit être l'émanation. Malheureusement, pareille en cela à l'idée du bien elle même, l'idée de l'État a fréquemment dévié dans la réalité et la pratique. Faute d'organisations assez libérales, les affaires de l'État se sont souvent écartées des intérêts généraux pour se solidariser avec ceux d'un nombre restreint, avec les intérêts des plus forts, des plus violents, des plus habiles ou des plus heureux. L'État s'est souvent trouvé concentré dans les mains d'un seul et le roi Louis XIV put s'écrier : « L'État, c'est moi ».

A la vérité, il faut arriver aux temps modernes pour rencontrer enfin réalisée ou en bonne voie de réalisation une conception de l'État plus conforme aux intérêts du grand nombre. Cette grande réforme fut le but de la Révolution française. Ayant aboli *la royauté du bon plaisir* et détruit l'organisation monarchique, la Révolution s'efforça d'instituer en France l'État basé sur la volonté du peuple. Elle inaugura la représentation nationale par voie d'élection. Des Assemblées élues furent chargées de confectionner des lois et d'en organiser l'application. Les principales de ces lois étaient celles qui fondent, pour ainsi dire, l'État, *les lois constitutionnelles* ou *Constitutions*.

---

(1) HÉGEL. *Philosophie du Droit*.

Déjà, plus d'un siècle avant notre Révolution, l'Angleterre, qui s'intitule volontiers « *mater parliamentorum* », commençait de conquérir graduellement, sur les prérogatives du roi, le droit pour les représentants de la Nation de voter les lois. Sans textes, sans Constitution, la Chambre des Communes, depuis une époque que l'on ne saurait préciser, canalisant la puissance moderne de l'opinion publique, ne laisse pas au Roi la possibilité de rien décider seul, et, en vertu d'un pouvoir qu'a forgé la tradition, met fin par son vote, quand il lui plaît, à la vie des Ministères.

Un peu avant la Révolution française encore, au Nouveau Monde, des hommes éminents et dévoués élaborèrent et firent adopter une loi constitutionnelle dont le but était de créer un État tout neuf dans un pays vierge, en tenant le plus grand compte de la volonté des citoyens : la Constitution des États-Unis d'Amérique, dont nous dirons quelques mots plus loin.

Nous estimons que la seule base logique, rationnelle, scientifique et solide de l'État, c'est le Suffrage universel.

Il appartient au peuple de choisir ses représentants en leur donnant mandat de faire les lois et d'en organiser l'application. Il appartient aux élus qui ont accepté cette haute mission de la remplir au mieux des intérêts de tous.

Toute notre théorie de l'État idéal est renfermée dans ces simples mots.

Nos esprits, formés, ou plutôt déformés, par l'éducation théologique et monarchique, peuvent avoir quelque peine à revenir des idées compliquées et confuses de l'État, symbole prestigieux de la force et de la puissance souveraines planant bien haut au-dessus du commun des hommes, à revenir, disons-nous, vers une conception aussi simple et primitive que celle que nous venons d'exposer en deux phrases. Celle-ci est cependant seule conforme, nous le répétons, au bon sens logique et scientifique. Toutes les autres conceptions de l'État comprennent soit une élite privilégiée qui se prétend elle-même désignée pour la haute direction, soit une dynastie souveraine où le pouvoir personnel se transmet de père en fils, souvent les deux choses réunies ou mitigées. Alors l'oppression plus ou moins forte du grand nombre et la déviation des lois morales au profit d'une minorité souvent infime sont inévitables. Les gouvernants, indépendants des gouvernés et n'ayant pas ou peu de comptes à leur rendre, toujours plus sensibles à leurs intérêts propres qu'à ceux des autres, s'adonnent fatalement aux abus.

Dans le système démocratique et républicain que nous avons si succinctement résumé plus haut et tel que nous le préconisons, les gouvernants élus par la nation sont responsables devant elle de leurs actes et de leurs paroles à ce point que M. Clémenceau a pu dire, non sans raison, au banquet de Caen : « Aujourd'hui les gouvernants sont les gouvernés et les gouvernés d'autrefois sont les véritables gouvernants ».

**

Plusieurs objections se sont élevées relativement à ce système. Rousseau disait : « Le peuple anglais pense être libre, il se trompe ; il ne l'est que lors de l'élection des membres du Parlement ; sitôt qu'ils sont élus, il est esclave, il n'est plus rien ». Et il rejetait le système représentatif, la souveraineté ne pouvant être représentée ou aliénée. Il oubliait que, par la volonté élective, l'individu ne se plie pas devant une force étrangère mais devant son propre choix et pour un temps strictement limité. Sans de tels engagements, ni l'individu, ni la société n'ont d'organisation possible (1).

Quant à l'objection de Rousseau, si elle devait être prise en considération, elle devrait avoir pour correctif le *référendum*, l'acceptation de toutes les lois soumises au vote populaire, au plébiscite. Ce système, pratiqué en Suisse, présente de graves inconvénients. On ne peut contester qu'une partie de la population, encore illettrée ou peu lettrée, manque, dans bien des cas, de la compétence et de la hauteur de vue nécessaires à l'appréciation des œuvres législatives. Il faut, dans les questions difficiles, faire la part de l'entraînement dont la foule est si aisément le jouet, de ses impulsions irréfléchies, de ses passions, de ses préjugés, de son désir de changement ou, au contraire, de son inertie conservatrice, de l'égoïsme et de l'étroitesse qui ne céderont qu'à la longue devant une connaissance plus claire et des idées plus libres. L'histoire des plébiscites en France montre avec quelle facilité ce mode de votation a jeté le pays dans des régimes ennemis de la liberté.

(1) On nous posa un jour la question suivante : « Voyons, ne faites-vous pas une différence entre le vote de l'infect mendiant qui traîne dans la rue et le vote d'un homme supérieur, d'un haut dignitaire, du président de la République, par exemple ? » Voici quelle fut, quant au sens, notre réponse : « J'en fais une, en effet, mais pas celle que vous présumez. Ce mendiant clopinant qui traîne sa besace, refoulé par les circonstances (peu m'importent lesquelles), au plus bas degré de l'échelle sociale envisagée au point de vue prospérité, me paraît bien placé pour sentir tout ce qu'il y a de malheureusement imparfait dans l'organisation actuelle de la société et tout ce qu'elle laisse à désirer pour la catégorie si nombreuse des humbles, des infortunés et des déshérités. Le président de la République, au contraire, c'est l'homme arrivé au faîte des honneurs et de la fortune. Je ne saurais me défendre d'une crainte vague, celle qu'il ne ressente malgré lui quelque complaisante sympathie pour la conservation de l'état de chose qui l'a si généreusement comblé.

Plus on est pourvu, moins on a lieu de désirer des réformes. Dans son abjecte situation, le mendiant est un électeur qui m'intéresse et il me semble qu'en équité sociale son vote pourrait être d'un grand poids si les suffrages se pesaient au lieu de se compter ».

Dans les affaires de contentieux ou nécessitant une compétence spéciale, on prend un intermédiaire, un conseil compétent, un juriste pour un procès, un architecte pour une construction. Nous agissons pareillement en choisissant des mandataires pour nous représenter dans nos assemblées gouvernementales.

Nous ne pouvons pas tous légiférer et gouverner directement. Mais tous, par notre adhésion libre et vivante, par notre contrôle attentif, moyennant la publicité des délibérations et des actes, tous nous avons le droit de prendre une participation spontanée aux affaires publiques, et cette collaboration constante des électeurs et des élus constitue la vraie force de l'État actuel en même temps que la meilleure préparation de l'État futur.

**

Une autre objection est que le suffrage universel ne présente jamais l'unanimité absolue, mais seulement une majorité.

Il n'en saurait être différemment.

Sous le régime de la liberté politique, ce qui doit déterminer le règlement des affaires, c'est la majorité. Dans toute décision à prendre, il vaut mieux que la minorité se conforme au vœu de la majorité qu'inversement. La minorité doit se plier à la volonté du plus grand nombre parce qu'elle a intérêt à ce qu'il en soit ainsi pour le maintien de l'État et de son bon ordre. La seule chose que la minorité puisse équitablement réclamer, c'est la liberté d'exposer ses idées et ses raisons, de telle sorte que, si elle persuade un nombre d'hommes suffisant, elle devienne elle-même majorité.

D'un autre côté, il nous paraît difficile, en équité rigoureuse, de donner tort à ceux qui prétendent que les minorités doivent être proportionnellement représentées.

*
* *

L'écart entre la vie du peuple et la vie de l'État doit être aussi réduit que possible. En principe, nous estimons que chaque élu doit connaître ses électeurs et être connu d'eux. C'est pour cela que nous repoussons l'idée du scrutin de liste que beaucoup préconisent aujourd'hui. On voudrait, en France, former, par département entier, des listes de candidats, afin que les élus, cessant de dépendre étroitement d'une petite circonscription, soient moins accessibles aux demandes de services personnels, moins attentifs aux intérêts particuliers et plus haut placés, en quelque sorte, pour voir les intérêts généraux et supérieurs de la Nation.

Taine, en 1872 ou 1873, proposa ironiquement aux partisans de ce système de le pousser jusqu'au bout en formant des listes pour toute la France ; on aurait pu, en les désignant chacune par une couleur différente et caractéristique, simplifier beaucoup les opérations du scrutin.

Aucun système de votation ne nous paraît plus antidémocratique que le scrutin de liste. L'intérêt général est composé de l'ensemble des intérêts locaux. Les petites circonscriptions ont chacune les leurs et chacune leurs tâches, dont la satisfaction et l'accomplissement exigent une part d'organisation que le pouvoir central, à cause de son éloignement, ne saurait traiter selon leur particularité. Il y a partout des missions idéales, matérielles, philanthropiques à remplir. Leur rattachement à l'État est nécessaire par le moyen d'un représentant direct, intime, qui les connaisse et soit connu d'elles comme tous les individus se connaissent dans un même canton.

Ce mode de représentation est, à notre avis, seul

vraiment démocratique, nous dirions même volontiers seul véritablement sincère.

Quant à la hauteur de vues nécessaire pour n'être pas hypnotisé par l'intérêt exclusif de sa circonscription, pour savoir sacrifier l'intérêt particulier à l'intérêt général quand il y a antagonisme entre eux (ce qui est fréquent), pour concevoir le sentiment de la grande patrie et la servir en vue de sa grandeur et du respect de sa dignité, cela mérite, à coup sûr, d'être pris en considération.

Mais nous n'apercevons nulle incompatibilité entre la représentation par le scrutin uninominal et ce résultat nécessaire. Outre que les mêmes hommes bien souvent ont des chances d'être élus dans les deux cas, on peut dire que dans nos Chambres actuelles, l'élévation des débats en maintes occasions a montré combien le culte dû à la France est cher aux élus comme à la plupart des électeurs des petites patries qui la composent.

* *
*

Les Deux Chambres. — Les affaires publiques sont choses complexes et difficiles. L'État doit être protégé contre ses propres entraînements. Il faut laisser à la compétence et à l'expérience pouvant exister chez lui, le temps de se manifester avant la décision. Ce but est susceptible d'être atteint par les lois constitutionnelles instituant deux Chambres appelées à délibérer l'une après l'autre sur les lois proposées avant que celles-ci deviennent définitives. Cette dualité dans les délibérations est un élément de sagesse dans les décisions.

En somme, la Constitution de 1875, sous laquelle nous vivons depuis trente trois ans, peut, au point de vue républicain et démocratique, soutenir à son avantage la comparaison avec toutes les autres Constitutions existantes. Tout au plus, l'élection du Sénat pourrait-elle être démocratisée en même temps que soumise à des garanties de capacité quant à l'éligibilité.

La tradition qui sert de Constitution à l'Angleterre, maintient à la tête du pays la famille royale, et les rois se succèdent de père en fils, ce qui est un mauvais principe et un danger. Les suffrages, de plus, ne sont pas assez étendus dans le peuple.

De même, la nation belge n'est représentée que d'une manière partielle autant que partiale.

En Amérique, la Constitution établissait une véritable rivalité entre le Parlement et le Président auquel elle attribue un pouvoir trop large. Il a fallu instituer des Commissions permanentes issues des Chambres pour atténuer le danger d'abus de pouvoir personnel et de conflits qui n'a pas entièrement disparu.

Trop décriée par les amis du changement, par les révolutionnaires et les réactionnaires, la Constitution française n'appellerait que de minimes modifications pour être tout à fait excellente, surtout moyennant des hommes de valeur pour l'appliquer et pour gouverner.

Rôle, Droits et Devoirs de l'État. — Pascal a dit : « Les seules règles universelles sont les lois du pays... Elles sont tenues pour justes parce qu'elles sont établies... d'où vient cela ? De la force qui y est... Il est juste que ce qui est juste soit suivi ; il est inévitable que ce qui est le plus fort soit suivi. La justice sans la force est impuissante ; la force sans la justice est tyrannique. La justice sans force est contredite parce qu'il y a toujours des méchants ; la force sans la justice est justement accusée. Il faut donc mettre ensemble la justice et la force et faire que ce qui est juste soit fort ou que ce qui est fort soit juste... »

Il n'existe pas de meilleur principe du rôle de l'Etat que celui qui ressort de ces lignes du grand penseur. L'Etat détient la force et n'en doit faire usage qu'au service de la justice et de la saine morale. La justice et la saine morale doivent trouver leur expression dans les lois formulées par la représentation du pays. Ces lois, une fois votées et promulguées, doivent entraîner l'adhésion de tous. L'Etat, armé de la force publique, intervient pour contraindre les récalcitrants. Taine a écrit : « Au bout de tous ces rouages, (constitution, lois, codes, tribunaux, etc.) apparaît toujours le ressort final, l'instrument efficace, je veux dire le gendarme armé contre le sauvage, le brigand et le fou que chacun de nous recèle, endormis ou enchaînés, mais toujours vivants, dans la caverne de son propre cœur. »

*
* *

Droit répressif de l'État. — Ainsi donc, par la convention tacite intervenue entre tous les individus pour former l'État, le droit est reconnu à celui-ci d'employer la force contre l'individu en cas d'infraction aux lois. C'est le *droit de punir* ou *pouvoir répressif*.

Pendant la plus longue période de l'histoire humaine ce ne fut pas parce que l'on tenait le malfaiteur pour responsable de son acte qu'on le punissait, on agissait plutôt comme l'homme qu'un dommage causé excite à la colère et qui tombe instinctivement sur l'auteur de ce dommage.

L'idée de répression dériva primitivement de l'instinct de vengeance. Parmi les violences, les rapts et les meurtres qui surgirent naturellement dans les anciens groupes humains, la vengeance fut la forme terrible, et pour ainsi dire épidémique, du besoin de justice. Se multipliant à chaque pas, la vengeance, suivie de la vengeance de la vengeance, aurait pu décimer tout ce qu'il y avait d'énergique et de fier parmi les hommes. Il arriva que la masse, consciente du danger de disparition du meilleur d'elle-même, tenta de fixer des limites à cette calamité. Une coutume singulière appelée le *prix du sang* s'établit, qui permit au coupable d'échapper aux représailles en payant une indemnité aux parents ou aux amis de la victime. Ou bien la faculté fut accordée par un chef ou par un juge à la collectivité ou à l'individu lésé, de faire souffrir ou de voir souffrir le malfaiteur en manière de satisfaction. Le dommage causé constitua un droit à la cruauté. Pendant de nombreux siècles, voir souffrir et faire souffrir fut plus qu'une satisfaction, ce fut une joie, une fête. Voir souffrir fait du bien, faire souffrir fait plus de bien encore : voilà une antique vérité humaine qui, malheureusement, n'est pas encore disparue à l'heure actuelle. Elle demeure chez des peuplades sauvages, chez des nations arriérées et, si l'on cherche bien, il ne sera pas malaisé de la découvrir à un certain degré chez bien des civilisés. Sous l'ancien régime, la reine, la cour, les dames d'honneur allaient assister aux exécutions, à l'écartellement d'un condamné, comme à un attrayant spectacle. Il n'y a pas très longtemps encore, en France, lorsqu'on exécutait un assassin, on adressait officiellement aux parents de la victime l'avis que, s'ils le désiraient, des places leur seraient réservées pour assister à l'exécution.

Le christianisme a contribué à maintenir l'instinct de cruauté mêlé à l'idée de répression dans notre mentalité. Sans parler des tortures que les tribunaux ecclésiastiques appliquèrent jusqu'à la fin du XVIIIe siècle, quoi de plus cruel que le dogme toujours vivant de l'enfer et de la damnation où Dieu, « terrible en sa colère », torture éternellement ceux qui « ne l'ont pas bien servi », tandis qu'il appelle à sa droite pour d'ineffables joies, augmentées encore par la vue lointaine des souffrances des damnés, ses dévots adorateurs (1).

Quoi de plus raffiné, dans le même esprit, que l'un des principaux dogmes : l'idée du Christ souffrant et crucifié pour effacer la faute de notre race engendrée au paradis terrestre contre la volonté de Dieu ? Dieu se faisant supplicier par les hommes pour apaiser Dieu ! Quelle étrange et puérile conception de l'esprit de répression inhérent au christianisme !...

Au moyen âge, époque de foi profonde, les peines corporelles sont générales et appliquées sans ménagement ni respect pour la vie humaine. Et aucune époque ne présente un spectacle plus abondant en meurtres, crimes, pillages et débauches de toutes sortes.

À partir de la fin du XVIIIe siècle, sous l'influence des penseurs et des philosophes, on commence à concevoir la nécessité pour l'État de se modérer dans son action répressive. Au XIXe siècle, enfin, les idées de la mesure dans le châtiment se développent dans un sens rationnel et libéral.

On peut se demander à bon droit en quoi voir souffrir et faire souffrir peut constituer une réparation, en quoi une amélioration ? Or, l'État, tout en admettant le principe de réparation, doit se donner comme but supérieur, l'amélioration de l'individu et celle de la société.

Le châtiment est admissible comme moyen d'empêcher le coupable de nuire et de continuer ses dommages ; comme moyen de limitation d'un trouble d'équilibre, pour arrêter la propagation de ce trouble ; comme moyen d'écarter un élément dégénéré, (sans imiter la législation

---

(1) « Bienheureux, dit le doux saint Thomas d'Aquin, bienheureux dans le royaume du ciel, ils (les élus) verront les souffrances des damnés, et par cette vue, ils jouiront davantage de leur propre béatitude ».

chinoise qui, dans certains cas, élimine toute une branche familiale, afin d'épurer plus sûrement la race); comme moyen de créer chez celui qui le subit, un souvenir profitable, un exemple chez ceux qui en ont connaissance.

En somme, l'application du châtiment comporte, de la part de l'État, une délicate question de mesure. L'État, à notre avis, ne doit jamais verser le sang ; il ne doit pas agir, même vis à vis d'un coquin, comme agirait un autre coquin. (1)

Par l'atténuation, tout au moins par la juste mesure dans la répression, l'État contribuera à l'adoucissement des mœurs. Il ne doit jamais perdre de vue l'idée d'amélioration et ne doit pas y renoncer, même quand il s'agit des criminels.

Les mœurs sociales et les institutions ont contribué à la formation des mentalités mauvaises; l'auteur de l'*Utopie*, Thomas Morus, va jusqu'à dire : « La société forme des voleurs pour les châtier ensuite ».

C'est dans l'amélioration de la condition de la vie, comme dans celle de l'éducation de l'homme et de l'enfant qu'il faut chercher le plus puissant auxiliaire aux mesures de répression, lesquelles doivent être exemptes de ressentiment et d'esprit de vengeance.

La Guerre et la Paix. — De l'idée de répression à l'idée de guerre il n'y a pas très loin. Le châtiment est un fait de guerre en même temps qu'une mesure de police contre des ennemis de la paix, de la loi, de l'ordre, de l'autorité, que l'on considère comme dangereux pour la communauté, comme violateurs des traités qui

---

(1) La Chambre actuelle ne s'est pas honorée en votant le maintien de la peine de mort en France.

garantissent l'existence de cette communauté. La guerre est un état qui, avant d'exister entre les nations, régna entre les individus, les familles, les hordes ou les classes. On la déclare pour obtenir satisfaction dans la solution des questions importantes — quand on se croit le plus fort.

La guerre est un reste de l'état de barbarie. La guerre crée le massacre des hommes, les grands deuils irréparables, la ruine, la misère, tous les malheurs... Le progrès n'a jamais été que le fruit de la paix. Il n'a jamais été une conquête militaire. Les auteurs du progrès s'appellent Galilée, Newton, Lavoisier, Kant, Laplace, Lamark, Darwin, Claude Bernard, Pasteur... grands hommes dont l'œuvre immortelle fut à la fois le résultat de la paix et éminemment favorable à la paix.

Il faut donc éviter la guerre. Malheureusement, nous nous trouvons ici en présence d'une difficulté très grande. La France républicaine, par exemple, marche en tête du progrès humain. Des puissances militaires soumises à la volonté plus ou moins arbitraire de gouvernements monarchiques peuvent lui susciter des difficultés et la forcer, malgré elle, à la guerre. Il se peut alors que, vaincue, la France soit détruite ou fortement abaissée, et que succombe avec elle tout le progrès si péniblement acquis.

L'humanité peut ainsi reculer tout à coup d'un siècle et davantage. On a vu ainsi, dans l'antiquité, des civilisations détruites par les forces barbares. Il importe donc là aussi que, selon le mot de Pascal, ce qui est juste soit fort. Il importe à la nation française de rester maîtresse d'elle-même et de ses destinées et d'être assez puissante pour, éventuellement, résister avec succès à l'agresseur ou à l'envahisseur et éviter de tomber sous sa domination. De là la nécessité, pour longtemps encore peut-être, d'entretenir des armées de terre et de mer bien organisées et disciplinées, intelligemment conduites, présentant toutes garanties de puissance, et à la formation desquelles contribuent tous les citoyens.

L'Arbitrage. — Heureusement d'autres solutions que la guerre sont devenues possibles pour terminer les différends. Déjà, il a fallu l'arrêt des guerres intestines continuelles d'autrefois pour que l'État moderne soit lui-même devenu possible. Déjà, l'idée de transaction a fréquemment refoulé l'instinct d'agression et de vengeance. Les premiers tribunaux furent des tribunaux d'arbitrage. Les résultats ainsi obtenus en petit, il était légitime de chercher à les appliquer en grand. On connaît les beaux travaux accomplis dans ce but par la conférence de La Haye. L'arbitrage n'est plus une rareté entre les nations et, bien que les questions soumises à ces sentences pacifiques n'aient pas été, jusqu'à cette heure, d'importance capitale, il est permis d'espérer qu'on arrivera par cette voie à compléter le code des droits et des rapports internationaux et à éviter le fléau de la guerre.

Un puissant auxiliaire de la paix est le commerce international qui se développe de plus en plus. Le fait d'être en rapports commerciaux suppose une confiance qui ne s'appuie pas seulement sur des intérêts mais aussi sur l'estime des caractères. Une vivante action réciproque et de solides liens s'établissent entre des individus de peuples différents. Le commerce a joué un rôle considérable dans l'histoire de la civilisation. Il a fait se connaître des hommes qui, sans lui, ne seraient jamais entrés en contact. Il élargit l'horizon où se meuvent les regards, et ce n'est pas le moindre de ses effets que de favoriser la cordiale entente entre les hommes séparés par les frontières, les fleuves et les mers.

Les travaux scientifiques ne favorisent pas moins que

le commerce les relations internationales. Pas un ouvrage important ne s'imprime maintenant quelque part qu'il ne soit aussitôt traduit dans la plupart des langues et importé dans tous les pays. Pas une découverte, pas un progrès ne se fait qu'il n'en soit libéralement donné connaissance à toutes les sociétés savantes de l'univers. Enfin, des congrès internationaux se réunissent chaque année, tantôt chez une nation, tantôt chez une autre, pour dresser, dans toutes les branches de l'activité humaine, le bilan des travaux accomplis et des résultats obtenus. Ainsi se consolident progressivement les relations les plus cordiales et les plus favorables à la paix entre tous les peuples civilisés.

Action sociale de l'État. — Nous touchons ici à l'un des problèmes les plus importants et les plus difficiles de la civilisation moderne. Deux grands systèmes se partagent l'opinion des hommes politiques concernant ce que doit être dans l'avenir l'action sociale de l'État. L'un, celui actuellement en vigueur et le seul qui ait jamais été pratiquement appliqué, est le système *individualiste*. Dans ce système, s'il était absolu, l'État réduirait son action aux fonctions de sécurité et laisserait à chaque individu le soin de pourvoir lui-même à tous ses besoins et de réaliser ses aspirations, selon ses moyens propres, dans le jeu de la libre concurrence. C'est le régime de la liberté individuelle dans son complet épanouissement. Mais il va sans dire que les besoins de la communauté, les exigences de la vie en société sont, de nos jours, beaucoup trop complexes pour que la politique individualiste seule permette de les satisfaire. Les œuvres d'initiative privée ne sauraient suffire aux sociétés modernes dans les services d'intérêt général, même en dehors des mesures de sécurité, surtout lorsque ces services ne sont pas immédiatement rémunérateurs : culture scientifique, enseignement populaire, assistance, transports et correspondance dans les régions écartées, etc.

L'État a donc dû prendre en mains, nonobstant le système individualiste régnant, quantité de services publics, et ledit système se trouve ainsi mitigé, en fait, par des institutions diverses donnant des droits collectifs sur les choses qui en font l'objet à des communautés plus ou moins vastes à côté ou à la place des droits individuels.

L'autre système, qu'aucune réalisation pratique n'a permis d'apprécier, est le système collectiviste. Nul ne peut dire si l'avenir, ni quel avenir en verra jamais l'application. Dans ce système, ou dans cette vision, l'idéal de l'individu ne serait pas son propre développement, mais celui de la collectivité. A la notion de sa personnalité est substitué le sens de la communauté, « l'esprit de la ruche », pour emprunter encore cette expression à M. Maeterlinck, où l'individu sent qu'il n'est pas le centre autonome qu'il s'imagine actuellement dans son égoïsme et son orgueil, mais que son bien-être, sa science, ses facultés intellectuelles et matérielles, la forme même de sa pensée, il les doit à la civilisation qui l'entoure, à la longue série des générations qui l'ont précédé, aux institutions qui lui assurent ses possessions, au travail de ses prédécesseurs et de ses contemporains, et qu'il doit en faire profiter à son tour le présent et l'avenir de la collectivité. Tel est le principe théorique sur lequel est basé le collectivisme.

Pratiquement, « le pur collectivisme se caractérise par les deux traits suivants : tous les moyens de production, de circulation et d'échange appartiennent à la communauté nationale et sont exploités sous sa direction ; tous les travaux et produits ont une valeur taxée en *unités de travail*, suivant la quantité de travail, d'intensité moyenne, dépensée, de telle sorte que les travailleurs peuvent acquérir les produits en proportion de leurs travaux sans prélèvements capitalistes (1) ».

Les systèmes socialistes qui dérivent plus ou moins des principes absolus que nous venons de formuler succinctement sont très nombreux. Les étudier ici ou seulement les énumérer ne serait pas possible. De ces vastes questions, comme de la plupart de celles que nous avons passées en revue, nous ne dirons donc que quelques mots, renvoyant le lecteur aux ouvrages spéciaux. (2)

L'application du collectivisme suppose une transformation profonde de notre système actuel. Le capital est aboli, plus de numéraire. La substance de la valeur qu'on leur substitue, c'est le travail, et la mesure de la valeur c'est la durée du travail exprimée en *Bons de Travail* « Le temps nécessaire pour produire un objet, dit M. Bebel, est la seule mesure à laquelle celui-ci doive être évalué en tant que valeur usuelle sociale ». En supposant que 2 milliards 400 millions d'heures de travail soient nécessaires pour produire la somme totale de richesses dont une société a besoin pendant une année, un même nombre d'unités nominales devraient être distribuées aux travailleurs en *Bons de Travail*, afin que ces mêmes tra-

---

(1) Maurice BOURGUIN. *Les Systèmes Socialistes.*

(2) Au delà du collectivisme dans l'échelle des idées dites avancées, se trouve l'anarchisme. C'est un retour à l'individualisme le plus complet avec suppression de la fortune privée et avec réduction extrême de toute action de l'État. Ce système préconisé entre autres par le prince Kropotkine au point de vue politique, par le philosophe allemand Bruno Will au point de vue philosophique, et, chez nous par plusieurs aussi notamment M. Paraf Javal, nous paraît si gros de difficultés et si peu désirable que nous ne voyons pas, dans l'état actuel des choses, qu'il y ait lieu de nous y attarder. Ajoutons que ce système implique une moralité parfaite, ou presque, chez tous les hommes.

vailleurs pussent acheter aux magasins publics le produit du travail collectif valant également 2 milliards 400 millions d'heures de travail. Toutefois, il est tenu compte de la qualité du travail en ce sens que c'est l'heure de production moyenne d'un travailleur moyen qui constitue l'unité. Mais on voit l'énorme difficulté d'application d'un tel système quand il s'agit du travail de l'inventeur, de l'ingénieur, du savant, de l'artiste, etc.

Le collectivisme investit l'État d'un immense pouvoir qui embrasse tous les domaines ; il crée une administration élective composée d'une infinité d'organes entretenus par les ressources publiques, administration qui détermine à chacun sa tâche, à chacun ses attributions. Enfin, il supprime en grande partie la liberté individuelle et porte à l'initiative privée une redoutable atteinte. Nous le considérons, malgré les grandes et nombreuses autorités qui le préconisent, comme une utopie dont la réalisation n'a rien de désirable. C'est un régime autoritaire, forcément, quoique électif, sous lequel il nous semble qu'il ne ferait pas très bon vivre.

Cependant, dans le système actuellement existant, des imperfections énormes donnent beau jeu à la critique.

L'une des plus frappantes est celle qui résulte de l'évolution économique vers l'industrie en grand. Les grandes usines ont tué les petits métiers qui assuraient la vie indépendante de tant de gens. Le cordonnier, par exemple, qui travaillait autrefois avec sa famille et deux ou trois aides ou apprentis, n'existe plus ou doit se borner aux réparations ; les grandes fabriques de chaussures lui ont fait une concurrence mortelle. Il en est de même dans la fabrication des tissus et à peu près de même encore dans la métallurgie. Dans le commerce du vêtement, des nouveautés et objets divers, les magasins du Louvre et du Bon-Marché ont tué, à Paris et en province, une très grande quantité de maisons de commerce d'importance seconde, troisième ou quatrième qui donnaient au moins l'indépendance à leurs exploitants. Les affaires de banque, elles aussi, se trouvent concentrées entre les mains de cinq grandes entreprises qui étendent leurs rameaux sur toute la surface du pays, et les petites banques locales disparaissent successivement devant les agences de ces redoutables concurrentes. Seules, au point de vue qui nous occupe, l'alimentation et le bâtiment ont moins à souffrir des grandes concurrences. Et cependant l'exemple des établissements Potin montre, là aussi, ce que peut la force absorbante des grandes entreprises modernes.

De cette évolution, il résulte qu'un grand nombre d'hommes qui, jadis, pouvaient être titulaires d'une profession libre, d'un métier à eux, sont obligés pour vivre de se faire ouvriers ou employés et sont soumis à la dépendance inhérente au travail salarié.

Dans nombre de grandes usines, un patron souvent unique réalise annuellement des bénéfices énormes, tandis qu'au-dessous de lui des milliers d'ouvriers doivent se contenter d'un salaire modique, parfois insuffisant, et sont dans l'impossibilité de se garantir contre l'indigence et la misère en cas de maladie, de chômage ou de vieillesse.

Ce n'est pas qu'il y ait dans le monde actuel plus d'égoïsme et d'envie qu'auparavant. Ce n'est pas non plus que la misère et la souffrance y soient plus considérables qu'autrefois. On pourrait plutôt soutenir le contraire. Les crises de disette et de famine qu'ont connus les siècles passés nous sont épargnées. L'État a déjà réalisé des mesures d'assistance dont les bons effets se font largement sentir. Un énorme contraste entre l'opulence excessive d'un petit nombre de privilégiés de la fortune et la multitude des petits travailleurs n'en subsiste pas moins. Et ce contraste suscite inévitablement, et légitime dans une certaine mesure, la convoitise de la foule des petits collaborateurs de la société laborieuse vis-à-vis de la débordante richesse des heureux possesseurs de capitaux s'accumulant toujours et, pour ainsi dire, automatiquement.

Circonstance aggravante : on ne voit pas où s'arrêtera l'accroissement des grandes fortunes par le jeu des intérêts (1), et on ne voit pas davantage comment l'amélioration du sort des prolétaires pourra résulter d'un pareil état économique.

Socialisme d'Etat. Socialisme Communal. — En dehors du Collectivisme pur, il existe des systèmes socialistes encore théoriques ou spéculatifs comme lui et qui ont pour eux d'être soutenus par des esprits éminents. Comme lui, ils confient à l'Etat, d'une manière ou d'une autre, les moyens de production, terres de culture, mines, usines ou ateliers, transports par terre ou par eau. L'État les exploite ou bien il en confie l'exploitation aux communes ou à des associations d'individus. Le grand vice de ces systèmes est toujours que l'Etat s'y réserve la direction de la production, assignant à chaque groupe sa tâche et distribuant les produits aux consommateurs, mais en conservant comme signe de la valeur la monnaie métallique.

L'État réglerait, à peu près comme il règle actuellement à l'avance son budget, les quantités à produire d'après les quantités nécessaires à la consommation.

Si l'on peut présumer que les crises occasionnées par la pléthore et la concurrence seraient évitées par la réglementation de la production, ne doit-on pas craindre les

(1) En Amérique, des économistes ont calculé le temps théorique nécessaire pour qu'avec le système actuel, tout le numéraire existant aux États-Unis se trouve concentré entre les mains de vingt familles au maximum.

conséquences des moindres erreurs de calcul qui pourraient faire, par exemple, que tantôt les blés manquent et que tantôt ils moisissent dans les greniers, ce qui ne vaudrait pas mieux.

D'autres systèmes décentralisent l'administration et font des communes le pivot de l'organisation économique (1). La commune a des services d'eaux, d'éclairage, de transport, de logements et d'approvisionnements. Le socialiste belge Antoine Menger, partisan de cette décentralisation estime que les communes sont ainsi appelées à devenir, au moins à titre transitoire, le centre et l'organe essentiel de la vie économique. L'un des défauts de cette conception résulte de l'inégalité forcée où se trouvent les communes comme richesse suivant la nature et l'importance des biens situés sur leur territoire.

D'après M. Menger et son école, tout individu « a droit à une existence digne d'un être humain », mais tout individu valide est obligé au travail dans une mesure déterminée par les autorités élues, et tout réfractaire subit des peines disciplinaires. Le travail du casseur de pierre ou du vidangeur a la même valeur que celui du graveur ou de l'écrivain. Et ce serait à l'autorité municipale à faire la répartition. Tâche vraiment ingrate !

*   *

Socialisme corporatif. Coopération. Participation. Mutualité. — Il est peu vraisemblable qu'on résolve jamais la question sociale d'une manière définitive, car elle se rattache à trop d'éléments divers et, bien qu'elle se pose de nos jours de la manière la plus nette et la plus aiguë, elle n'en a pas moins existé de tous temps sous des formes diverses.

(1) En Angleterre le socialisme municipal est déjà pratiquement très avancé.

A la vérité, le Collectivisme nous paraît intéresser surtout la masse des ouvriers d'usine. Mais, vis à vis de cette catégorie très digne d'intérêt, il y a le grand nombre des autres travailleurs, petits commerçants, petits métiers, petits propriétaires, beaucoup moins dépendants que les usiniers et qui attachent le plus grand prix à leur liberté d'action, ainsi qu'à leur modeste avoir. Les chefs du Collectivisme le sentent bien, aussi en arrivent ils à dire qu'ils excluront de l'expropriation générale la petite propriété. Mais alors, une grande difficulté saute aux yeux : comment déterminer la limite de l'englobement ?

Des remèdes, sinon des remèdes radicaux, du moins de très sérieux palliatifs, existent à l'état de choses actuel. Nous avons déjà fait allusion à l'intervention de l'État qui s'est, pour commencer, préoccupé de sauver de la mort de faim ou de misère les plus nécessiteux, qui y a réussi par des lois récentes d'assistance ; qui, par les retraites ouvrières, assurera bientôt contre toute indigence la vieillesse des salariés. Ce sont, là aussi, des actes de socialisme d'État. L'avenir, un avenir prochain même, les verra sans doute se perfectionner et s'étendre.

Des tentatives d'une réelle efficacité pratique consistent en ces manifestations du *Socialisme corporatif* qu'on appelle les *Sociétés coopératives*, les *Sociétés à participation* et les *Sociétés mutuelles de Prévoyance*. L'action de ces Sociétés est, il est vrai, limitée à leurs adhérents volontaires, mais le nombre de ceux-ci est toujours susceptible de s'augmenter, comme peut s'augmenter le nombre de ces Sociétés elles-mêmes. Les uns et les autres augmentent en effet, dans la pratique, d'année en année.

Des hommes du commencement du XIXᵉ siècle, Saint-Simon, Fourrier et Robert Owen se rencontrèrent dans cette *idée fondamentale* qu'on pourrait remédier à la misère et à l'injustice nées de l'exploitation des hommes les uns par les autres si les hommes s'unissaient entre eux pour exploiter en commun la nature. Ces philanthropes, qui s'en tinrent à de pures théories, se firent, dans la classe ouvrière, des disciples enthousiastes. Et ce furent ceux-ci qui provoquèrent la fondation des associations professionnelles, des coopératives de consommation et de production. Le mouvement parti de France se prononça davantage en Angleterre et fortement aussi en Suisse.

Il existe maintenant de telles Sociétés très prospères un peu partout. En Belgique, le Vooruit de Gand en est un puissant exemple. Elles sont nombreuses et importantes en Suisse, en Allemagne, en Amérique, etc.

En France, il existait, en 1903, 385 Sociétés coopératives de production industrielle ; 1.940 Sociétés de consommation ; 32 Sociétés de construction ; 2.433 Sociétés agricoles ; 2.200 Sociétés agricoles de production ; 906 Sociétés d'assurances mutuelles agricoles ; 1.019 Caisses rurales ; 19 Banques populaires.

Tous ces nombres se sont accrus depuis. Dans beaucoup d'autres pays ils sont proportionnellement plus élevés qu'en France. En Italie, ce sont les banques populaires qui dominent : il y en avait, en 1900, 696 ayant prêté 104.565.880 francs (1).

Les Sociétés coopératives arrivent parfois à valoir à leurs membres de tels avantages, à leur distribuer de tels profits que certains esprits du monde socialiste avancé, leur ont reproché de transformer leurs adhérents, d'ouvriers en bourgeois. Puisse ce reproche être bien motivé, et puissent ses motifs se multiplier. Car enfin, ce socia-

---

(1) BOURGUIN. *Systèmes socialistes.*

lisme est, du moins dans sa sphère, une réalité prospère, tandis que celui des collectivistes reste une sorte d'utopie fertile seulement en difficultés d'exécution. L'éminent écrivain socialiste Eugène Fournière, a récemment reproché à son parti, d'avoir trop négligé cet ordre d'idées et celui des Mutualités dont il sera question plus loin.

Parfois, la philanthropie de certains patrons a institué la participation des ouvriers aux bénéfices de leur entreprise. Il en est au moins un exemple remarquable en France dans le Familistère de Guise fondé par feu M. Godin. Il en est à l'étranger, entre autres les célèbres établissements Pullmann en Amérique.

Le socialisme corporatif se manifeste encore sous une forme plus atténuée, mais d'une efficacité incontestable par les œuvres dites de *Mutualité*. Il n'est pas besoin de rappeler que ce sont des Sociétés où les adhérents, librement enrôlés, versent une cotisation périodique et que le capital ainsi amassé retourne vers les souscripteurs sous forme de secours en cas de maladie et de décès, ou sous forme de pensions de retraite, à partir d'un certain âge.
La Mutualité c'est la sécurité assurée à ceux qui la pratiquent ; c'est la tranquillité des vieux jours, l'assistance en cas de maladie, d'interruption de travail ou de toute autre cause d'indigence possible.
On compte en France des Sociétés mutuelles approuvées par l'État et soumises à son contrôle, des Sociétés libres et des Sociétés scolaires, où l'enfant fait son apprentissage pratique de ces bienfaisantes institutions.
Les Sociétés françaises, dites *approuvées*, reçoivent de l'État des subventions. Celles-ci sont réglées par la loi à un quart du versement de la Société, à la *Caisse des retraites pour la vieillesse*; à 1 franc par membre par-

ticipant de plus de 57 ans. Il y a toutefois des restrictions :

1º Les subventions ne sauraient dépasser les versements ;
2º Quand le nombre des membres est inférieur à mille, la subvention ne peut dépasser 3.000 francs ;
3º Si ce nombre est supérieur à mille, la subvention ne peut être supérieure à 3 francs par membre ;
4º En aucun cas elle ne peut excéder 10.000 francs.

Malgré ces avantages si propres à encourager l'effort individuel, beaucoup de sociétés mutuelles, et non des moindres, préfèrent y renoncer pour rester libres de gérer leurs capitaux à leur gré et maîtresses de leurs statuts.

A la fin de 1905, le nombre des sociétés approuvées s'élevait à 12.711 ; celui des sociétés libres à 3.221 ; celui des sociétés scolaires à 2.244, soit, au total : 18.176 sociétés.

A la même époque, les sociétés approuvées comptaient 2.541.175 participants et 367.188 honoraires ; les sociétés libres 425.626 participants et 35.764 honoraires ; l'effectif des sociétés scolaires était de 668.009 membres participants et 47.200 honoraires. Soit en tout, 3.634.810 participants et 450.152 honoraires, ensemble 4.084.962 mutualistes.

Dans l'année 1905 seule, ces sociétés ont encaissé 61.483.500 francs et ont dépensé 42.861.908 francs. La différence a servi à accroître les fonds de réserve et de retraite.

A la fin de la même année, les sociétés approuvées possédaient une fortune totale de 373.722.971 francs.

Le patrimoine des sociétés libres dépassait 46 millions et celui des sociétés scolaires 8 millions, soit en tout le chiffre majestueux de près de 429 millions.

Depuis 1905 tous ces chiffres, nombre de mutualistes et

sommes encaissées, se sont considérablement accrus et la société dite *Les Prévoyants de l'Avenir* fêtait dernièrement le soixante-quinzième million qu'à elle seule elle était parvenue à amasser (1).

En somme, en France à l'heure actuelle, on estime à près de 10 % l'ensemble de la population adhérant aux mutualités.

En Belgique, les sociétés mutuelles de secours et de retraites ont été subventionnées par le gouvernement, comme en France les sociétés approuvées. Tout salarié, tout contribuable payant une somme d'impôt inférieure à 50 francs dans les petites communes, à 80 dans les grandes et qui affecte un versement annuel de 15 francs à la Caisse générale des Retraites, y reçoit de l'Etat une majoration de 9 francs.

En Allemagne, l'employeur et l'employé ont tous deux à verser obligatoirement une somme déterminée à laquelle l'État ajoute une subvention et le Gouvernement se charge d'assurer une retraite aux travailleurs.

C'est ce système que préconise en France le Ministre actuel du Travail et que la Chambre des Députés a déjà sanctionné par une loi soumise à l'examen du Sénat.

**

Ce sont là des palliatifs très sérieux et très louables. Ils viennent en aide dans la maladie et la vieillesse et préservent de l'indigence et de la misère ; ils contribuent même à assurer une modeste aisance.

Mais, aux yeux des socialistes avancés, ils n'ont que peu de portée ; ils laissent intact, en effet, le système capitaliste où la grosse fortune continue sa marche ascendante automatique et, s'ils sauvent de la mort de faim ceux qui en bénéficient, ils laissent subsister entre les

---

(1) Elle en a aujourd'hui quatre-vingts.

hommes l'excessive inégalité dans les moyens de jouir des biens de la vie.

Sûr de son pain, de son abri et des choses strictement nécessaires, le grand nombre verra réalisé en sa faveur un progrès énorme sur l'état précaire d'un long passé. Cela lui suffira-t-il ? Saura-t-il s'abstenir de la convoitise qu'excite la vue des richesses, de l'abondance, des facilités de la vie et de ses somptuosités ? Il est permis d'en douter. Et il est permis de penser aussi que l'évolution ne s'arrêtera pas là. Dans un temps plus ou moins éloigné de nous, il se pourra que les majorités électorales et, par suite, leurs représentants en viennent à considérer comme abusif l'excès des grandes fortunes et atteignent celles-ci par un excédent de participation à l'impôt d'abord et ensuite, chose plus grave, en modifiant le principe même de la propriété.

La question n'est pas nouvelle. Depuis l'origine des Sociétés, le principe de la propriété a été compris et appliqué de façons très différentes. Longtemps, l'homme ne se reconnut de droits que sur les outils qu'il avait façonnés et sur les produits mobiles de son travail. Longtemps, la propriété des champs, des prairies et des forêts resta collective. Elle l'est encore dans une partie de la Russie et à Java. Les Romains n'étaient détenteurs que de bétail et d'esclaves. Mais ce régime, il est vrai, ne fut que transitoire.

Les premiers chrétiens ne reconnaissaient pas la propriété individuelle. « Tout est commun entre nous, excepté les femmes » — affirmaient Tertulien et saint Justin. Les Pères de l'Église s'expriment dans le même sens : « De quel droit, observe saint Augustin, chacun garde-t-il ce qu'il possède, sinon de droit humain ? Dieu a fait les riches et les pauvres du même limon... La propriété n'est pas de droit naturel... »

« La terre, dit saint Ambroise, a été donnée en commun aux riches et aux pauvres. Pourquoi, riches, vous en attribuez-vous à vous seuls la propriété ? La nature a créé le droit commun ; l'occupation a fait le droit privé ».

Proudhon scandalisa tout le dix-neuvième siècle avec son livre : *La Propriété, c'est le Vol !* Ignorait-on que 1600 ans plus tôt saint Jérôme avait écrit : « L'opulence est toujours la suite du vol », et que cette parole avait été confirmée par saint Basile et saint Chrysostôme ? Ces opinions des Pères n'empêchèrent pas plus tard les membres du haut clergé de compter parmi les plus riches seigneurs. Les alleux, les bénéfices et les fiefs furent autant de formes de la propriété à l'usage des gens d'Église et des seigneurs.

Le système de la propriété individuelle exclusive actuelle n'est pas absolu. L'exploitation du sous-sol et de ses gisements miniers n'appartient pas de droit au possesseur de la surface agraire. Les grands cours d'eau servant de voie de communication sont également imprescriptibles et ne peuvent être distraits du domaine public. L'État impose une limite aux bénéfices des Compagnies de chemins de fer, etc.

Ce ne sont pas les seules atteintes que subit le droit de propriété d'après les lois existantes. Le droit d'user du bien acquis, de jouir de ses produits, d'en disposer, de le transformer, de le grever de servitudes, de l'aliéner, sont parfois réduits et séparés.

Les collectivistes, dont le rêve suprême est de restituer au travail le bénéfice accaparé par le capital, feront-ils entendre aux majorités, à un moment donné, qu'il y a lieu à révision légale de certains droits de propriété ? Cela n'a rien d'impossible. Mais ceci nous paraît un problème difficile et compliqué dont la solution réside au-delà de notre horizon. Nous n'avons voulu que le signaler et montrer qu'il y a des chances que le bonheur social exige du conservatisme, dans l'avenir, de nouveaux et importants sacrifices.

La société de l'avenir sera plus largement démocratique que la société présente, parce qu'il est inévitable que la démocratie dans l'ordre politique engendre la démocratie dans l'ordre économique. Sachons accepter la perspective de cette évolution nécessaire.

Toutefois, s'il est vraisemblable que les grandes fortunes soient appelées, à un moment donné, à regresser, dans une certaine mesure, par un moyen quelconque, vers la masse des humbles artisans de l'œuvre de la prospérité générale, il n'est ni probable ni désirable que la propriété privée soit jamais abolie. Il y a là un si ferme et si profond principe de sécurité et d'indépendance que les hommes voudront sans doute qu'il soit respecté.

Il faut prendre garde, d'ailleurs, aux causes possibles d'arrêt ou de retour en arrière, telles que: réformes maladroites et précipitées atteignant la production dans ses sources, ruinant les finances publiques, provoquant une réaction dans les milieux de petite bourgeoisie et même dans une partie des classes populaires. La prédominance de l'esprit révolutionnaire sur l'esprit d'organisation, la recrudescence de l'esprit d'agression et de conquête, les haines de races ou de classes, les conflits religieux suscités par les prétentions de l'Église, sont, pour le progrès, autant de dangers qu'il faudra savoir éviter ou conjurer.

**
**

Travers actuels dans l'interprétation du rôle de l'État. Les faveurs, satisfactions à l'égoïsme et à la vanité. — En attendant que l'État subvienne, dans la Société, à tous les besoins légitimes, on observe, dans le temps où nous vivons, une tendance excessive à solliciter de lui des faveurs.

En principe, la République doit la justice à tout le monde, des faveurs à personne. Mais une opinion trop répandue est qu'elle doit des faveurs à ses amis. Et nous assistons à une débauche de sollicitations de places, de rubans et de secours mérités ou non.

Par quelques lignes que nous adaptons ici, le Directeur de la *Dépêche* de Toulouse, caractérisait bien, il y a quelque temps, cette tendance.

« ... La faveur, il faudrait rayer ce mot de la langue républicaine. Dans une démocratie, des droits doivent exister, des faveurs non pas.

« Vous m'objecterez qu'il existe des faveurs, puisqu'il existe des croix et des Mérite agricole. J'entends bien et je vois qu'on les remue à la pelle. On en crée autant qu'on veut. On croit pouvoir en passer aux amis et connaissances. Et, de cette générosité excessive on se console en disant qu'elle ne fait pas tort au voisin. Elle fait tort à la République. » Nous ajoutons : elle fausse les idées républicaines.

« Les croix ne coûtent guère que la peine d'en fabriquer, c'est entendu. Tout de même, il n'est pas indispensable de coller le Dragon de l'Annam sur la poitrine d'un explorateur qui n'a jamais quitté le boulevard, ou d'offrir le *Poireau* à des agriculteurs incapables de distinguer un navet d'une carotte. Enfin, un régime a toujours l'air un peu bête qui honore des palmes des intellectuels brouillés depuis l'enfance avec l'orthographe.

« Ce n'est pas, dira-t-on, pour quelques bouts de ruban mal distribués que la terre cessera de tourner ou que finira la République. Ceux qui réfléchissent savent que c'est par une peccadille qu'on commence et que cela mène à de véritables abus. On débute par le gaspillage des palmes. On continue par le gaspillage de l'assistance et celui des emplois. Entr'ouvrez la porte au favoritisme, toute la corruption peut y passer. »

On s'imagine, par les faveurs et les rubans, entraîner les hommes dans le mouvement républicain. La vérité est que les hommes arrivés se créent des *clients* personnels par ce moyen. Or, un régime comme le nôtre a besoin de se créer non des clients, mais des adeptes par raison. Les clients? A la rigueur cela se comprend sous un régime héréditaire : le patron y est immuable, le client lui reste fidèle. Mais dans une République? Le patron, c'est aujourd'hui Clémenceau. Il s'appelait hier Méline. Qui sera-ce demain? Le jour où, au lieu de partisans éclairés, les clients domineront, ceux-ci, se réglant sur les déplacements du pouvoir, passeront dans le camp adverse. Ce sera le règne des appétits remplaçant les convictions.

Il y a donc là, de la part de la troisième République, un travers dangereux.

Montesquieu a dit que la vertu est le ressort des démocraties. Sans doute a-t-il voulu dire qu'à se maintenir vertueuses elles trouvent leur propre intérêt.

Mais, du moment où l'on se met à croire sérieusement que l'honneur consiste à avoir un ruban, il se produit un déplorable abaissement d'idéal. L'intrigue des solliciteurs remplace la vertu. La mentalité monarchiste reprend les esprits au profit des hommes *arrivés*. De là, bien souvent, une disposition logique à marcher dans le sillage de quelque ambitieux et à préparer les voies à la dictature.

Plus d'un personnage haut placé, d'ailleurs, favorise complaisamment cette fâcheuse manière de comprendre la politique républicaine. A la vérité, ce n'est, de la part de l'homme arrivé, que de la politique personnelle. Elle a pour but de lui créer de nombreux partisans. Au lieu d'éclairer la démocratie, de développer en elle la raison, on s'efforce à gagner les hommes par des faveurs et à les entraîner par des discours enthousiastes. L'un ne vaut pas mieux que l'autre. Comme le dit Stendhal, une proclamation, un caprice du cœur précipite l'homme enthousiaste dans le parti contraire...

Les sentiments républicains impliquent la raison, la droiture et le désintéressement.

Le républicain qui fait le bien, qui accomplit noblement sa tâche, ne doit désirer ni récompense, ni marque extérieure de distinction et doit être opposé, par principe, à ces satisfactions d'amour-propre, à ces primes données à la vanité.

La vanité est l'un des travers les plus grands et les plus puérils, tout à la fois, de notre époque. La République actuelle l'encourage ; elle ferait mieux de le combattre.

Vis-à-vis de tant de gens enrubanés pour des mérites contestables, combien n'y a-t-il pas, heureusement, parmi le peuple, d'actes généreux, de dévouements, de véritables sacrifices dont les auteurs ne songent pas à tirer avantage. Dans les classes supérieures également, il s'en faut de beaucoup que le sens et la passion du bien accompagnés du plus noble désintéressement soient choses inconnues. N'a-t-on pas vu M. et Mme Curie refuser croix et autres honneurs malgré l'énorme importance scientifique de leurs découvertes ? N'a-t-on pas vu les Pasteur, Berthelot, et tant d'autres livrer gratuitement au monde le bénéfice de leurs travaux et se refuser à une exploitation qui leur aurait valu pécuniairement de très importantes fortunes ?

« La vertu a pour trait de haute noblesse, a dit Renan, de ne correspondre à aucun salaire ».

*
* *

La famille. — Les premières associations humaines ne

se composaient que de familles, d'abord isolées, puis se rapprochant pour former de nouveaux groupes. Les unions matrimoniales n'y comportaient aucune cérémonie. L'homme et la femme soumis également à de rudes travaux différaient moins moralement qu'aujourd'hui. Une grande promiscuité régnait. La parenté n'existait que par les femmes, et le *Matriarcat* (1) constituait l'entité familiale.

Plus tard eut lieu le mariage par achat d'une et de plusieurs épouses. Ce fut le régime de la Polygamie opposée au Matriarcat, régime qui s'est maintenu jusqu'à nos jours en Asie et en Afrique. Cet état familial constituait, au point de vue moral, un progrès sur le Matriarcat. Le père et la mère y étaient connus, les degrés de parenté y étaient plus marqués. Déjà on pouvait, en remontant vers le passé, tracer une ligne d'ascendants mâles. La vénération des ancêtres prit naissance et se développa jusqu'à former ce culte vivace qui règne encore en Orient.

La monogamie qui réduit l'homme à une seule compagne, fut de bonne heure adoptée par les populations d'Occident. Elle eut pour conséquence d'entourer la femme de plus de respect, et de donner de la valeur à son libre consentement. Aux brutalités des premiers âges succéda le sentiment d'amour. Relativement esclave au point de vue des mœurs, la femme devenait reine au foyer familial.

Chose qui peut paraître aujourd'hui bien bizarre, il fut un temps où le mariage fut considéré comme une atteinte aux droits de la communauté; on paya une indemnité pour s'être approprié une femme. (De là le *jus primae noctis*,

---

(1) On appelle Matriarcat, une famille dont la mère est le chef unique, où tous les enfants prennent son nom, *quel que soit le père* dont ils soient issus. Cet état familial existe encore chez certaines peuplades de l'Afrique, de l'Amérique du Sud, de l'Asie et de l'Océanie.

aujourd'hui encore, au Cambodge, privilège des prêtres, ces gardiens des bonnes vieilles mœurs.)

Si la monogamie règne en Europe, c'est surtout au droit romain que nous le devons. Notre mariage, c'est le mariage romain.

Le christianisme également contribua à élever la condition de la femme en établissant entre elle et l'homme une plus profonde communauté d'esprit, en leur donnant les mêmes espérances d'au-delà. Mais pour des raisons ascétiques, le christianisme avait une préférence pour le célibat, pour l'état de virginité. L'idéal ascétique créé par le christianisme est, au point de vue humain, une flagrante et choquante contradiction; c'est, selon la puissante expression de Nietzsche, « la force employée à tarir la source de la force, la vie usée contre la vie ».

Il s'en faut que le mariage tel qu'il est réglé par nos lois soit à l'abri de toute critique. La loi romaine et chrétienne du mariage est trop étroite. La règle morale et légale du mariage encore existante doit être élargie et présenter plus de facilités. Tout récemment, le législateur a déjà fait quelque chose en ce sens (1). Il faudra davantage.

Le mariage monogame constitue, en somme, le meilleur mode connu de fondation d'une famille. Il crée entre époux, pour la sécurité commune et pour assurer le sort des enfants, d'importantes obligations admises par la loi et par les mœurs. Ces obligations sont inégalement réparties. La femme n'a que des droits restreints. Elle perd par le fait de son union sa nationalité, son nom, son domicile, la libre disposition de sa personne et de ses biens. L'époux, lui, reçoit de la loi des droits supérieurs auxquels il ne peut pas renoncer. Il est interdit à l'épouse d'accomplir aucun acte de la vie civile ou

(1) Sur l'initiative de M. l'abbé Lemire.

juridique sans autorisation spéciale de son mari. Celui-ci, sous le régime de la communauté, dispose non seulement des ressources financières de sa femme, mais peut, dans certaines contrées, s'approprier les revenus provenant de son travail personnel.

La femme est exclue des conseils de famille, qui décident cependant du sort de ses enfants.

Au point de vue politique, la femme, légalement, est un zéro.

Des efforts sérieux ont été faits pour atténuer les effets d'une législation qui n'accorde à l'épouse qu'une part d'action si limitée. Il est permis de dire aujourd'hui que la femme, au point de vue de la sagesse, de la prudence, de l'intelligence et de l'énergie, est souvent aussi bien douée que l'homme. Mais l'éducation diffère et c'est surtout à ce sujet que des réformes sont nécessaires.

On peut dire aussi que l'influence des prêtres catholiques s'exerce trop encore sur l'esprit de la femme et l'égare pour la maintenir au service de l'Église. Mais que l'instruction donnée aux jeunes filles soit suffisante, mieux comprise, rationnellement améliorée et ses conséquences se feront heureusement sentir. Nombre de cas isolés, nombre d'épreuves, ont montré combien le niveau intellectuel peut, chez la femme, s'élever autant que chez l'homme.

L'épouse doit être la compagne de son mari, non sa servante. Partageant sa bonne et sa mauvaise fortune, elle a le droit d'être initiée à sa vie, à ses projets, à ses rêves d'avenir ; de l'aider de ses conseils, d'unir ses efforts aux siens, et de compter sur son appui et sa protection. Si elle a le respect d'elle-même elle lui restera fidèle. Gardienne du type familial, elle ne peut, sans déloyauté, y introduire des éléments étrangers. Aussi bien, le mariage, tel qu'il se présente à un esprit juste, implique une sympathie réelle, une inclination naturelle, mutuelle et sincère entre les futurs époux. Il présuppose aussi, sans que, malheureusement, pas plus que la condition précédente ce soit toujours le cas, la libre disposition de facultés suffisantes en capital ou en capacités de travail pour assurer l'existence de la famille. A cet égard, les préoccupations personnelles entraînent fréquemment la prolongation du célibat, avec les irrégularités qui en résultent.

Toutes les choses humaines sont hélas ! soumises à l'erreur possible.

Il se manifeste souvent dans certaines unions de telles incompatibilités de tempérament et de caractère qu'il a fallu y pourvoir en autorisant leur dissolution. Le divorce entre époux mal assortis est l'admission légale d'un fait constaté et le dénouement d'une situation dont la prolongation serait intolérable et souvent dangereuse.

Mais cette atteinte à la permanence du contrat matrimonial n'en est pas moins fâcheuse par ses effets sur le sort des enfants issus des époux désunis. Cette considération doit décider ceux-ci à ne se séparer qu'après mûres réflexions et pour éviter de plus grands maux. A tous égards il serait à souhaiter, pour le bien de tous, qu'il ne se conclue que des mariages susceptibles de conserver leur permanence.

Victimes de la morale : les enfants naturels, la fille mère. — La morale chrétienne qui florit en Europe depuis des siècles à tel point que le vulgaire n'en conçoit pas d'autre, est souvent injuste, irrationnelle et illogique. Sa tendance ascétique a fait de nombreuses victimes et a affaibli l'humanité. Elle a inculqué dans nos esprits la honte des choses de la génération qu'elle a déclarées impures, qu'elle a assimilées à des fautes et à des vices. Bien que dans la réalité, les amours irrégulières dépassent en nombre les amours légales, elle s'est montrée, pour celles des premières qui sont connues, d'une grande sévérité. Elle a notamment fait porter le poids de sa réprobation sur la fille-mère et sur les enfants naturels.

Les filles-mères sont de malheureuses victimes de la morale, de notre morale hypocrite.

Tandis que l'homme peut se permettre impunément tant de turpitudes et s'adonner plus ou moins secrètement aux voluptés où l'invite son tempérament, en revanche, les conséquences les plus naturelles (je voudrais pouvoir dire les conséquences heureuses) d'un amour quelconque mettent la fille, la fille pauvre surtout, dans une situation terrible et dont devrait avoir honte, non pas elle, mais la société.

La jeune fille qui devient enceinte, si elle est ouvrière ou domestique, gagnait d'ordinaire, auparavant, à peine de quoi se suffire à elle-même. Dès que sa grossesse est connue, si elle est domestique surtout, sa situation est gravement compromise, très souvent perdue. Elle se demande que faire? Elle tremble pour ses ressources matérielles, elle frémit devant les outrages dont elle va être l'objet. Souvent elle songe au crime, à l'infanticide, parfois le prépare et l'exécute.

Ces outrages, cette privation de ressources, ce crime, c'est vous, société chrétienne et bourgeoise, c'est vous et votre morale qui en êtes responsables.

Cette fille a-t-elle donc été plus coupable que la société où elle vit? N'est-elle pas même, dans bien des cas, victime dès le principe?

L'examen impartial de nos mœurs lui fournit les meilleures excuses, on pourrait souvent dire une complète justification.

Ce n'est pas tout. Cette fille porte en elle un être humain. Elle offre à la société le bénéfice d'un membre futur, l'appoint d'une valeur que nous n'avons pas le droit de considérer comme négligeable. Votre devoir est d'entourer cette mère de votre indulgence bienveillante, de vos soins et de vos égards. Il importe que la mentalité du milieu qui l'environne se modifie de manière à la rassurer, de manière à rendre impossible dans son esprit toute pensée de crime. La fille-mère a droit à nos respects ainsi qu'aux ressources matérielles nécessaires à la vie de son enfant et à la sienne.

Un poète a dit de l'une d'elles :

> « *Elle portait effrontément*
> « *Le poids sacré de cette honte.* »

Si l'on ne va pas jusqu'à admettre que la fille qui doit devenir mère affiche effrontément son état, nos mœurs et l'opinion doivent, du moins, devenir assez bienveillantes à son égard pour qu'elle puisse circuler parmi nous avec une digne et simple franchise, avec un sentiment de sécurité qui, non seulement écarte d'elle les idées criminelles, mais encore permette de s'épanouir chez la future mère l'espérance bienfaisante de ce que sera plus tard son enfant.

Quant à celui-ci, l'enfant « naturel », on doit considérer que cet être humain (qui n'a pas demandé à naître), a droit à la vie. Par intérêt autant que pour satisfaire aux exigences du principe du bien, la société doit l'accueillir et l'État doit intervenir en sa faveur, chose trop méconnue dans le passé.

L'État a appliqué jusqu'ici cette règle barbare : « *Mater semper certa* », la mère est toujours certaine ; et, comme conséquence de ce principe, c'est elle qui doit se charger de l'enfant. Tout le poids retombe sur ses épaules. On ne reconnait pas le droit de l'enfant au nom de son père. Et même, quand le père est connu, la proportion dans laquelle il est tenu de contribuer aux besoins de l'enfant est réglée, non d'après sa propre situation sociale, mais d'après celle, souvent très inférieure, de la mère. On dit bien, pour défendre un pareil état de choses, qu'autrement on favoriserait les liaisons irrégulières et que le mariage perdrait de son prestige. Mais on oublie alors qu'il y a ici un droit immédiat et naturel de l'enfant, primant toute autre considération. On fait pâtir l'enfant de la faute de ses parents, principe chrétien, mais barbare, que l'évolution supérieure du sens moral doit faire rejeter.

D'ailleurs, en rendant plus facile la conclusion du mariage légal, on restreindra le nombre des unions d'où naissent les enfants illégitimes.

La famille ; l'éducation : devoir des parents et devoir de l'État. — La famille doit sa formation à quelques-uns des sentiments les plus forts de la nature humaine. La famille constitue une société primordiale et, en même temps, la plus étroite et la plus parfaite. L'idéal humain impliquant la sympathie, la confiance, la quiétude, le bonheur intérieur, peut y trouver sa réalisation. La famille est un petit monde où se rencontre l'indépendance des personnes et leur étroite liaison. L'affection y règne avec une solidité qui lui manque partout ailleurs. L'homme peut y trouver la satisfaction la plus complète.

La famille relie par les liens naturels les générations successives. Elle forme *le pont* qui fait communiquer le passé avec l'avenir.

On pourrait faire à la famille le reproche d'être une société trop étroite et de trop concentrer l'intérêt et les sentiments d'affection sur son petit cercle, aux dépens du développement de l'amour universel de l'humanité. Il est certain qu'il existe un égoïsme de famille, moins étroit toutefois que l'égoïsme individuel. A ceci on peut répondre que la sympathie doit se développer d'abord dans des cercles étroits, avant de s'étendre à des cercles plus vastes. L'amour universel de l'humanité est l'extension du sentiment régnant au sein de la famille. Il n'y a pas contradiction entre eux ; l'objection n'en a pas moins une réelle valeur.

Une autre objection est que, par suite de ses bornes et de sa vie, fondée sur la tradition et la répétition, la famille favorise, avec la quiétude, l'uniformité et la torpeur. Elle empêche souvent l'individu de développer tous les côtés de son être. La complète expansion du moi est entravée par la faible étendue de la famille et la crainte, vis à vis des proches, de se manifester sans retenue. Il est de fait que bien des individus ont été moins appréciés dans leur famille qu'en dehors d'elle, et n'ont rempli tout leur mérite qu'en s'en écartant.

Ajoutons enfin que, dans la famille comme partout, la réalité est souvent fort éloignée de l'idéal.

L'enfant a droit à la vie, avons-nous dit. Ce droit implique non seulement l'alimentation physique, mais toute la préparation que comporte l'idéal du progrès humain.

Dans le présent et plus encore dans le passé, on observe que les parents ont une tendance très marquée à considérer l'enfant issu d'eux comme leur chose, leur propriété absolue. L'enfant est pour eux un sujet sur lequel ils exercent leur instinct d'autorité, un moyen de donner satisfaction à leur sentiment de puissance, débris vivace encore du préjugé antique d'après lequel le père avait droit de vie et de mort sur sa progéniture. Cependant, il convient de voir dans l'enfant, l'être indépendant en formation, l'homme futur, la personnalité qu'il sera plus tard.

L'éducation est un art difficile et délicat qui exige de celui qui en est chargé beaucoup d'empire sur soi, beaucoup de réflexion, de désintéressement et d'autres qualités. Combien ne voyons nous pas de parents faire essuyer leur mauvaise humeur à leurs enfants sous prétexte de les corriger. La mentalité de l'enfant est très impressionnable, toute correction déplacée l'influence fâcheusement. Le droit d'employer la force et même d'émettre des jugements vis-à-vis de l'enfant impliquerait l'obligation d'être une véritable providence éducative.

L'exemple, plus que tous les autres moyens, l'exemple qu'on donne aux enfants contribue à leur éducation bonne ou mauvaise.

Les parents doivent élever l'enfant pour lui-même en vue de lui permettre d'atteindre plus tard son maximum de développement physique et moral.

Les parents comptent naturellement sur la reconnaissance des enfants pour tout ce que ceux-ci ont reçu d'eux. Cette gratitude, dans la réalité, n'égale jamais l'étendue du bien reçu parce que l'enfant regarde plus volontiers en avant qu'en arrière. Si la sympathie des parents est désintéressée comme elle doit l'être, ils ont aisément la sagesse d'en prendre leur parti. Leur récompense, ils doivent la chercher dans la valeur constatée de leur œuvre.

En Europe, l'Église a présidé longtemps à l'œuvre d'éducation générale. S'emparant de l'enfant dès sa naissance, elle a surtout vu en lui un moyen d'augmenter sa propre puissance. Faire de l'enfant un adepte à ses lois et un serviteur fidèle, tel est le but vers lequel s'est concentré tout son effort éducateur. Pour cela, elle a inculqué à l'enfant l'idée que cette vie n'est qu'un état transitoire et elle lui a fait entendre que l'obéissance est une vertu de grande valeur.

Pour l'enfant comme pour l'adulte, l'obéissance n'a aucune valeur par elle-même : elle ne peut être qu'un moyen. On ne saurait évidemment donner à l'enfant une liberté complète. S'il s'approche d'un abîme, seule l'obéissance à la voix qui l'avertit pourra le sauver. Là le temps manque pour entrer dans des explications, la confiance en la voix qui appelle doit suffire. Mais, dans tous les cas où il n'y a pas péril évident et immédiat, c'est l'enseignement rationnel, c'est la démonstration conduisant à la conviction personnelle qui doit être utilisée et qui doit engendrer, de la part de l'enfant, l'action spontanée.

Il faut aider progressivement l'enfant à la formation rationnelle des idées, à tirer de celles-ci leurs conséquences et à les éprouver dans le détail ; il faut développer sa faculté déductive et son sens critique. Il faut lui fournir l'occasion de faire lui-même des expériences fécondes et lui montrer la difficulté qu'on éprouve à parvenir à la connaissance exacte des choses (1).

Il faut enfin, par dessus tout, lui montrer que l'essentiel est d'avoir le cœur bon et la conscience pure.

La famille n'étant pas un monde fermé, et le droit à une vie indépendante étant reconnu à l'individu, il appartient

---

(1) Un mot encore à propos de l'éducation. Nous l'empruntons à M. le Dr Toulouse (*Revue* du 1er août 1908) :

« L'éducation étant une préparation à la vie, on ne doit pas s'obstiner à cacher aux jeunes gens ni aux jeunes filles les choses de la génération et des rapports sexuels, ni les accidents qui peuvent être la suite de ces relations. La lâcheté, c'est le mot, est épouvantable qui consiste, en pareille affaire, à s'en rapporter à l'enseignement mutuel des enfants qui s'instruisent en se corrompant. C'est une monstruosité. Il faut que, parvenus à l'âge de la puberté, garçons et filles soient renseignés gravement sur ces questions, sur ce qu'il faut qu'ils sachent, sur ce qu'il y a danger à ce qu'ils ignorent. Que le père instruise son fils, la mère sa fille, en encadrant ces questions dans un enseignement plus général d'anthropologie et d'hygiène... »

à l'État, personnification du groupement le plus étendu et le plus élevé, de tirer de cette reconnaissance les conséquences qu'elle entraîne.

L'État se charge de l'enfant abandonné, prend des mesures pour que les parents remplissent leur devoir et, au besoin, protège contre eux leurs propres enfants.

Ce ne sont pas seulement les mauvais traitements et la négligence des parents que l'État doit combattre. L'enfant devant être, ainsi que nous l'avons dit déjà, considéré comme s'appartenant à lui-même, le père ne doit, sous aucun prétexte capter en lui la liberté future de l'adulte. C'est cependant ce qu'a voulu et que veut encore l'Église. Elle incite les parents qui subissent son influence à façonner à son profit l'esprit de leurs enfants. C'est un véritable détournement de mineurs. Elle sait qu'élevé sous sa direction, l'enfant, parvenu à l'âge d'homme, ne pense qu'à travers l'enseignement reçu de ses maîtres et qu'il subit ainsi une emprise dont il lui est très difficile de s'affranchir. Ainsi l'Église, par un criant abus, obtient de l'enfant ce qu'elle n'aurait pu obtenir du même enfant devenu homme. Elle impose à la naïveté de l'un ce que la raison de l'autre aurait pu lui refuser.

Cette violence morale ne doit être admise ni de la part de l'Église ni de la part de la famille.

Quant à l'État, il lui appartient, sinon de distribuer, au moins de surveiller partout avec soin l'éducation et l'instruction. Mais qu'on ne s'y trompe pas, ce n'est nullement que nous entendions donner à l'État l'injustifiable privilège de soumettre l'enfant à son joug ; c'est simplement pour que, dans sa haute impartialité, il assure à l'enfant son droit de tout apprendre, de tout connaître, afin que, le défendant contre les abus tendancieux d'où qu'ils viennent, il fasse respecter son droit à toute la lumière.

Sous la haute direction de l'État, la sincérité parfaite, l'amour du vrai et l'amour du bien doivent présider à l'enseignement.

*
* *

L'Hygiène. — Pour arriver à l'état social amélioré, pour réaliser la plus grande somme possible de bien-être et de bonheur, les lois et prescriptions morales ne sont pas tout. Il est, dans un autre ordre d'idées, une condition de la plus grande importance qui doit maintenant appeler notre attention et à laquelle l'État doit s'intéresser vivement : c'est celle de la santé publique.

Le rôle que l'État s'est attribué à cet égard jusqu'à présent n'est qu'un début. Il a été et il est encore tout à fait insuffisant; il est à souhaiter qu'il augmente d'importance et cela le plus tôt possible.

Pour que soit favorisée la santé nécessaire à l'homme, favorable au travail, à la pensée, à la satisfaction, à la bonne humeur, à l'aménité dans les relations, à tous ces divers éléments qui concourent tant au bonheur, il existe une hygiène rationnelle et scientifique, pour ainsi dire souveraine. Il faut qu'elle forme l'un des articles les plus considérés de l'enseignement et il faut que ses principales prescriptions soient rendues obligatoires.

Pour cette raison, le rôle du médecin dans la société de demain doit augmenter d'importance.

Le rôle du prêtre est fini ou en train de finir; le rôle du médecin grandira. A ce sujet, il est une page du philosophe Nietzche que nous voulons citer ici :

« Il n'y a point aujourd'hui de profession qui donne lieu à un progrès aussi haut que celui du médecin; notamment depuis que les médecins spirituels, les soi-disant guérisseurs d'âmes ne peuvent plus exercer avec l'approbation publique leurs arts de conjuration, et qu'un homme cultivé se détourne d'eux sur son chemin. Le plus haut point de culture intellectuelle pour un médecin n'est pas atteint aujourd'hui quand il connait les meilleures méthodes modernes, qu'il y est exercé et qu'il sait faire ces conclusions rapides des effets aux causes, par quoi les diagnosticiens sont célèbres : il lui faut, en outre, avoir une éloquence qui s'accommode à chaque individu et lui tire le cœur du ventre, une virilité dont l'aspect seul chasse la timidité (ce ver rongeur de tous les malades), une souplesse diplomatique dans les rapports avec ceux qui doivent (et peuvent) se faire une joie des causes de santé, l'ingéniosité d'un juge d'instruction et d'un procureur à deviner les secrets d'une âme sans les trahir. Bref, un bon médecin a besoin aujourd'hui des procédés et des privilèges d'art de toutes les autres professions. C'est ainsi pourvu qu'il est en état de devenir un bienfaiteur pour la Société tout entière, par l'accroissement des bonnes œuvres, de la joie et de la fécondité intellectuelles ; par la protection contre les méchantes pensées, mauvais principes et rouéries (dont la source écœurante est si souvent le bas-ventre) ; par la reconstitution d'une aristocratie de corps et d'esprit (en faisant et en empêchant les mariages), par la bienfaisante suppression de tous les soi-disant tourments d'âme et remords de conscience. Ainsi, seulement, il deviendra de « médecin » un véritable « Sauveur » des hommes, et cela sans avoir besoin de faire aucun miracle ; inutile aussi qu'il se fasse mettre en croix ».

Ainsi donc, il importe que dans la Société de demain l'hôte intime des familles éprouvées, le confident des détresses, des misères qui affligent les situations élevées comme les plus inférieures, il importe que le médecin possède, en plus de son instruction technique, une haute culture philosophique et morale. Outre son rôle auprès des particuliers, il faut qu'il soit le conseiller des administrations publiques et que celles-ci aient constamment recours à sa compétence pour tout ce qui concerne la salubrité, les travaux, la tenue des agglomérations, celles des habitations, les réunions, les mesures sanitaires qu'il faut sans cesse renouveler et ne pas perdre de vue un seul instant.

*

On peut dire que l'humanité se divise, au point de vue du tempérament, en deux grandes classes : celle des arthritiques ou prédisposés à l'arthritisme, et celle des consomptifs ou prédisposés à la tuberculose, sinon déjà tuberculeux.

Tous les types, il est vrai, ne sont pas ainsi nettement caractérisés. Entre ces deux catégories, on trouve une masse, non pas de types normaux, le type complètement normal n'existe pas, mais de types très atténués, tendant vers l'une ou l'autre catégorie, sans qu'on puisse les ranger dans l'une plutôt que dans l'autre. Ce sont les plus heureux tempéraments, auxquels ne s'impose ni régime, ni correction.

Les arthritiques appartiennent aux classes aisées, dont le régime alimentaire toujours suffisant ou, pour parler juste, plus que suffisant, amène des troubles multiples, d'ordre chimique. Ces troubles sont causés par l'introduction dans l'économie de substances nocives, provenant de l'élaboration incomplète et de l'assimilation anormale des matériaux nutritifs.

La tendance aux rhumatismes est la manifestation la plus caractéristique de l'arthritisme.

Les consomptifs ou prédisposés à la tuberculose se rencontrent surtout dans les classes pauvres, dont l'alimentation est insuffisante.

Les arthritiques pèchent donc par excès et les consomptifs par défaut, dans le régime alimentaire.

Chez l'homme qui travaille, la nutrition doit équilibrer la dépense de force. Chez le jeune homme et la jeune fille il faut plus : il faut que la nutrition équivaille à la force exigée par le travail, plus la quantité nécessaire à la continuation du développement. Dans la classe ouvrière il arrive souvent que l'alimentation, à peine suffisante pour l'homme, ne l'est pas du tout pour le jeune homme et la jeune fille, et que ceux-ci s'arrêtent dans leur croissance et leur développement. Aussi voit-on, surtout dans les usines, où la qualité défectueuse de l'air est une circonstance aggravante, la taille moyenne des uns et des autres aller en décroissant de génération en génération.

C'est le moment de parler de l'alcool.

Les ravages de l'alcoolisme sont tellement évidents et graves, qu'on ne saurait prendre des mesures trop efficaces pour les combattre. Ce n'est pas à dire que l'alcool doive être totalement proscrit. L'alcool est un aliment d'une valeur relative, *pris à petite dose*, sous forme de vin naturel et non d'une manière continue. Outre ses excès, outre même son usage constant, qu'il faut absolument éviter, les essences qui se trouvent jointes à l'alcool dans les liqueurs et dans la plupart des vins fins sont nocives par elles-mêmes. Elles sont tout à fait toxiques dans l'absinthe. Les eaux-de-vie de bonne qualité sont peut-être la forme où l'alcool présenterait le moins de danger si l'on n'en usait qu'avec une extrême modération. L'État devrait prendre des mesures pour assurer leur composition.

Les tares pathologiques dues à l'alcool n'atteignent pas seulement l'individu. Elles se répercutent sur sa descendance, qui naît prédisposée à la tuberculose, à la méningite, à toutes sortes de maladies nerveuses.

La trop faible quantité d'oxigène absorbée par suite du séjour prolongé dans les locaux fermés et la présence de l'acide carbonique provenant de la respiration excite le mouvement de destruction organique. Il faut à l'animal humain comme aux autres animaux le grand air ou tout au moins un renouvellement d'air suffisant. Le calorifère des maisons riches, qui échauffe en dilatant l'air, est mauvais quelle que soit sa forme. Le feu de bois dans la vieille cheminée, qui échauffe par rayonnement et forme appel d'air, est excellent. Le système préconisé pour la maison confortable de l'avenir est celui des murs creux (1) contenant des appareils de chauffage, avec, dans les diverses pièces, des ouvertures spéciales favorisant le renouvellement constant de l'air.

Le défaut d'aération et l'humidité des logements pauvres entassés dans les quartiers excentriques des villes, par exemple dans le XX° arrondissement de Paris, sont au nombre des causes d'affaiblissement qui font de ceux qui habitent ces tristes lieux des victimes trop souvent certaines de la tuberculose et d'autres maladies dont les germes abondent là plus que partout ailleurs.

On sait, depuis les travaux de Pasteur et de ses successeurs, que l'air qui nous environne, le sol où nous marchons, la surface des murs, celle de tous les objets, les eaux que nous puisons pour tant d'usages, tout, autour de nous, est rempli de microbes infiniment petits. La plupart sont inoffensifs ; mais un certain nombre sont des germes pathogènes très dangereux ; par eux, les maladies nous menacent constamment. Mais les mêmes travaux biologiques nous ont appris ensuite que celles-ci sont évitables et comment nous pouvons les éviter.

En ce qui concerne l'arthritisme, on doit tout attendre de la connaissance et de la pratique du régime alimentaire approprié. Déjà une spécialité scientifique nouvelle est en

---

(1) Déjà connu dans l'antiquité.

train d'obtenir un grand crédit auprès du public sous le nom de *science de l'alimentation*.

Pour les consomptifs et prédisposés, il y a d'abord une question économique dont la solution extrêmement difficile est d'ordre social : celle des moyens pécuniaires nécessaires pour s'alimenter convenablement.

Reste la question si importante aussi des moyens prophylactiques et des lois et réglementations hygiéniques.

Il y a, nous l'avons dit, des agglomérations de logements pauvres qui sont d'abominables foyers d'infection et de contamination, des centres de cultures microbiennes de toutes sortes, épouvantables. Il est des quartiers entiers qu'il faudrait, dans l'intérêt de tous, pouvoir assainir, ou plutôt détruire en en brûlant les débris, pour y construire ensuite de petites habitations non humides, très aérées, très accessibles à la lumière du soleil.

Les eaux que nous puisons dans la terre sont presque partout remplies d'infiltrations de détritus contaminés. Les villes devront, par la captation de sources pures, fournir cet aliment indispensable dans de bonnes conditions de sécurité.

Certains usages dangereux pour le public tels que celui de cracher à terre devront être absolument interdits.

Les personnes atteintes de maladies contagieuses devront être isolées. Autrefois on s'est débarrassé de la lèpre par les léproseries ; on se débarrassera de la tuberculose par les tuberculoseries.

Pour la jeunesse, il faudra joindre à l'enseignement méthodique de l'hygiène, la pratique rationnelle des exercices vraiment utiles au développement du corps, des membres et du cerveau. La gymnastique que nous connaissons est condamnée. Les exercices avec agrès sont un sport qui, à notre point de vue actuel, offre beaucoup plus d'inconvénients que d'avantages. Les exercices d'ensemble et d'assouplissement sont tout au plus une parade propre à occuper un moment l'attention du public dans les fêtes officielles. Les résultats donnés par la méthode allemande sont mauvais. Seule, la gymnastique suédoise a prouvé par une expérience de près de cent ans comment l'application de sa méthode si rationnelle, si scientifique, peut régénérer un peuple. Elle exige chez ceux qui l'enseignent une connaissance exacte des muscles, des articulations, des leviers et de leurs points d'appui dans la machine humaine. Ajoutons que depuis que le lieutenant-colonel Coste a pris le commandement de l'école de Joinville, après documentation puisée sous sa direction à l'Institut de Stockholm, un enseignement rationnel de gymnastique éducative suédoise existe à Joinville. Quatre cents instituteurs le suivent annuellement (1). Lorsqu'il sera appliqué dans les écoles primaires et dans la famille, la mère constatera que son enfant se développe mieux, se fortifie et devient plus beau.

Remarquons encore que les exercices qui consistaient jadis à faire jouer les enfants tous ensemble au grand air sous une direction générale, les barres, la balle, etc., étaient excellents. Nous n'aurions rien à redire aux sports de *foot-ball* et autres, n'était un certain caractère de snobisme qui leur est propre, tels, du moins, que nous les voyons actuellement pratiqués.

Avec la consomption, l'arthritisme et l'alcoolisme, il est un quatrième fléau de la santé publique : c'est la syphilis.

---

(1) Il est question de fonder cinq écoles régionales d'éducation physique et une école normale civile de gymnastique rationnelle. Ce serait le moyen d'abréger le long délai qu'il faudra pour doter le pays de maîtres compétents dans cette spécialité si importante.

On sait de quelle déchéance ce mal menace les individus et leur descendance. On sait aussi que toute prostituée, au bout de trois années au maximum d'exercice, est devenue syphilitique. L'État a pensé qu'en soumettant la prostitution à des réglementations spéciales, il remplissait un devoir strict vis-à-vis de la salubrité nécessaire. Il y a là un triple problème : problème de droit, problème d'hygiène et problème de morale. De longues discussions ont eu lieu entre partisans de cette réglementation et abolitionnistes. Nous ne pouvons nous y étendre ici. La connaissance du mal, celle des moyens prophylactiques doivent être opportunément enseignés.

Ajoutons que de nouvelles recherches sur la syphilis, permettent d'espérer, contre ce mal, une vaccination possible et un remède plus efficace et plus pratique que ceux employés jusqu'ici ; cela faciliterait, en même temps, toutes les solutions cherchées dans cette délicate question.

L'ART

« L'homme ne vit pas seulement de pain.... »

Cette phrase que, dans un passage reconnu interpolé, l'évangile de Mathieu fait prononcer à Jésus en l'empruntant au Deutéronome, est souvent citée, (détournée de sa signification primitive) pour indiquer qu'en dehors de sa vie matérielle l'homme a des besoins intellectuels. Nous la plaçons volontiers en tête de ce chapitre, où nous nous proposons de parler des arts de beauté, c'est-à-dire des œuvres humaines qui excellent par l'esprit, et pour lui, qui touchent l'âme en lui faisant éprouver un sentiment de plaisir; et de ce qu'il y a de divin, c'est-à-dire de plus élevé, dans les productions de l'homme.

Qu'est-ce que le beau ? « Le beau, dit Kant, c'est ce qui plaît, sans que l'*intérêt* s'en mêle. » Cela est exact autant qu'on maintient au mot *intérêt* son sens matériel, pratique ou terre à terre. Cependant, le beau a pour nous un réel intérêt, un intérêt moral et d'ordre supérieur. Stendhal appelle la beauté « une promesse de bonheur ». Cela peut s'entendre ainsi. Pourtant, la contemplation du beau est un peu plus qu'une promesse : c'est un plaisir et même un bonheur momentanément réalisé. Ce moment-là, Schopenhauer le proclame souverain bien, il en fait le partage des dieux. « Pendant qu'il dure, ajoute-t-il, nous échappons à la contrainte du laborieux vouloir. » De fait, on oublie alors ce qu'ont de pénible les impérieuses obligations de la vie journalière. « La roue d'Ixion s'arrête (1) », nous sommes un instant délivrés de la torture coutumière des travaux, des passions et des peines. C'est le propre de la beauté d'élever et de purifier ce qui l'approche. Du peuple esclave, l'art contribue à faire le peuple conscient, libre et fier.

C'est un impérieux devoir pour un gouvernement soucieux de l'avenir de la démocratie de mettre l'art à la portée du peuple par les écoles, par les cours et conférences, par les musées et les expositions.

« *Le plaisir instruisant par la voix des beaux arts*
« *Embellira la vie..... »*

a dit J. Chénier.

**

Les beaux-arts sont : l'Architecture, qui fut le premier en date, la Sculpture, la Peinture, la Littérature (qui comprend l'Éloquence, la Poésie, etc.), la Musique et, subsidiairement, la Danse.

Chacun de ces arts est toujours pour l'esprit un symbole. Il marque, de plus, le caractère et le degré de civilisation des peuples. Étudions-les séparément et brièvement.

**

L'Architecture — « Des arbres brisés ou taillés avec les premières haches, (ces haches de silex qu'on trouve maintenant presque partout); des branches jointes au-dessus du sommeil des femmes et des enfants : voilà la première maison, voilà la première architecture.

(1) Ixion, roi des Lapithes, fut précipité dans le Tartare par Jupiter et attaché sur une roue qui tournait toujours. (Mythologie grecque.)

« Puis, si l'un de ces êtres nus... remue la terre près du campement avec l'aide de plusieurs et se hausse sur ce tumulus pour regarder la direction que suivra la caravane inquiète et toujours fuyante, la butte de terre, par une loi physique inconnue d'eux, prendra invinciblement la forme triangulaire et la pyramide sera inventée.

« Ces deux formes génératrices : le tronc simple et beau, colonne grossière des premiers jours, surmontée de branchages, et la pyramide de terre, figure géométrique éternellement simple, logique et belle : de là naîtront toutes les lois architecturales (1) ».

En Asie, dans la Chaldée, puis en Afrique, dans l'Égypte où avait émigré une race asiatique, dans ces deux pays se trouvent et les plus anciennes traces de civilisation et les premiers monuments d'architecture savante et de sculpture. Dans la Perse, dans l'Inde et la Chine se développent aussi ces arts plusieurs mille ans avant que se manifeste rien de semblable dans cette Europe qui devait plus tard dépasser toutes les contrées primitives.

L'idée religieuse, née de la peur des phénomènes naturels et de l'ignorance de leurs causes, fit sculpter des idoles et élever des temples qui, parfois prodigieux de grandeur, furent aussi des maisons communes et des forteresses.

Les origines de la beauté artistique sont souvent très laides. Il faut bien des siècles d'effort pour épurer les formes de l'Art. Mais l'Art donne toujours la mesure de la valeur d'une race. Aussi, lorsqu'on arrive à ce que Renan appelle « le miracle de l'Hellénisme », on voit que la Grèce du Ve siècle avant J.-C. présenta pour la première fois dans le monde ancien le triomphe de la pure intelligence et de la raison : de celles-ci, son art fut la lumière,

---

(1) GUILLAUME DUBUFE, *La valeur de l'Art*.

la gloire et la joie. Ses temples sont par leur structure méthodique, élégante, majestueuse et simple, une leçon éternelle de raison, de conscience et de sincérité. Ses statues sont de divines beautés en leur vérité d'expression et en leur marbre immaculé.

Rome, venue en conquérante, emporta avec les belles œuvres de la Grèce son âme artistique encore vivante et, en architecture comme en sculpture, fut sa continuatrice. Mais ses œuvres furent souvent plus grandes et moins belles.

Vint ensuite l'art chrétien qui déforma la nature et nous valut, en sculpture et plus tard en peinture, de véritables hideurs. Les saints et les madones peinturlurées que l'on offre de nos jours à la dévotion des fidèles, sont le témoignage d'une décadence artistique et intellectuelle difficile à qualifier.

Cependant, en architecture, la piété du Moyen-Age et de la Renaissance a produit ces chefs-d'œuvre qu'on appelle les cathédrales. Elle a développé l'art de la mosaïque, sculpture par la matière, peinture par l'aspect, qui avait orné déjà des palais asiatiques. Alors l'idéal grec si purement rationnel est oublié. On fait des constructions hybrides et magnifiques dont Sainte-Sophie de Constantinople est le premier type. La coupole, dès longtemps pratiquée en Perse, est retrouvée en ses lois difficiles. Puis ce sont les édifices purement gothiques que l'on a comparés à des forêts et dont quelques-uns sont d'incontestables merveilles de beauté, symbolisant admirablement l'aspiration de l'âme vers le Ciel.

Ce serait sortir de notre cadre que d'entrer ici dans de plus amples considérations sur les différents ordres d'architecture : égyptienne, assyrienne, hindoue, juive, persique, grecque, romaine, celtique, byzantine, arabe, moresque, romane, gothique, de la Renaissance et enfin moderne. Chacune symbolyse l'état d'esprit des lieux et des temps. Mais, désormais, deux éléments nouveaux, la démocratisation des pouvoirs et la fin des religions, semblent devoir porter un coup funeste à l'architecture en tant que grand art. L'effort séculaire que nécessita la construction des cathédrales impliquait une foi qui n'est plus. La dépense énorme et la collaboration servile des foules de travailleurs (1) qu'il fallut pour l'édification splendide des palais devant renfermer la majesté divine ou royale, n'a plus ni sa possibilité ni sa raison d'être.

L'effort des architectes paraît devoir se concentrer de plus en plus sur l'utilitaire, sur le confortable et sur le luxe quand la richesse leur est en aide. Ces éléments les mènent quelquefois, pas toujours, à l'élégance et à la beauté, rarement à l'originalité.

Les édifices publics récents ne sont pas très heureux, ou bien sont des copies du passé. Peut-être l'avenir, dans cet ordre d'idées, réserve-t-il à qui vivra d'agréables surprises. Il y a toujours eu, dans la succession des âges, des alternances de grandeur et d'infériorité.

La Sculpture. — Il y a deux genres de sculpture : la *ronde bosse*, qui possède le plein relief des corps vivants, de tous côtés, et dont on peut faire le tour ; le *bas relief* où les figures sont adhérentes à un fond plat, concave ou convexe (2). Il existe aussi la *glyptique* ou gravure des médailles, des monnaies ou des pierres fines, qui peut

---

(1) La construction de la cathédrale de Strasbourg au XI° siècle nécessita l'emploi de plus de 100,000 hommes. A l'appel des évêques, on vit des ouvriers venir en bande des provinces de Leuctrie et du fond de l'Autriche.
Pour élever les murs de Babylone, on a calculé qu'il avait fallu employer plus de 400,000 hommes travaillant à la fois. Salomon réunit, pour bâtir le temple, 70,000 manœuvres portant les matériaux, tandis que 80,000 hommes taillaient les pierres à même les montagnes.

(2) *Demi-relief, haut-relief* ou *demi-bosse* selon le degré de saillie.

être considérée comme une branche de la sculpture en bas-relief.

Les figures exécutées en ronde bosse prennent le nom de statues lorsqu'elles sont entières, de bustes lorsqu'elles ne représentent que la partie supérieure du corps, et d'hermès (1) lorsque ces bustes (ou têtes), faits pour l'ornementation, se terminent dans le bas par une sorte de gaine architecturale.

Autrefois, on appelait plus spécialement sculpteur l'artiste qui travaillait le marbre avec le ciseau, et statuaire celui qui faisait des statues de bronze ou moulait des substances molles que le temps ou le feu devaient durcir.

La sculpture a existé dès la plus haute antiquité, suivant de près l'architecture, dont elle fit souvent l'ornement (ne fût-ce que par la représentation de feuillages ou d'arabesques), et servant avec elle à donner une forme concrète aux idéals religieux.

En Asie et en Egypte, elle fut surtout emblématique.

En Grèce, affranchie de l'influence des prêtres et pénétrée de l'étude attentive et passionnée de la nature qu'elle voulut idéaliser en la respectant, elle montra tout ce que peuvent concentrer de grâce, d'élégance, de chaleur et de puissance dans une œuvre humaine, l'habileté de l'artiste, l'imagination poétique et l'amour du vrai.

Plus tard, quand l'Église triompha, cet art, qu'on dit le plus difficile, tomba dans la vulgarité commerciale, et les prêtres, comme pour compléter l'abêtissement de leur clientèle, lui donnèrent à vénérer, sous le nom de saints et de vierges, des horreurs telles qu'on en trouve encore dans la plupart des temples catholiques.

(1) Nom spécial de Mercure ainsi représenté.

A la renaissance, les véritables artistes en revinrent à l'étude des réalités. La statuaire fut ramenée à l'imitation de l'antique et enrichit le monde de nouveaux chefs-d'œuvre.

De nos jours la sculpture s'est efforcée de se dégager des traditions acquises et, par un puissant effort personnel mais de plus en plus inspiré par l'étude de la nature, elle a donné des œuvres très remarquables de grâce, de vigueur, de mouvement et d'originalité

La Peinture. — L'emploi de la couleur eut primitivement pour objet de colorier les objets sculptés, d'en accentuer le relief, les saillies et les fonds. Il est d'abord limité à deux ou trois tons assez rudement harmonisés. On en mit sur les vases d'usage courant. Chez les Égyptiens et chez les peuples d'Asie, on coloriait les ornements, les emblèmes, les hiéroglyphes, on décorait des surfaces murales. Plus tard seulement, on produisit des œuvres uniquement traitées au pinceau. La peinture grecque de l'époque mycéienne (IXe et VIIIe siècles avant notre ère) est représentée par des scènes polychromes où se retrouve l'influence égyptienne et asiatique.

Cet art se perfectionne dans les siècles suivants, des peintres nommés Agatharque et Appollodore trouveront, l'un les lois de la perspective, l'autre celles du clair-obscur, c'est-à-dire la manière de traiter la lumière et les ombres, procédés qui se complètent pour produire l'illusion visuelle de la réalité.

Rome eut recours aux peintres grecs, puis, vers le temps d'Auguste, cultiva un genre de peinture décorative (paysages, vues de villes), imité des Alexandrins (Pompéi).

Les chrétiens des catacombes adaptèrent à leurs croyances les motifs de l'art païen et se créèrent une symbolique propre, souvent laide, limitée par un formalisme étroit, parfois aussi, riche et brillante.

Au moyen âge, c'est dans les églises et dans les monastères que s'épanouit la peinture occidentale. L'emploi de l'huile (1) et des tableaux portatifs date de cette époque (XIIe, XIIIe siècles). A partir du XIVe siècle commencent à se distinguer les écoles nationales, italienne (ombrienne, florentine, vénitienne, etc.), flamande, hollandaise, française, allemande, espagnole, etc. Les musées et galeries, (parfois les églises), dans tous les pays, sont riches de chefs-d'œuvre datant de cette période.

On recherche dans la peinture l'expression de la vérité naturelle ou le symbole sincère et véridique. On fixe sur la toile, avec la beauté d'un site ou les traits d'êtres humains, la poésie, le génie, l'intelligence, les passions, les caractères, les faits historiques, les mœurs, etc., etc. Mais, qu'il s'agisse d'idéal ou de réalisme, de la qualité du dessin, de l'harmonie des couleurs, de l'agencement des personnages, de l'intimité ou de la grandeur des scènes, de l'intensité de la lumière ou du mystère de l'ombre, de la pureté des traits ou de l'ingéniosité de l'image, c'est toujours la vérité dans l'expression cherchée et réalisée, qui triomphe à bon droit.

Raphaël, dans ses portraits immortels, a peint son époque avec le caractère historique des hommes, de même que Ingres a fixé l'âme avec la physionomie de la bourgeoisie de son temps, en faisant le portrait de Bertin. Corot, Millet, Th. Rousseau, etc., chacun en un genre très différent, ont immobilisé pour nos yeux enchantés la poésie des champs et des bois. Delacroix, J. P. Laurens, parmi beaucoup d'autres, ont ressuscité pour toujours,

---

(1) La peinture à l'huile, essayée aux XIIIe et XIVe siècles en Italie, notamment par Giotto, puis en Flandre par Jean de Bruges, ne fut réalisée avec un succès définitif qu'au commencement du XVe siècle par les frères Van Eyck, à Gand.

avec leur caractère de grandeur ou de réalisme profond, des scènes marquantes de l'histoire.

Divulguée, la connaissance rationnelle de cet art sera l'un des moyens les plus séduisants d'éducation de l'âme populaire.

La Littérature. — La Littérature, appelée aussi les *belles-lettres*, est l'art ou la science de l'écrivain. L'éloquence parlée fait également partie de la Littérature.

La Littérature n'exista d'une manière durable qu'avec l'écriture. Longtemps, les poésies et les récits se sont transmis oralement ; on appelait *aèdes*, dans les pays de langue grecque, ceux qui les apprenaient, les disaient et les transmettaient.

Les monuments hiéroglyphiques et les stèles couvertes de caractères cunéiformes sont les plus anciens documents littéraires. Longtemps, on écrivit ainsi sur la pierre, sur le bois, sur des peaux, sur des métaux, plomb, bronze, etc. Le papyrus fut connu plus de 3.000 ans avant notre ère ; on en possède encore un certain nombre de spécimens, bandes longues et roulées, couvertes de signes scripturaux. On voit, au Musée du Louvre, une statue de pierre datant de la Ve dynastie (1) égyptienne et représentant un scribe déroulant sur ses genoux un tel livre, tout pareil à ceux que les tombeaux d'Égypte nous ont livrés. Le parchemin, originaire d'Asie, comme le papyrus d'Égypte, servit aussi, pendant de longs siècles, de véhicule aux idées, aux récits des faits et aux textes des lois. Le papier de riz fut connu des Chinois dès la plus haute antiquité ; et les Espagnols, lors de la conquête de l'Amérique, trouvèrent les Mexicains en possession d'un papier indigène fait d'agavé (plante semblable à l'aloès).

---

(1) Plus de 3.000 ans avant notre ère.

Tant qu'il fallut écrire, copier et recopier à la main, l'écriture et la lecture furent le privilège d'un très petit nombre d'hommes et l'on n'écrivait que les choses que l'on trouvait très importantes. Aussi tout ce qui *était écrit* prenait, par cela même, un prestige et une autorité considérables.

C'est par des papyrus conservés, puis copiés et recopiés autant de fois que le nécessita l'usure résultant de l'usage que nous ont été transmis tous les ouvrages anciens que nous possédons. Mais combien ont été altérés ou modifiés par les copistes, au gré de ce que l'on pensait au moment de leur reproduction, combien ont été abandonnés, perdus ou détruits, qui nous seraient aujourd'hui infiniment précieux ?

Au XVe siècle, Gutenberg (et peut-être autant que lui des inconnus), invente l'imprimerie et lègue à l'humanité le plus puissant moyen qui soit de divulguer la pensée et l'art de penser ainsi que les bienfaits de la science, et le sûr moyen de conservation des œuvres de l'esprit. Depuis cette époque, aucun art ne s'est autant répandu, propagé et vulgarisé que la littérature. Bien peu de gens à présent passent un jour sans lire au moins un journal, et la pensée, remuée en tous sens, prend son libre essor au mépris des vieilles entraves qui l'ont si longtemps enchaînée.

Il existe dans la littérature deux grandes divisions : la *prose* et la *poésie* ou mieux la *prose* et les *vers* car il est des poèmes non asservis à la métrique des vers, des poèmes en prose ou des morceaux de prose véritablement poétiques.

Dans la prose, les idées sont exprimées sans autre règle d'assemblage des mots que celles exigées par la correction grammaticale et la clarté. Dans les vers, au contraire, les mots sont mesurés et assemblés selon certaines règles fixes et déterminées.

La poésie, avons-nous dit, peut être exprimée en prose ou en vers quoique cette dernière forme soit plus généralement adoptée par les poètes.

« Autrefois, dans les temps antiques, ou même en tout temps, à un certain état de société commençante, la poésie, loin d'être une espèce de rêverie singulière et de noble maladie, comme on le voit dans les sociétés avancées, a été une faculté humaine, générale, populaire, aussi peu individuelle que possible, une œuvre sentie *de tous*, chantée *par tous*, inventée par quelques-uns sans doute, mais inspirée d'abord et bien vite possédée et remaniée par la masse de la tribu, de la nation. A mesure que la civilisation gagne, que la société s'organise et se raffine, la poésie, primitivement éparse, se concentre sur quelques têtes et s'individualise de plus en plus. Il y a un admirable moment où l'élite, sinon l'ensemble d'une société, demeurant capable de participer à l'œuvre de poésie, cette œuvre tout élaborée lui est offerte par d'illustres individus privilégiés qui seuls ont acquis et mûri l'art de charmer avec profondeur, d'enseigner avec enchantement (1) ».

Tandis que l'éloquence s'adresse plutôt à l'intelligence et à la raison, la poésie s'adresse à la sensibilité et à l'imagination. Elle provoque la douce ou profonde émotion, elle répond à nos sentiments, fixe les plus vagues, satisfait les plus forts, exprime avec puissance, grandeur et beauté, les passions du cœur; enfin, elle divinise, pour ainsi dire, les événements. « Elle saisit l'homme, dit Lamartine, par son humanité tout entière, idée pour l'esprit, image pour l'imagination et musique pour l'oreille. »

(1) *Sainte-Beuve*, Alfred de Vigny.

« Faire des vers, s'écrie le *Gringoire* de Théodore de Banville, cela consiste à arranger entre eux des mots qui occupent les oreilles comme une musique obstinée ou, tant bien que mal, peignent au vif toutes choses, et parmi lesquels s'accouplent de temps en temps des sons jumeaux dont l'accord semble tintinnabuler comme clochettes d'or... Dans les temps qui sont loin derrière nous, il (le poète) entraînait sur ses pas des armées, et il leur donnait l'enthousiasme qui gagne les batailles héroïques ! Un peuple de sages et de demi-dieux écoutait son luth comme une voix céleste et couronnait son front d'un laurier vert !...

« ..... Les douleurs des autres, il les souffre ; ..... les pleurs inconnus, les sanglots qu'on ne peut entendre passent dans sa voix, se mêlent à son chant et, une fois que ce chant ailé, palpitant, s'est échappé de son cœur, il n'y a ni glaive ni supplice qui puisse l'arrêter ; il voltige au loin, sans relâche, à jamais, dans l'air et sur les bouches des hommes. Il entre dans le château, dans le palais, il éclate au milieu du festin joyeux et il dit aux princes de la terre :

« Rois qui serez jugés à votre tour,
Songez à ceux qui n'ont ni sou ni maille ;
Ayez pitié du peuple tout amour,
Bon pour fouiller le sol, bon pour la taille
Et la charrue, et bon pour la bataille ;
Les malheureux sont damnés, — c'est ainsi !
Et leur fardeau n'est jamais adouci.
Les moins meurtris n'ont pas le nécessaire,
Le froid, la pluie, et le soleil aussi,
Aux pauvres gens tout est peine et misère ! »

Citons maintenant un de nos plus grands poètes et voyons combien sont musicales à l'oreille et combien ravissantes pour l'esprit ces stances si connues, de Lamartine :

Ainsi, toujours poussés vers de nouveaux rivages,
Dans la nuit éternelle emportés sans retour,
Ne pourrons-nous jamais sur l'Océan des âges
  Jeter l'ancre un seul jour ?

O lac ! l'année à peine a fini sa carrière,
Et près des flots chéris qu'elle devait revoir,
Regarde ! je viens seul m'asseoir sur cette pierre
  Où tu la vis s'asseoir.

Un soir t'en souvient-il ? Nous voguions en silence,
On n'entendait au loin, sur l'onde et sous les cieux,
Que le bruit des rameurs qui frappaient en cadence
  Tes flots harmonieux.

Tout-à-coup des accents inconnus à la terre
Du rivage charmé frappèrent les échos ;
Le flot fut attentif et la voix qui m'est chère
  Laissa tomber ces mots :

« O temps suspends ton vol, et vous heures propices,
  Suspendez votre cours !
Laissez-nous savourer les rapides délices
  Des plus beaux de nos jours !

« Assez de malheureux ici bas vous implorent
  Coulez, coulez pour eux ;
Prenez avec leurs jours les soins qui les dévorent ;
  Oubliez les heureux.

. . . .

Temps jaloux, se peut-il que ces moments d'ivresse
Où l'amour à longs flots nous verse le bonheur
S'envolent loin de nous de la même vitesse
  Que les jours de malheur ?

. . . .

O lac! rochers muets! grottes! forêt obscure!
Vous que le temps épargne ou qu'il peut rajeunir,
Gardez de cette nuit, gardez, belle nature,
   Au moins le souvenir!

. . . .

Que le vent qui gémit, le roseau qui soupire,
Que les parfums légers de ton air embaumé,
Que tout ce qu'on entend, l'on voit ou l'on respire,
   Tout dise : « Ils ont aimé! »

On n'admettrait pas que nous omettions, dans ce chapitre, de citer, aux côtés de Lamartine, Victor Hugo, comme lui animé du grand souffle poétique, et gloire, avec lui, plus retentissante peut-être même, sinon plus digne, de la poésie française.

Quoi de plus solennel, de plus largement poétique, de plus éloquent et de plus émouvant tout à la fois que ce fragment de **Napoléon II** :

Mil huit cent onze! — O temps où des peuples sans nombre
Attendaient prosternés, sous un nuage sombre,
   Que le ciel eût dit oui!
Sentaient trembler sous eux des états centenaires!
Et regardaient le Louvre entouré de tonnerres
   Comme un mont Sinaï!

Courbés, comme un cheval qui sent venir son maître,
Ils se disaient entre eux : — Quelqu'un de grand va naître!
L'immense empire attend un héritier, demain.
Qu'est-ce que le Seigneur va donner à cet homme
Qui, plus grand que César, plus grand même que Rome,
Absorbe, dans son sort, le sort du genre humain?

Comme ils parlaient, la nue éclatante et profonde
S'entrouvrit, et l'on vit se dresser sur le monde.

>   L'homme prédestiné,
> Et les peuples béants ne purent que se taire,
> Car ses deux bras levés présentaient à la terre
>   Un enfant nouveau né.

Au souffle de l'enfant, dôme des Invalides,
Les drapeaux prisonniers sous tes voûtes splendides
Frémirent, comme au vent frémissent les épis ;
Et son cri, ce doux cri qu'une nourrice apaise,
Fit, nous l'avons tous vu, bondir et hurler d'aise
Les canons monstrueux à ta porte accroupis !

Et lui, l'orgueil gonflait sa puissante narine ;
Ses deux bras, jusqu'alors croisés sur sa poitrine,
   S'étaient enfin ouverts !
. . . .
Quand il eut bien fait voir l'héritier de ses trônes
Aux vieilles nations, comme aux vieilles couronnes,
Éperdu, l'œil fixé sur quiconque était roi,
Comme un aigle arrivé sur une haute cime,
Il cria, tout joyeux, avec un air sublime :
— L'avenir ! l'avenir ! l'avenir est à moi !

>   Non, l'avenir n'est à personne !
>   Sire ! l'avenir est à Dieu !
>   A chaque fois que l'heure sonne,
>   Tout ici bas nous dit adieu !
>   L'avenir ! l'avenir ! mystère !
>   Toutes les choses de la terre,
>   Gloire, fortune militaire,
>   Couronne éclatante des rois,
>   Victoire aux ailes embrasées,
>   Ambitions réalisées,
>   Ne sont jamais sur nous posées
>   Que comme l'oiseau sur nos toits.

Non, si puissant qu'on soit, non, qu'on rie ou qu'on pleure,
Nul ne te fait parler, nul ne peut avant l'heure
    Ouvrir ta froide main,
O fantôme muet, ô notre ombre, ô notre hôte,
Spectre toujours masqué qui nous suis côte à côte,
    Et qu'on nomme demain !

        O demain, c'est la grande chose !
        De quoi demain sera-t-il fait ?
        L'homme aujourd'hui sème la cause,
        Demain, Dieu fait mûrir l'effet.
        Demain, c'est l'éclair dans la voile,
        C'est le nuage sur l'étoile,
        C'est un traître qui se dévoile,
        C'est le bélier qui bat les tours,
        C'est l'astre qui change de zone,
        C'est Paris qui suit Babylone ;
        Demain c'est le sapin du trône,
        Aujourd'hui c'en est le velours !
Demain, c'est le cheval qui s'abat blanc d'écume.
Demain, o conquérant, c'est Moscou qui s'allume,
        La nuit, comme un flambeau.
C'est votre vieille garde au loin jonchant la plaine.
Demain, c'est Waterloo ! demain, c'est Sainte-Hélène !
        Demain, c'est le tombeau !
. . . .
. . . .

Ajoutons à ces citations l'extrait suivant de la *Nuit de Mai* d'Alfred de Musset. Quoi de plus suave que les vers suivants :

    Poëte, prends ton luth et me donne un baiser ;
    La fleur de l'églantier sent ses bourgeons éclore.
    Le printemps naît ce soir ; les vents vont s'embraser
    Et la bergeronnette, en attendant l'aurore,
    Au premier buisson vert commence à se poser.
. . . .

Poète, prends ton luth ; le vin de la jeunesse
Fermente cette nuit dans les veines de Dieu.
Mon sein est inquiet, la volupté l'oppresse,
Et les vents altérés m'ont mis la lèvre en feu.
. . . .
Viens, chantons devant Dieu ; chantons dans tes pensées ;
Partons, dans un baiser, pour un monde inconnu.
. . . .
Chanterons-nous l'espoir, la tristesse ou la joie ?
Tremperons-nous de sang les bataillons d'acier ?
Suspendrons-nous l'amant sur l'échelle de soie ?
Jetterons-nous au vent l'écume du coursier ?
Dirons-nous quelle main, dans les lampes sans nombre
De la maison céleste, allume nuit et jour
L'huile sainte de vie et d'éternel amour ?
Crierons-nous à Tarquin : « Il est temps, voici l'ombre ! »
Descendrons-nous cueillir la perle au fond des mers ?
Mènerons-nous la chèvre aux ébéniers amers ?
Montrerons-nous le ciel à la Mélancolie ?
Suivrons-nous le chasseur sur les monts escarpés ?
La biche le regarde ; elle pleure et supplie ;
Sa bruyère l'attend ; ses faons sont nouveau-nés ;
Il se baisse, il l'égorge, il jette à la curée,
Sur les chiens en sueur, son cœur encore vivant.
. . . .
Dirons-nous aux héros des vieux temps de la France
De monter tout armés aux créneaux de leurs tours,
Et de ressusciter la naïve romance
Que leur gloire oubliée apprit aux troubadours ?
Vêtirons-nous de blanc une molle élégie ?
L'homme de Waterloo nous dira-t-il sa vie
Et ce qu'il a fauché du troupeau des humains... ?
Prends ton luth ! Prends ton luth ! je ne puis plus me taire ;
Mon aile se soulève au souffle du printemps.....

Nous avons tenu à citer ici ces trois grands poètes français devenus classiques, Hugo, Lamartine et Musset.

Dans une autre partie de cet ouvrage déjà nous avions cité Leconte de Lisle. Très nombreux sont ceux qui seraient dignes d'être cités encore... Nous voudrions pouvoir parler aussi des grands poètes étrangers : de l'anglais Shakespeare, de l'allemand Goethe, etc., etc.

Nous ne croyons pas devoir étendre ainsi les proportions de cet ouvrage. Mais il importe que la jeune démocratie apprenne à connaître les chefs d'œuvre de ces grands esprits et de tant d'autres plus anciens ou plus modernes ; il importe qu'elle apprenne à apprécier les poètes et à les aimer ; cela est nécessaire au bien de la civilisation, au progrès des mœurs sociales.

L'éloquence parlée s'est produite en tant de circonstances et si grandement qu'il serait embarrassant de faire un choix parmi les nombreux discours aujourd'hui consacrés par la postérité ou l'opinion. Nous en citerons un exemple que nous empruntons à nos souvenirs personnels et qui, à notre connaissance, n'a pas été reproduit ailleurs.

Il s'agit d'une improvisation de l'immortel tribun que fut Gambetta. C'était en 1878 à l'époque du centenaire de Voltaire. Pour manifester leur haine de l'illustre précurseur de la Révolution et décrier par avance les solennités qu'on préparait en son honneur, les cléricaux d'alors trouvèrent ingénieux de se répandre en manifestations bruyantes en faveur de Jeanne d'Arc et de dresser la mémoire de l'héroïne patriote contre celle de l'écrivain. Dans une conférence au Cirque d'hiver, qui fut faite par Spuller mais que présida Gambetta, à la fin de la séance, on sollicita celui-ci par des acclamations de reprendre la parole. Il n'avait dit que quelques mots au début et quelques mots ensuite et il se retirait, cela ne suffisait pas à la foule pleine de sympathie et d'admiration pour lui.

Ainsi rappelé par des cris unanimes, Gambetta, un peu malgré lui, revint au fauteuil et parut chercher que dire. Après un préambule quelconque, il en arriva à la question qui passionnait l'opinion, l'antagonisme calculé qu'on élevait entre ces deux gloires nationales, Jeanne d'Arc et Voltaire. Dans un magnifique mouvement oratoire il enleva l'assemblée ; nous n'en pouvons malheureusement citer que les derniers mots : « ... Et quant à moi, je me sens assez libre d'esprit pour être à la fois un dévot de Jeanne la Lorraine et un disciple et un admirateur du philosophe de Ferney ! » Cette éloquente conclusion lancée d'une voix vibrante répondait si bien au sentiment intime de l'immense auditoire que des bravos enthousiastes et prolongés éclatèrent de toutes parts.

Cette citation de quelques mots sortis de la bouche de l'un de ceux qui ont le plus honoré la tribune française et fréquemment atteint les plus hauts sommets de l'éloquence, cette citation est aujourd'hui redevenue d'actualité. Plus que jamais l'Eglise exploite le nom de l'héroïne de Domrémy. Jeanne, brûlée jadis comme « hérétique et apostate » est béatifiée et fêtée par les prêtres, les évêques et le pape, successeurs et continuateurs de ses bourreaux. Eh bien ! soyons, nous aussi « assez libres d'esprit » pour distinguer la plus pure de nos gloires patriotiques et populaires de la misérable exploitation que s'évertue à tirer d'elle cette Eglise romaine pour qui sont bons tous les moyens de profit.

Ce souvenir, très insuffisant pour faire connaître la haute éloquence de Gambetta, serait également insuffisant pour rendre à l'éloquence elle-même l'hommage que nous croyons lui devoir ici. Le grand orateur de la démocratie socialiste, Jaurès, vient justement de faire entendre à la Chambre un des plus beaux discours dont il soit coutumier. Nous sommes heureux d'en citer le passage suivant. Afin de permettre de comprendre aisément le sens de cet extrait, nous croyons devoir en résumer ainsi le thème : M. Jaurès répond à ceux qui accusent le monde parlementaire actuel de médiocrité. Sans nier le fait, il cingle en passant l'hypocrisie intéressée des plus ardents accusateurs ; ensuite il établit que le monde intellectuel et celui de la direction politique et sociale du pays doivent se pénétrer mutuellement. Puis il montre magnifiquement que les plus grands esprits ont regardé avec sincérité la réalité des êtres autour d'eux et qu'ils ont su tirer de cette vue claire et profonde l'inspiration de l'idéal supérieur qu'a évoqué leur génie et dont ils ont doté le patrimoine intellectuel de l'humanité.

Nous indiquerons ensuite sa conclusion.

M. Jaurès. Ici, encore, je ne suis pas dupe de certaines manœuvres, et autant je déplore le divorce que je constate, divorce grandissant entre le monde de la science, de la pensée et de l'art et le monde parlementaire, autant je suis peu disposé à prendre au sérieux certaines critiques hautaines de littérateurs ou d'artistes contre le régime parlementaire. Je prendrai au sérieux ces hautains contempteurs du Parlement, quand il n'y aura plus ni rivalités dans les cénacles, ni schismes dans les salons annuels, ni intrigue dans les académies. Je serai plus ému quand quelques-uns de ces censeurs superbes n'aspireront plus à se confondre dans la médiocrité parlementaire. *(Rires et applaudissements.)*

Je sais trop qu'aux variations, vraies ou prétendues, des hommes politiques, on pourrait opposer certaines évolutions soudaines de romanciers de boudoir, de poètes de demi-jour, de critiques littéraires à l'ironie lassée, qui se fatiguent de leur renommée discrète et monotone et qui cherchent à la renouveler par des coups d'éclat, se découvrant soudain des âmes de catholiques et de royalistes. *(Applaudissements.)*

Non ! je ne suis pas dupe de ces rivalités de théâtre entre le

Parlement et le monde de la littérature. Le Parlement fait toujours du bruit, bon ou mauvais, et il y a une littérature, bonne ou mauvaise, qui voudrait faire autant de bruit que nous.

Il est vrai cependant, quand nous avons écarté ces vanités, ces snobismes, ces mensonges frivoles, il est vrai, si vous interrogez toutes les œuvres nouvelles et sincères, et tous les jeunes esprits, que vous constaterez qu'entre eux et le monde de la politique et l'activité parlementaire et l'activité politique nationale, la communication se fait de plus en plus rare.

M. Maurice Barrès. Voilà la vérité.

M. Jaurès. Messieurs, il fut un temps, dans une époque de grand drame qui a soulevé bien des passions et bien des idées, où l'on put entrevoir, à travers les conflits, l'alliance d'une partie au moins du monde de la pensée avec le monde du travail et de la démocratie. J'ai eu l'honneur de visiter Zola pendant la période où il avait été condamné à l'exil volontaire par l'iniquité des juges, en cette banlieue de Londres où il travaillait, où il s'était réfugié sous la double importunité de la haine et de la gloire et il me dit : « Bien des choses qui m'avaient passionné jusqu'ici, je ne les tiens plus que pour gloriole et vanité. Je sens monter des étoiles nouvelles... »

Ce rêve d'une grande synthèse nationale, où les énergies de la pensée et les énergies du travail se seraient associées en une même espérance, il s'est évanoui, Messieurs, ou il se brise.

Le plus grand des survivants de cette heure de combat, Anatole France, après avoir épuisé sur le mensonge et la sottise des ironies perçantes et éblouissantes comme des flèches de lumière, est revenu ou semble revenir, dans la conclusion de son dernier livre, à une sorte de nihilisme désenchanté et il voue l'humanité à la vanité des échecs des tentatives périodiques et des recommencements avortés. *(Applaudissements.)*

Même divorce, même lassitude, même fatigue à l'égard de la vie nationale telle qu'elle s'exprime ici. Ah ! Messieurs, ces choses cesseront le jour où de grands courants de pensée et d'action passeront ici. Dans toutes les grandes époques de la civilisation humaine il y a eu harmonie profonde de la vie de la pensée et de la vie sociale — oh! non pas rencontre extérieure et superficielle — ne demandons pas aux hommes d'âme et de pensée d'être le clairon banal de nos batailles sociales et de se perdre dans le tumulte de nos intrigues. Les plus grands génies, depuis l'origine de la race humaine, ont eu ce double caractère d'être sensibles à toute la réalité, d'en percevoir tous les traits, d'en ressentir tous les frémissements et de la transposer cependant dans un monde à eux, construit selon les lois de leur vie intérieure, de leur sensibilité propre et de leur propre pensée. Cela est vrai d'Homère à Gœthe, de Gœthe à Hugo et à Wagner.

Même le grand Homère, que l'on représente comme un génie instinctif et ingénu, réfléchissant simplement à la réalité qui l'enveloppe, a traduit toute la grande réalité de la vie qui se développait autour de lui ; mais il n'a pas mis son large miroir trop près des choses, il a choisi des sujets légendaires, il a ouvert des perspectives lointaines pour y faire mouvoir à son aise les héros et les dieux, pour y disposer du réel, pour construire un monde qui fût à tous, mais qui fût à lui.

De même Gœthe a pu dire qu'il n'y avait pas une parcelle de son œuvre où ne retentît l'émotion et l'expérience de sa vie personnelle et du monde réel qui se développait autour de lui; et il a pu dire en même temps sans contradiction : « Je vis dans les siècles », car les objets les plus proches et les plus familiers étaient baignés pour lui dans la lumière d'un immense horizon.

Et Hugo! même ses indignations, même ses colères, même ses passions de combat, il les emportait au cœur profond des solitudes, et c'est d'un accent sublime et apaisé qu'il invoquait le témoignage des choses et de la nature même, en qui sa conscience s'était mêlée :

> Arbres de la forêt, vous connaissez mon âme.

Et Wagner! qui pourra dire de quelle inspiration, dans *Siegfried*, a jailli ce chant admirable de l'éveil de la forêt, plein d'exaltation à la fois et de fraîcheur? Est-ce de l'émotion immédiate de la nature? Est-ce de la puissance exaltée de l'amour ? Est-ce du printemps d'espérance des foules sur lesquelles passait ce frisson communiste, dont l'âme de Wagner fut secouée ? Nul ne pourrait le dire, nul ne pourrait dire de laquelle de ces sources ces chants admirables ont jailli, pas plus que lorsqu'une nuée d'or se forme dans l'espace, on ne peut discerner à quelle source a bu le soleil.

Ainsi, ce n'est pas sous la discipline, ni sous la formule des partis, ce n'est pas à la médiocrité des luttes quotidiennes que nous voulons soumettre les génies, les esprits libres, mais nous disons que l'esprit d'une grande nation est comme un Olympe à plusieurs cimes, nous disons qu'il se forme nécessairement peu à peu un équilibre de niveau entre toutes les forces de l'esprit, et que toutes les puissances de l'esprit humain baisseront dans un peuple si la puissance de représentation, si la puissance de vie publique, si la puissance d'expression nationale de l'idée et des passions des multitudes est viciée, abaissée et soumise à la loi de médiocrité. *(Applaudissements répétés sur un grand nombre de bancs.)* (1)

M. Jaurès a terminé son discours de ce jour-là (25 juin 1909), en disant que c'est sous la poussée de la démocratie qu'ont été accomplies les quelques réformes déjà réalisées, et que c'est du sein de la classe ouvrière guérie du fléau de l'ignorance et du fléau de l'alcoolisme, du sein des multitudes jusqu'ici obscures mais en voie de transformation, que doit surgir l'organisation politique qui actionne tout et oblige les égoïsmes à capituler.

Ce discours est fort remarquable par la correction de la forme, par l'ampleur et l'élévation des idées, par la beauté poétique des images, par la haute culture et la puissance qu'il dénote chez l'orateur.

Il paraît que M. Clemenceau fut visiblement frappé d'admiration, comme toute la Chambre en l'écoutant,

---

(1) *Journal Officiel* du 25 juin 1909. — Interpellation sur la politique générale du Gouvernement.

mais qu'ensuite, dans les couloirs, le ministre à l'esprit railleur se ressaisit et qu'il fit la plaisanterie suivante : « Jaurès m'a prouvé par Wagner et *Siegfried* que j'avais tort ; je lui prouverai par Donizetti et *La Fille du Régiment* que j'ai raison ».

Ce n'était pas seulement un mot d'esprit. Clemenceau voulait dire qu'à la grandiloquence de Jaurès il répondrait par un langage plus simple. Et l'événement nous a valu de pouvoir citer ici, en regard l'un de l'autre, deux genres d'éloquence très différents qu'on pourrait appeler l'un poétique et l'autre positif.

Dans l'antiquité, il paraît qu'appréciant deux orateurs illustres, on disait après avoir écouté l'un : « Quel admirable, quel merveilleux langage ! » et après avoir entendu l'autre : « Celui-ci a raison ». Cette double appréciation suffirait à définir les deux genres.

C'est par le simple moyen du bon sens pratique, par l'expression de la vérité résultant des faits tangibles, que M. Clemenceau, président du Conseil des Ministres, ravit son auditoire à la séance de la Chambre des députés, du lundi 12 juillet 1909. Les réalités, il les montra, non pas celles qui flottent dans les régions éthérées de la cité future, mais celles qui existaient ou avaient existé au moment où il parlait.

Attaquant à son tour quand il le voulut, il put dire à M. Jaurès : « Vous envisagez toujours un lointain avenir; dans vos articles et vos discours tous vos verbes sont au futur. Depuis huit ans que vous siégez ici, nous attendons en vain que vos idées prennent corps en un projet de loi ».

Et lui fit justice des critiques dont son Gouvernement avait été l'objet, montra les difficultés nombreuses et graves dont, en somme, on était sorti victorieusement, avec la liberté et l'ordre maintenus, et enfin le chemin parcouru dans la voie du progrès. Puis il termina par la péroraison suivante qui renferme à la fois un exemple de profonde sincérité qui est une leçon aux hommes politiques, et un jugement équitable de l'œuvre accomplie :

« L'enjeu des prochaines élections, c'est cette majorité qui est l'obstacle pour vous et pour d'autres, parce qu'elle représente l'état d'esprit et la volonté du peuple français. Eh bien ! cette majorité que vous attaquez faute d'oser attaquer ses électeurs, elle se présentera devant ses électeurs, elle leur rappellera les obstacles qu'elle a rencontrés sur sa route ; elle dira ce qu'elle a fait, elle montrera la République qui se fait; la démocratie qui se réalise, non pas seulement dans les lois, comme je le disais tout à l'heure, mais dans les hommes. Car il n'y a de succès durable que lorsque vous avez réussi, par une éducation doctrinale et d'expérience, à changer l'homme. C'est à quoi nous nous occupons, c'est pour cela que vous avez fait un magnifique programme d'enseignement qui est l'honneur de la République. Mais cet enseignement n'est rien, les lois que nous faisons ne sont rien, si nous n'arrivons pas à changer l'état d'esprit que l'autorité catholique avait d'une main puissante façonné.

« Le jour est venu où sans l'avoir cherché, oh ! je pense qu'on voudra bien m'accorder que je ne l'ai pas cherché, on m'a reproché assez longtemps de n'en avoir pas voulu ! le jour est arrivé où j'ai été mis en demeure de prendre le pouvoir. J'en ferai l'aveu, lorsque je suis arrivé dans ce grand cabinet de la place Beauvau, que je m'y suis trouvé seul — n'ayant pas encore les organes de transmissions qui me permettaient d'entrer en conversation avec les chefs de l'administration — lisant les journaux, voyant quelle campagne violente, sauvage, se dessinait contre le parti républicain, j'ai douté de ce qu'il m'était possible d'accomplir, et — j'en fais encore l'aveu — ce sont mes votes d'antan qui sont venus à mon secours. Je me suis rappelé que j'avais fait des campagnes violentes contre des hommes de gouvernement et que j'avais peut-être été injuste.

« Messieurs, je ne fais pas de *mea culpa*. Ce que j'ai fait je l'ai fait ; j'en porterai la responsabilité. Mais vraiment pouvez-vous ne pas comprendre qu'après avoir confabulé avec M. Jaurés, je me retourne vers vous et que je cherche à vous exposer mon état d'esprit ? Je le ferai dans le sentiment qui convient et dans le désir de servir mon pays et la République.

« J'ai pensé que j'avais dit à assez d'hommes de Gouvernement, qu'il était facile d'accomplir la besogne qui m'était remise et que je n'avais pas le droit de décliner ma part de responsabilité, que le moment était difficile, car nous étions à six semaines des élections et mon parti allait peut-être au désastre annoncé par ces Messieurs (*la droite*). Ma vie était ma vie, j'avais pu, à certains moments montrer quelque injustice envers des hommes qui ne partageaient pas mes convictions, mais dont il était tout de même permis d'admirer le caractère. Eh bien ! permettez-moi de vous le dire, je me suis haussé jusqu'où m'appelait mon devoir. Il m'est monté une fermeté silencieuse que vous ne connaitrez jamais. J'ai pris la résolution, quoi qu'il arrive, de me donner tout entier et je me suis donné. Et je me suis promis que je ferais ce que mon intelligence me montrerait juste, vrai, nécessaire pour le droit et pour la liberté, que je ne tiendrais pas compte des observations de mes amis s'ils ne me convainquaient pas d'abord, et que je ne céderais pas à l'intérêt de parti. C'est là quelques-unes des incohérences qu'on m'a reprochées.

« J'ai promis cela et j'ai essayé de le faire. J'ai peut-être mal fait ; je me suis peut-être trompé ; j'ai été insuffisant je le concède, mais mes intentions et ma résolution sont demeurées droites pour la République, pour la liberté, pour la justice et pour la cause des malheureux que vous défendez mal, comme je vous le disais tout à l'heure, et j'ai le droit de dire cela.

« Telle est l'œuvre, messieurs, à laquelle je vous ai conviés avec mes collègues du ministère, quand nous avons pris le pouvoir; et aujourd'hui, nous pouvons nous rendre cette justice que l'œuvre a été bonne, et je viens vous proposer d'y persévérer.

« Pour ma part, je continuerai à dire au peuple la vérité sur lui-même. Je continuerai à l'aider, à l'encourager dans ses efforts de juste réparation, à le contenir aussi dans ses écarts, dans ses efforts de violence.

« Je continuerai à lui dire qu'il n'y a de salut pour lui dans aucun parti politique, que son salut est en lui-même, qu'il doit se discipliner, se régler pour être digne de se gouverner.

« Pour une œuvre ainsi comprise et ainsi accomplie, il n'y a pas de récompense; je n'en connais que dans les outrages de mes ennemis.

« Ce qui me suffit, c'est le sentiment profond que j'accomplis mon devoir d'une façon désintéressée. Ce qui me suffit, c'est d'être sûr que je sers bien la France et la République, et par la France et la République, mieux que vous, la cause de l'humanité.

« Messieurs, vous pouvez vous présenter le front haut devant le peuple de France, qui ne tient pas tout entier dans les réunions publiques de M. Jaurès. Vous lui parlerez, vous lui montrerez l'œuvre que vous avez accomplie, et je vous le dis d'avance, il ne pourrait pas vous désavouer sans renier le plus beau de sa glorieuse histoire ».

Nous pensons que l'on conçoit, après ces exemples et ces détails, la différence entre deux des principaux genres de l'éloquence. L'un satisfait le goût et charme en rappelant les grandes tirades poétiques. Il est utile, car il élève la pensée et éclaire au loin la route. Peut-être aussi montre-t-il parfois des mirages.

L'autre, susceptible aussi de correction et d'élégance, se préoccupe d'abord des réalités immédiates; son moyen est le raisonnement positif; son but de prouver et persuader. Il convient aux dirigeants du peuple, lequel a besoin de sens pratique et dit volontiers comme le bonhomme *Chrysale* de Molière :

« *Je vis de bonne soupe et non de beau langage* »

La littérature a revêtu d'autres formes très variées. Si la poésie et l'éloquence sont ses manifestations les plus hautes, des genres secondaires nombreux suscitent l'intérêt. Les romans, dont beaucoup sont des chefs-d'œuvre, en sont la forme la plus répandue, la plus populaire. On ne saurait trop recommander de les lire et de les bien choisir, ce qui est facile, eux et aussi bien les ouvrages de critique, d'art, d'histoire, etc.

Vis-à-vis de la littérature écrite destinée à être lue, il y a la littérature *dramatique*, plus spécialement réservée à être représentée sur le théâtre par les acteurs dont le jeu, pour reproduire avec vérité les personnages mis en scène, constitue, à son tour, un art difficile et brillant.

Là, les faits de la vie mis en relief, les caractères créés par le génie des auteurs, rendus vivants par le talent des acteurs, sont offerts aux yeux et aux oreilles en des scènes dramatiques, passionnelles, tragiques, historiques comiques, satiriques ou simplement amusantes. Et la puissance de l'émotion produite y est encore accrue par ce fait qu'elle est ressentie simultanément par une foule assemblée.

« *Le théâtre instruit plus que ne fait un gros livre...* »

a dit Voltaire.

La Musique. — La musique est, après la littérature, le plus populaire de tous les arts. Le chant, accessible à tous, la voix des instruments vulgarisés partout, ont répandu à l'infini le plaisir des sensations musicales.

La musique est aussi ancienne que la poésie ; il est même plus que probable que c'est elle qui a imposé aux poètes les lois rythmiques des vers. Elle était fort en honneur chez les peuples anciens ; les peintures des tombeaux d'Egypte, vieux de plus de 3.000 ans avant notre ère, représentent des chanteurs, des musiciens et des instruments. En Grèce, la musique se mêlait à toutes les manifestations de la vie hellénique : guerres, fêtes, cérémonies religieuses, épopée, lyrisme, théâtre, etc. Nombre d'auteurs grecs et romains, Aristote, Euclide, Théon, Quintilien, Vitruve, etc., ont laissé des traités de théorie musicale. La gamme alors se composait de quatre notes réparties dans l'octave actuelle ; les notes intermédiaires ont été introduites ensuite, progressivement, à mesure du perfectionnement de la sensibilité de l'oreille. On pense que l'octave a été fixée par la différence de timbre entre la voix des hommes et la voix des femmes émettant leur sonorité dans un accord parfait.

Quelques morceaux de musique antique nous ont été conservés sur des papyrus ou des marbres (1).

Au Moyen âge, c'est l'Eglise qui fut l'héritière de l'art antique de la musique, dont elle conserva et simplifia les procédés essentiels. Dans le culte chrétien, inspiré du culte juif, on chanta comme on avait chanté dans le Temple de Jérusalem, et aussi, semble-t-il, comme on avait chanté dans les Temples égyptiens (2). La psalmodie catholique actuelle est encore un écho lointain de ces chants.

A la fin du VIe siècle, le pape Grégoire le Grand régla les chants sacrés par la constitution du plain-chant.

Au XIIIe siècle, l'usage de l'orgue, (inventé dès le Xe), met les compositeurs sur la voie de nouvelles ressources harmoniques. Mais c'est à partir du XVe siècle qu'appa-

---

(1) Hymnes à Calliope, à Némésis, à Apollon, etc.
(2) Dans certains passages d'Aïda le maître Verdi a imité ces chœurs antiques.

raissent les premiers compositeurs dignes de ce nom, Guillaume Dufay, Raimond de Lassus, Villaert, etc. Puis se crée, avec l'italien Monteverde, l'ébauche de l'opéra moderne, un système d'harmonie plus varié et l'introduction d'éléments précieux dans l'orchestre. Amati, Stradivarius, etc., perfectionnent les violons, créent *l'épinette* qui deviendra le clavecin, puis le piano. Arrive ensuite, avec le XVIIe et le XVIIIe siècles, l'âge d'or de la musique.

Enfin, au XIXe siècle, chaque nation possède son école. L'Italie, heureuse dans l'opéra bouffe ou mi-sérieux, tient pour la mélodie ou le *bel canto*. L'école allemande, héritière des anciens contre-pointistes, est caractérisée par la profondeur et le sérieux de son inspiration et le grand soin de son orchestration.

La musique française, se tenant à l'écart des excès, paraît se préoccuper de la clarté de la forme et de la vérité de l'expression. Après Méhul, Boieldieu, Auber, Adam, Halevy, Hérold, Victor Massé, Flotow, David, A. Thomas, etc., elle atteint son point culminant avec Gounod. Ensuite, il semble que les tendances allemandes aient agi sur les musiciens français avec Berlioz, Lalo, Delibes, Bizet, Reyer, Massenet, Saint-Saëns, etc. On ne peut contester, du reste, que les puissantes orchestrations de l'illustre maître allemand Richard Wagner aient ouvert des horizons nouveaux et grandioses à l'art musical.

En somme, sans contester la valeur de la pure mélodie, on s'accorde généralement à reconnaître que la suprême expression de la musique est dans la symphonie, c'est-à-dire, dans l'ensemble d'un grand nombre de sons divers s'harmonisant selon les lois musicales.

Tout le monde ne comprend pas la musique. De très grands esprits n'ont pu s'y faire. Il existe donc ce qu'on appelle *l'intelligence musicale*.

La musique est un souffle qui passe, une vague éphémère. Mais dans ce souffle peut chanter la sublime éloquence de l'âme d'un Beethoven « qui portera la spontanéité de la raison humaine aussi haut que toute science et toute philosophie ».

Les musiciens n'emploient pas, comme les poètes, l'intermédiaire des mots. Par intuition directe, ils voient, connaissent et montrent les sensations jusqu'aux extrêmes limites de l'imagination. Pour le vrai musicien, la musique est plus claire que la parole. Le sens des beautés musicales ne peut être traduit dans un autre langage et doit être directement compris, dégagé même des décors et du livret quand il y en a.

« La musique, dit M. Combarieu, est l'art de penser avec des sons ». Et il ajoute : « La pensée musicale est la manifestation d'un instinct profond, plus ou moins obscur, mais partout reconnaissable dans l'humanité ». « *Il faut*, disait Beethoven, *il faut pour l'homme que la musique lui tire du feu de l'esprit !* »

Dans le peuple, les sociétés musicales, fanfares, musiques d'harmonie, orchestres, chorales, etc., se sont multipliées déjà d'une manière satisfaisante. Les concours fréquents et très bien organisés, ont perfectionné l'art individuel et collectif des nombreux exécutants amateurs. L'intelligence musicale se développe et se propage progressivement.

Toutefois, ainsi que nous l'a fait remarquer M. Georges Guérard, chef de *l'Harmonie et Chorale* de Condé-sur-Noireau, nous sommes en retard, en France, dans l'enseignement de la musique, par rapport aux nations voisines, par rapport surtout au peuple allemand, si remarquablement musicien. Et voilà que le service militaire réduit à deux ans va porter un coup funeste aux musiques régimentaires qui contribuaient si puissamment au recrutement des musiques civiles.

Il conviendrait qu'une heure ou deux d'enseignement du solfège fussent, chaque semaine, obligatoires dans les écoles primaires, afin que les chefs qui se dévouent à la formation d'instrumentistes pour leurs sociétés n'aient pas à perdre une année d'efforts pour apprendre aux jeunes gens le *b a ba* musical avant de pouvoir leur mettre un instrument entre les mains.

Cela est très important, on le conçoit. Un homme qui se dévoue à la propagation de l'art musical dans les masses populaires et à son enseignement aux enfants, M. Bourgault Ducoudray (1) aime à proclamer, comme nous le faisons nous-mêmes, que le droit pour tous aux jouissances de l'art doit être admis par la société, après, du moins qu'elle a assuré les éléments nécessaires à la vie. Et M. Buisson, ancien directeur de l'enseignement primaire et député de la Seine, dit aussi :

« Oui, Jacques Bonhomme, nous voulons que ton fils apprenne à chanter. Et pourquoi pas ? Est-ce que les arts sont un privilège des grands seigneurs ? Crois-tu que tes enfants n'y ont pas droit ? ou qu'ils ne sauraient goûter les belles choses ? Est-ce qu'ils n'ont pas eux aussi des joies et des peines à exprimer ? Est-ce que leur carrière ne sera pas assez dure pour qu'ils aient besoin de ce qui console, charme, encourage, ranime, relève et aide à vivre ? Qui sait si ce ne sera pas un jour un de ces airs appris à l'école qui le soutiendra dans le danger, réveillera en lui l'idée du devoir et le préservera de la défaillance ? (2) »

Nous ne pourrions terminer ce chapitre par des paroles mieux appropriées au sujet.

---

(1) Indiqué par M. Georges Guérard.
(2) Communiqué par le même.

La Danse. — La danse est de tous les temps et de tous les pays. Chez les peuples primitifs, elle est née du besoin d'extérioriser certains sentiments. Lorsque ces sentiments atteignent un haut degré d'intensité, le corps entre en mouvement comme pour se mettre à l'unisson des vibrations de l'âme. Ce mouvement instinctif du corps a été soumis à des règles et est devenu la danse, de même que l'expression verbale de la pensée et l'émission chantante de la voix, soumises à des cadences particulières, sont devenues la poésie et la musique. Ces trois arts : poésie, musique et danse, se trouvèrent associés par la force même des choses. « L'exemple des enfants prouve que la poésie et la musique réunies conduisent naturellement à la danse. Les sensations vives, vivement exprimées par des paroles et des sons, demandent l'accompagnement du geste » (1).

Dans l'antiquité, les danses ont toujours eu leur place dans les cérémonies et les fêtes, que celles-ci fussent privées, publiques ou religieuses. En Israël elles n'étaient point exclues du culte du « vrai Dieu ». Presque partout elles étaient pratiquées après une victoire, à la suite des festins solennels, après les vendanges et parfois au cours des funérailles. Elles avaient lieu en signe de joie, en signe de prospérité ou pour l'excitation au combat.

Aujourd'hui, les sauvages ont la danse du feu, les danses guerrières, exécutées les armes à la main, la danse du scalp, etc.

On sait quel est toujours le rôle de la danse chez les nations civilisées ; mais là on reconnaît surtout comme

---

(1) HERDER, *Histoire de la poésie des Hébreux*, traduction Carlowitz. Une chose prouve l'importance qu'avait la danse dans les habitudes des anciens Hébreux : ils n'ont pas moins de huit verbes pour exprimer l'action de danser (Id.).

art les danses *de caractère*, les ballets d'opéra ayant une signification allégorique ou symbolique. La démocratie, au point de vue de laquelle, principalement, est écrit cet ouvrage, est peu initiée à cette spécialité artistique dont le spectacle est réservé surtout aux classes fortunées. L'espérance de voir tous les arts mis de plus en plus à la portée de tous, justifie les lignes que nous pouvons consacrer à celui-ci (que nous avons d'abord qualifié subsidiaire par rapport aux autres).

Les danses savantes des ballets arrivent, avec le concours de la musique et des décors, à constituer des scènes dramatiques présentant des phases successives comme les œuvres théâtrales parlées ou chantées. Aussi les appelle-t-on souvent *mimodrames*.

Ces petites comédies ou tragédies dansées et mimées offrent un charme raffiné très apprécié des connaisseurs. En ce moment, depuis une saison environ, une célèbre danseuse anglaise, miss Isidora Duncan, « la nymphe aux pieds plus légers que ceux d'Achille », accomplit sur une de nos scènes parisiennes un incomparable jeu chorégraphique où, sans décors, par des mouvements et des attitudes d'un dessin magnifique, elle donne aux spectateurs une satisfaction d'art profonde, sereine et d'un goût sévère.

« Calme et déchaînée, aimable et folâtre, dit un éminent chroniqueur, d'une variété inépuisable, guerrière, athlétique et religieuse, dévoilant le mystère des rites disparus et des cérémonies secrètes, la danse de miss Duncan évoque une multitude d'images parmi lesquelles notre esprit circule avec la certitude de ne point se perdre. Protéiforme sans pourtant jamais changer, l'héroïne agile et multiple est tour à tour avec la même ivresse confiante, la joueuse d'osselets, la prêtresse, la promeneuse de Tanagra, celle qui décerne la couronne, présente la palme, offre la coupe et brandit le glaive, effeuille la rose et suspend la guirlande, signale d'un doigt blanc la soudaine arrivée de la flotte aux carènes peintes. Il n'est pas jusqu'à l'absence de décors qui ne lui facilite incroyablement les moyens de planter en nous tous les décors qu'elle imagine...

« Nous comprenons son silencieux et vif langage quand elle appelle une compagne retardataire, s'arrête, immobile et recueillie, pour mieux goûter le roucoulement d'une colombe... et lorsqu'elle se penche au bord de la plaintive fontaine, qu'elle aspire d'où vient le vent, écarte l'abeille, court après l'écho et boit le parfum des cytises...

« Ses doigts magiciens nous donnent, avec esprit, sans avoir besoin de la tenir, la flûte invisible dans laquelle elle souffle, et le nombre de trous qu'a le roseau et le titre de la mélodie, rustique ou sacrée, qu'elle en tire en gonflant ses joues... Et ses mêmes doigts si savants me font voir les cornes du bélier qu'ils vont, au bon moment, saisir, l'écharpe flottante, si légère qu'elle n'arrive pas à tomber, l'éventail de feuilles, le miroir d'argent, le javelot, l'épée claire qui frappe sur le timbre du bouclier... Ce n'est pas tout. Non contente de représenter toutes ces formes, l'artiste exprime, en dansant, des sentiments, des sentiments candides et éternels qu'on ne se lasse pas de voir honorer, et par dessus tout la joie de vivre, la gratitude de la jeunesse et de la beauté se figurant, dans leur minute d'éclat, qu'elles dureront toujours... La danse émouvante devient un poème dont les moindres phases sont les strophes ailées... »

Nous avons tenu à citer ces lignes brillantes de M. H. Lavedan, parce qu'elles montrent bien jusqu'où peut aller cet art de la danse, pratiqué par d'éminents artistes. Ajoutons, pour être complet, que le concours de la musique paraît indispensable à la danse, et que celle qui accompagne les savants ébats de miss Duncan, est donnée par le célèbre orchestre du maître Chevillard.

Les beautés de la nature. — Nul n'est apte à comprendre les beautés de l'art, s'il n'est sensible à celles que présente la nature elle-même et dont les premières ne sont souvent que l'interprétation ou le symbole fixés par l'artiste.

L'infinie richesse de la nature, dans son immensité comme dans ses moindres parties, réserve à tout homme qui ouvre les yeux et possède le sens esthétique les jouissances les plus vraies et les plus pures. Devant l'océan, devant la forêt, devant la montagne, devant les sites imprévus des vallées, devant le soleil à son lever ou à son coucher, devant la nuit étoilée, celui dont le goût a été formé à l'école de science et de vérité trouve les sujets d'une contemplation qu'on peut appeler religieuse dans le meilleur sens du mot (1).

Les beautés de la nature doivent être comprises dans toutes les manifestations de celle-ci propres à satisfaire le sens esthétique. Chez les êtres vivants, oiseaux, chevaux, chiens et autres animaux, elles existent et coïncident souvent avec les qualités physiques ou morales que nous recherchons chez ces frères inférieurs quand nous les utilisons.

Chez la femme et chez l'homme, il convient que le vêtement, à travers les caprices de la mode, se prête le plus possible à l'esthétique des formes. Et cela est souvent difficile avec le costume moderne auquel la simple draperie antique était, à cet égard, aisément supérieure.

Il faut, enfin, que le bon goût acquis par l'étude de la nature et de l'art inspire l'ornementation de la maison, si modeste soit-elle.

---

(1) Goethe a dit : « Celui qui possède la science et l'art, celui-là a une religion. Celui qui ne possède pas ces deux biens, que celui-là ait une religion ».

Après tant d'incursions en des domaines si divers, me voilà donc arrivé au terme de ce modeste ouvrage.

Je l'ai entrepris, il y a dix-huit mois déjà. Cela représente évidemment un délai démesurément étendu par rapport à l'importance matérielle de l'œuvre. J'essaierais vainement d'expliquer cette excessive durée d'une manière entièrement satisfaisante. Je n'avais d'autre but, au premier abord, que de rendre à notre éminent ami, M. Ajam, un hommage mérité, en racontant, et en commentant sa conférence, et en y ajoutant de moi-même ce que je croyais utile d'y ajouter. Une fois en train, je me suis laissé prendre à un engrenage insatiable.

Écrivant au gré de mes loisirs et de mes dispositions d'esprit favorables, à travers des occupations multiples dont quelques-unes toujours pressantes, j'ai plus d'une fois suspendu l'exécution de ma tâche, pour la reprendre plus tard. Finalement, par suite du long temps écoulé, elle présente cette particularité que quelques détails n'en sont plus tout-à-fait assez exacts, au moment où j'y mets le point final, et que je les formulerais différemment à cette heure, afin de tenir compte des progrès scientifiques les plus récents, tant est rapide la marche de ceux-ci. Son ensemble est néanmoins assez vrai, j'en suis persuadé, pour être lu avec profit par beaucoup de gens, et je n'hésite pas à la livrer telle quelle à ceux qui, par avance, se sont montrés disposés à la bien accueillir.

J'y ajouterai, toutefois, quelques remarques complémentaires.

**

Dans la science du transformisme et de la descendance créée par les immortels Lamarck et Darwin, une certaine lutte se continue dans le monde savant. Les uns tiennent pour la succession des évolutions lentes. D'autres préconisent le système des mutations plus ou moins brusques. A la vérité, les deux systèmes ne s'excluent pas. L'évolution progressive et lente se manifeste de tous côtés avec évidence. Mais, des mutations plus soudaines semblent bien avoir parfois existé, de même que des régressions. Je ne doute pas qu'il ne soit possible un jour de déterminer les circonstances des unes et des autres et leur part proportionnelle dans l'ensemble des faits. L'évolution lente y gardera certainement la plus grande place.

Dans la science de la préhistoire, c'est-à-dire de la période des quelque deux mille siècles qui ont précédé les 6.000 ans dits historiques, période où exista l'humanité, et durant laquelle s'ébauchèrent les civilisations, des trouvailles nombreuses ont été faites dans les terrains fouillés et les grottes existant un peu partout, et ces découvertes ont enrichi grandement nos connaissances touchant nos ancêtres primitifs.

Dans un autre ordre d'idées, les mouvements socialistes se sont accentués. Par le syndicalisme, le monde du travail, dans certains milieux du moins, a essayé de se dresser contre l'Etat actuel (1) ; il a esquissé certaines tentatives de renversement ou de transformation de l'ordre de choses régnant. Ces essais ont, du reste, échoué et devaient nécessairement échouer. On n'a pas vu ce qu'à la place de l'organisation présente on pourrait mettre de mieux tout à coup. Mais on a clairement vu que la désorganisation des services publics mènerait promptement le pays à sa ruine. Un semblant de manifestation d'énergie de la

---

(1) La grève des Employés des Postes, Télégraphes et Téléphones.

part des Pouvoirs publics représentant la nation a tout remis dans l'ordre, sans effusion de sang, heureusement.

Il n'en est pas moins resté de ces faits, dans les esprits, une impression durable et diverse, dont nous voulons dire quelques mots.

Dans le monde socialiste avancé, on a ostensiblement regretté l'échec d'un mouvement qui ne pouvait, nous l'avons dit, échapper à cette destinée.

Dans le monde réactionnaire, on n'a pas craint de se réjouir du trouble et d'en souhaiter la prolongation. C'est, du reste, l'attitude habituelle de ce parti.

Dans le monde républicain proprement dit, bien des esprits ont éprouvé quelque frayeur des conséquences possibles de l'organisation syndicale. Nous avons vu des hommes dévoués au bien public et sincèrement partisans de l'idée républicaine aller jusqu'à exprimer la crainte que la lutte ouverte ne doive aboutir un jour à la fatalité d'une répression sanglante analogue à celle qui mit fin si tragiquement à la Commune de Paris en 1871.

Nous sommes de ceux qui protestent contre de telles opinions.

Les difficultés que suscite le syndicalisme sont réelles mais doivent être envisagées de sang-froid comme doit l'être, de nos jours, tout problème à résoudre.

Depuis leurs commencements les plus reculés les sociétés humaines ont toujours été le jouet de difficultés. Celles qui se présentent à nous en ce moment offrent deux caractères de nouveauté.

Dans le passé, ce qui est aujourd'hui la vraie démocratie, la masse prolétarienne et paysanne, le peuple « bon pour la taille et bon pour la bataille », marchait, luttait et se battait pour des causes qui n'étaient pas la sienne ; il était toujours appelé à se sacrifier pour la domination d'un parti, celui d'un seigneur quelconque ou d'un autre. Aujourd'hui les syndicats représentent la cause de l'élément populaire qui les compose et, s'ils luttent, c'est pour elle. Le peuple, le prolétariat enrôlé pour la défense de ses propres intérêts, voilà l'un des caractères de nouveauté des difficultés actuelles.

L'autre est dans ce fait que, toutes les difficultés passées ayant invariablement abouti à la guerre civile ou étrangère, aux attaques armées et représailles sanglantes, celles du présent se peuvent résoudre pacifiquement dans la liberté des discussions franches et loyales.

Les revendications prolétariennes, qu'elles émanent des ouvriers de l'industrie ou des petits fonctionnaires de l'État, peuvent être aujourd'hui librement exposées. C'est un grand point acquis. Pour la paix dans l'avenir, c'est un avantage précieux qui manquait sous les monarchies, où presque toute manifestation d'idées libres pouvait constituer un délit et où le feu révolutionnaire couvait sous la cendre. Énoncées sans entraves par la parole et par la presse, toutes les questions peuvent être librement examinées et discutées à fond. L'opinion du public se forme peu à peu sur chacune d'elles et se fixe à la longue selon ce qui est juste. Nous sommes de ceux qui ont confiance dans la raison humaine et qui croient à la tendance de l'action publique vers le bien. Il s'agit de s'entendre. Les sentiments qui se proclament et s'examinent contradictoirement au grand jour de la liberté, mèneront progressivement le monde à l'entente. C'est du parlementarisme appliqué à toutes les difficultés, c'est du parlementarisme suivi au besoin d'arbitrage qu'on doit attendre les solutions pacifiques de tous les désaccords entre les hommes, entre les collectivités ou les groupements, et entre les nations. Tel est le deuxième et très important caractère de nouveauté des difficultés présentes : la possibilité incontestable de les résoudre sans recourir aux luttes homicides que le passé ne savait éviter.

Causer : tout est là. Le parlementarisme n'est décrié que par la réaction, ennemie jurée de la société nouvelle.

Nous nous devons les uns aux autres une bienveillance constante, mais nous nous la devons selon la justice. Ce n'est pas parce que la cause des postiers ou de toute autre catégorie de travailleurs est intéressante qu'il faut leur reconnaître le droit de renverser le gouvernement issu de la volonté de tous ou seulement un membre de ce gouvernement. Il importe que le droit d'exercer un tel pouvoir, le plus grand dans le fonctionnement de l'État, reste l'apanage exclusif de la représentation nationale elle-même, c'est-à-dire des Chambres élues par tous avec cette attribution. Il importe, d'un autre côté, que les services publics, dont l'ensemble forme l'organisation vitale du pays, remplissent leurs offices respectifs sans interruption anormale. Et il faut bien que ceux qui y acceptent des fonctions sachent à quoi ils s'engagent en y entrant et s'en souviennent. Ils n'en gardent pas moins leurs droits de citoyens, contribuant chacun pour sa part à la souveraineté nationale et apportant sa collaboration au progrès commun.

Le régime politique actuel présente bien des imperfections encore, sans doute, et elles suscitent abondance de critiques qui ne sont pas toutes désintéressées. Certaines de ces imperfections ne sont que la conséquence ou l'héritage des régimes antérieurs. Ceux-ci ont trop longtemps opprimé les esprits pour que le gouvernement du pays par lui-même puisse atteindre un haut degré de perfection sans traverser une longue période d'apprentissage laborieux, d'expérience et d'enseignement de la démocratie. Il est dans l'histoire des États et des peuples un atavisme analogue à celui qui affecte la descendance des individus. Bien des défauts actuellement constatés ainsi, sont inhérents à des administrations insuffisamment réformées.

Enfin, et ceci touche à l'essence même du régime ou plutôt à une certaine mentalité qu'il semble avoir produite, des préoccupations électorales influencent parfois nos représentants un peu plus que l'intérêt supérieur du pays. C'est là, nous l'avons dit ailleurs, le grand argument des partisans du scrutin de liste. Nous pensons que c'est plutôt la mentalité des électeurs et des élus qu'il faudra réformer. Et nous la croyons susceptible de se réformer elle-même devant l'inconvénient reconnu.

Au-dessus des simples représentants, les ministres, eux aussi, songent quelquefois plus à la conservation de la majorité parlementaire qui les maintient au pouvoir qu'aux meilleurs principes de gouvernement. Mais le pouvoir, dans ce régime, s'exerce par la collaboration incessante du ministère et de sa majorité et, lorsque le premier inconvénient s'atténuera, le second disparaîtra dans la même mesure. On ne pourra jamais, d'ailleurs, exiger que l'action gouvernementale ne s'étende pas de l'exécutif aux Chambres, des mandataires aux mandants jusques et y compris le suffrage universel lui-même, ou, si l'on veut, l'opinion publique. Là est l'essence pratique du système basé sur la souveraineté nationale, et le contraire ne peut se produire sans une certaine abdication du peuple, sans une inquiétude pour sa sécurité, sans une certaine atteinte à la liberté, dangers qu'il importe d'éviter.

Il faut s'attacher à corriger les vices existant. Leur constatation n'est plus comme autrefois un périlleux délit, c'est un droit qu'il faut exercer, un devoir à remplir. A cet égard, et, du reste, disons-le, par l'ensemble des avantages qu'il présente, le temps actuel, lorsqu'on le compare au passé, lui est très grandement supérieur. Le pays, maître de ses destinées, peut exercer sa maîtrise. Il lui est loisible d'acquérir le gouvernement dont il est digne. A lui de savoir, de juger et de vouloir.

**
**

La pensée humaine se dégage de plus en plus de l'étreinte des religions. La critique rationnelle, scientifique et historique, suit sa marche lente et sûre ; elle accomplit son œuvre libératrice.

La séparation des Eglises et de l'Etat réalisée laisse l'Eglise romaine, la plus redoutable de toutes, dans une situation fort embarrassée et progressivement défaillante, malgré la toute-puissance dont elle se réclame. Le regain d'activité des institutions cléricales ne la relèvera pas et peut être considéré comme momentané. Si d'ailleurs cette activité se prolongeait elle appellerait de nouveau l'attention agissante des pouvoirs publics. Il ne serait pas admissible qu'on ait éliminé les écoles congréganistes pour les voir remplacées par des écoles cléricales aussi pernicieuses et à peu près aussi nombreuses.

Dans la période de transition accélérée que nous traversons, les chaires des Eglises retentissent de lamentations sur la disparition de la foi et plus encore d'imprécations contre les actes du gouvernement de la République. On laisse le plus souvent les orateurs chrétiens se livrer impunément à leurs accès de fureur; il semble que leurs manifestations bruyantes soient considérées comme celles d'un parti aux abois, près de sa fin.

En effet, de même que les astres continuent imperturbablement leur course régulière, de même l'humanité poursuit le mouvement où elle est engagée dans la voie du progrès rationel ; et les centres de réaction voient à chaque instant certaines de leurs unités se détacher d'eux pour se joindre à la masse avide de liberté, de science et de lumière.

Malgré les menaces des religions et malgré leurs promesses, le seul sentiment du droit égal pour tous devient la règle de conduite. Cette règle, purement humaine, est adoptée et observée sans autre espoir que celui de l'estime publique, sans autre crainte que celle de perdre la dignité d'homme, dignité d'autant plus précieuse qu'elle a été très péniblement acquise.

La paix et la satisfaction les plus chères et les plus dignes de nos désirs, il faut qu'on sache bien où en trouver la réalisation. Ce n'est pas en d'illusoires paradis ; ce n'est pas dans l'acquisition de la fortune ; ce n'est pas même dans les joies de la famille ou dans une suite d'événements favorables qui nous font croire au bonheur. Sans doute, la plupart de ces circonstances y contribuent puissamment, mais la paix et la satisfaction intimes et souveraines, — puisse l'homme les chercher désormais dans le respect et le triomphe des principes. C'est là que résident ces biens suprêmes (1).

Harald Hoffding termine son très puissant ouvrage : MORALE, par la conclusion suivante : « ... rattacher notre réalisme à l'idéalisme de nos prédécesseurs en nous imposant la règle d'*être exact dans toutes les choses même les plus petites, et de ne nous enthousiasmer que pour les grandes* ».

L'exactitude en toutes choses, appliquée dans un esprit bienveillant, tel doit être désormais l'essence des lois, des convenances et des relations dans les sociétés civilisées.

VÉRITÉ, JUSTICE et BONTÉ

---

(1) Conclusion analogue à celle du philosophe américain Emerson. (*De la confiance en soi*).

Puisse ce modeste ouvrage contribuer, pour le petit nombre de ceux qui le liront, à préciser la voie idéale. Puisse enfin le lecteur n'être pas très sévère pour l'auteur et ne pas trop regarder si celui-ci, pareil, comme beaucoup, à la meule à aiguiser d'Horace, n'a pas prétendu quelquefois enseigner aux autres des qualités que lui-même ne possède pas. Savoir discerner est bon. Savoir accepter de chacun ce qu'il peut offrir d'utile est sage et profitable.

APPENDICE

Nous avons montré que l'esprit humain s'affranchit progressivement de la tutelle oppressive des religions. Une preuve de cette libération est dans le fait des enterrements civils, autrefois inusités dans nos provinces et qui, maintenant, se produisent de temps à autre sur la volonté exprimée par l'intéressé lui-même, et sont généralement honorés d'une assistance nombreuse et sympathique.

Nous croyons pouvoir reproduire ici, sans qu'ils y soient déplacés, les trois discours suivants, prononcés par l'auteur de ce livre. Deux le furent à des obsèques civiles. Le troisième à un enterrement protestant, où l'on entendait successivement la parole religieuse de deux pasteurs et cette expression de la libre-pensée.

Discours prononcé aux Obsèques civiles de M. E. LENGLINÉ

A Condé-sur-Noireau, le 6 Décembre 1908

MESDAMES,
MESSIEURS,

Pour répondre au vœu d'êtres chers à notre ami défunt et au désir de ses collègues du Comité de l'Association républicaine dont je partage les sentiments, j'ai, à défaut d'une voix plus autorisée, accepté l'honneur d'adresser ici à Eugène Lengliné, devant la foule si nombreuse qui a tenu à l'accompagner à ce lieu de l'éternel repos, l'expression de notre sympathie, l'assurance de nos regrets et le suprême adieu.

Messieurs, ceux dont la pensée inquiète n'a pu s'accoutumer encore à la simple dignité des obsèques civiles, reprochent à celles-ci leur apparente froideur.

D'un autre côté, les amis sincères du vrai n'admettent pas les cérémonies à l'aspect théâtral.

Mais, outre qu'il n'est pas juste de dire qu'un affluant cortège venant honorer le mort laisse place à la froideur, il est plausible à tous les yeux que l'ami enlevé pour toujours à notre sympathie, le collaborateur disparu de ceux qui se dévouent à la cause de l'avenir, soit, au moment de la séparation définitive, l'objet de paroles affectueuses à sa personne et d'un juste éloge de ses mérites.

Ceci, messieurs, complète l'explication de la tâche que j'ai assumée à cette heure et pour laquelle je sollicite votre indulgence.

Messieurs, l'homme qui, devant l'effroyable secousse qui sépare la vie de la mort, se prive résolument de toute intervention religieuse, et qui écarte ainsi des promesses pleines de consolation et d'attraits ; l'homme qui accomplit cet acte de renoncement pour rester fidèle à ses convictions et probe vis-à-vis de lui-même jusqu'à la fin, cet homme a droit à tous les respects ! Ses dernières pensées ont été pures de toute crainte et de tout intérêt égoïste, et confiantes dans la justice suprême, s'il en est une. Il donne incontestablement un édifiant exemple.

Messieurs, il est à mille lieues de ma pensée de médire de ceux qui se réfugient sous l'abri rassurant, réconfortant — et artificiel — des croyances religieuses. J'estime, au contraire, et je reconnais bien volontiers qu'il est souvent en eux une bonté ! Mais cette bonté, messieurs, est faite du passé. Elle est pénétrée du passé des légendes, hélas ! et de l'ignorance, et, fatalement, elle devait subir l'évolution de toutes les choses. Elle était destinée à s'effacer devant une bonté plus large dont la source inépuisable est au cœur même de l'humanité ; devant la bonté qui, simplement, sans conditions, menaces ou promesses hasardeuses, travaille, par les seuls moyens conformes à la raison et à la science, à supprimer, pour la société à venir, le malheur et les larmes qu'engendrent l'injustice et la misère.

Au sein des luttes journalières auxquelles nous assistons, rassurons-nous, messieurs ! Le temps n'est pas éloigné où la plupart de nos adversaires d'aujourd'hui nous comprendront mieux ; où l'harmonie entre eux et nous se rétablira ; où l'on ne verra plus d'autres compétitions, d'autres rivalités sérieuses que celles du concours le plus généreux à la réalisation du meilleur idéal humain.

Messieurs, Eugène Lengliné fut du nombre de ceux dont la pensée est conforme aux idées que je viens d'exprimer. Dans sa sphère modeste, il a combattu le bon combat, le combat pour la raison et pour la vérité. Et, avant de mourir, il a pu voir avec satisfaction le triomphe de sa cause se dessiner et s'accentuer de jour en jour.

Le parti républicain de Condé perd en lui un de ses membres les plus dévoués et les plus sûrs.

Rendons hommage au bon citoyen, au bon républicain, à l'homme de bonne volonté qu'il fut jusqu'à sa dernière heure.

Messieurs, dans une circonstance pareille à celle-ci, sauf qu'il s'agissait d'un homme illustre et qu'un illustre écrivain portait la parole, ce dernier cita le trait suivant que je veux reproduire à mon tour parce qu'il est profondément touchant et s'applique aussi bien aux humbles tels que nous qu'aux illustres.

Il paraît qu'il y a dans un pays lointain, dans un champ de repos comme celui-ci, sur une pierre tombale, une inscription bizarre où le passant est censé vouloir consoler le mort, et il le fait en ces termes : « Courage !... Courage puisque tu est mort sans avoir eu à pleurer aucun de tes enfants et en laissant vivante l'épouse que tu aimais ! »

Il est, en effet, bien consolant, messieurs, de voir survivre tous les siens, d'être, en mourant, entouré d'eux, d'être assisté d'une épouse que l'on sait respectueuse des volontés de son époux, et de fils prêts à continuer la tradition du bon esprit et de la droiture. Ce bonheur si propre à relever le courage d'un mourant, il était réservé à notre ami d'en être favorisé.

Puissent sa digne épouse et ses fils trouver dans l'expression de grande sympathie dont eux et leur cher défunt sont l'objet, quelque adoucissement à leur deuil.

Et maintenant, cher collègue, au nom de vos amis, au nom de vos coreligionnaires politiques, au nom de cette foule sympathique, devant la nature infinie où vous rentrez, je vous adresse un affectueux et dernier adieu.

DISCOURS

Prononcé aux Obsèques (protestantes) de M. Émile FOSSARD

A Saint-Germain-du-Crioult, le 20 Février 1909

Mesdames,
Messieurs,

Au nom des Associations républicaines de Condé et de Saint-Germain, au nom de tous leurs adhérents, unis dans une commune émotion, je viens, selon la mission qu'on m'a fait l'honneur de me confier, offrir respectueusement à Mme Émile Fossard, ainsi qu'aux membres de sa famille, l'expression de nos profondes condoléances, et les assurer que le deuil cruel et soudain qui les frappe remplit aussi douloureusement nos cœurs.

Au nom de l'Association républicaine de Condé tournant ses regards vers sa filiale, j'exprime à l'Association de Saint-Germain nos condoléances trop justifiées par la perte qu'elle vient de subir de son ancien Président, d'un de ses principaux fondateurs.

Je viens enfin donner à M. Émile Fossard, à cet homme jeune, bon, intelligent, frappé inopinément par une fatalité inexorable, le témoignage suprême de notre estime, de notre profonde sympathie et de nos ineffaçables regrets.

Messieurs, je suis ici désolé par un regret particulier. Je n'ai pas connu personnellement M. Émile Fossard. Le hasard a voulu qu'il quittât, dans l'Association de Saint-Germain, au moment où je les prenais dans celle de Condé, des fonctions qui auraient pu nous réunir. Je n'ai pas eu de relations directes avec ce collègue vers qui, d'après tout ce que j'ai su de lui, allait tout droit ma sympathie. Nos goûts, qui avaient plus d'un côté commun, n'ont pas eu l'occasion de se mêler en des entretiens où l'accord était assuré d'avance. Vivant à une lieue l'un de l'autre, membres du même groupement politique, nos mains, tendues vers le même idéal, n'ont pas trouvé moyen de s'étreindre.

Et aujourd'hui me voilà dans ce cimetière qu'on est venu m'indiquer comme lieu de notre premier rendez-vous, venant à lui enfin — hélas ! au moment où il descend dans la tombe — me voilà, surpris et affligé de ne plus trouver que sa dépouille inanimée là où brillait une belle intelligence que, malgré moi, je cherche à évoquer encore. Venant dire pour lui des choses qui nous unissaient à notre insu, j'arrive trop tard pour être entendu de celui vers qui va ma pensée et qui l'aurait accueillie avec autant de cordialité que j'en puis mettre à la lui exprimer.

Tristesse de nos destinées !

Messieurs, si j'avais eu le bonheur de me rencontrer avec Émile Fossard avant que la cruauté du sort nous l'ait enlevé, j'ai dit que je ne le connaissais pas... mais je l'aurais reconnu. J'aurais su à qui j'avais affaire. Je savais quelles qualités étaient en lui. Je savais que c'était un homme sérieux, ardent, consciencieux, ami de la vérité, ennemi du charlatanisme et de l'hypocrisie. Je savais que derrière sa modestie s'abritaient la droiture, l'indépendance du caractère et la sincérité de l'esprit. Je savais qu'accomplissant avec conscience et honneur les travaux de sa profession, il ne s'en tenait pas à l'intérêt individuel ni aux intérêts de famille, limites où s'arrêtent les facultés de bien des hommes. Je savais qu'il y avait en lui cette part de désintéressement qui incite à étendre à son pays, à la société tout entière, la volonté du bien et du progrès. Je savais même qu'il ne craignait pas de dépasser à cet égard la mesure des obligations qu'on devrait toujours considérer comme imposées à chacun.

Messieurs, il se prépare pour l'avenir une moisson très belle. Des ouvriers zélés, trop peu nombreux encore, travaillent au champ où elle doit s'épanouir ; ils l'ensemencent et le fertilisent généreusement. Leur salaire est modique ; chose singulière et qui, je pense, sera peu comprise plus tard, ces ouvriers-là voient leur zèle être aussi souvent l'objet de railleries que d'éloges. Mais il suffit à leur satisfaction de savoir que, d'année en année, la récolte qu'ils préparent sera meilleure et plus abondante, et que les générations venant après eux jouiront d'un patrimoine plus beau dans une sérénité plus parfaite. Messieurs, c'est l'un des meilleurs parmi ces ouvriers qui vient d'être enlevé prématurément à sa noble tâche et nous avons tristement raison de le pleurer.

La moisson qu'il rêvait et préparait d'un effort libéral et qu'un plus juste destin lui eût permis de voir fleurir bien des étés encore, c'est l'amélioration constante, matérielle et morale du sort commun ; c'est l'extension de plus en plus équitable du bien-être ; et, comme « l'homme ne vit pas seulement de pain », selon une parole biblique très heureusement déviée de son sens primitif, cette moisson dans sa beauté c'est l'épanouissement de la pensée humaine dans la plénitude de l'intelligence et de la raison.

Émile Fossard se distingua par ses sentiments philanthropiques et par l'indépendance de son esprit.

J'ai souvent entendu dire que toutes les convictions sont respectables. Je pense que l'auteur de cette maxime était pénétré d'un sincère désir d'apaisement parmi les hommes d'opinions différentes et je rends hommage à sa louable intention. Pourtant quand je regarde autour de moi bien des convictions qui se manifestent, j'observe tantôt un parti pris auquel l'égoïsme n'est pas étranger ; tantôt l'adoption résolue de traditions qui ont égaré l'esprit humain dans le passé ; tantôt l'affirmation inconsciemment basée sur la non connaissance des faits et sur des impossibilités absolues ; j'observe la soumission à des autorités dominatrices, soumission où la passion se mêle et où sombrent tous les droits de l'intelligence. Tout cela, Messieurs, sous le nom de convictions.

Alors mon respect, que je veux ne refuser à personne, se ternit d'un voile de tristesse. Et je songe à la parole d'un philosophe célèbre qui a dit que « les convictions sont les pires ennemis de la vérité. » Je songe à ceux qui professent que quiconque veut connaître le vrai doit partir du doute absolu d'abord et se confier à l'examen libre et à l'étude rationnelle et critique sans préoccupations de ce que sera ou ne sera pas la solution. Eh bien, il me semble qu'il y a une nuance très sensible entre le respect que l'on doit à quiconque s'obstine invariablement dans les idées reçues, et le respect auquel a droit l'homme qui, ne craignant pas le doute, réfléchit, s'informe, étudie et suit dans ses justes conséquences la raison souveraine.

J'ai à peine besoin de vous dire, Messieurs, que si je vous entretiens ainsi de deux méthodes, de deux façons, si vous voulez, de penser ; que si j'oppose l'une à l'autre celle des esprits soumis et celle des esprits libres, c'est qu'Émile Fossard fut de ces derniers. C'est qu'il eut le mérite de réfléchir, d'examiner, de critiquer lui-même ses idées et de tenir à les justifier aux yeux de sa propre raison avec une indépendance qu'il sut allier au respect dont il ne se départit jamais pour le sentiment de ceux qui l'environnaient.

Et c'est aussi que je crois de mon devoir de lui rendre plus spécialement hommage de ce mérite.

Il n'est rien de plus précieux pour le progrès de l'humanité que l'effort intellectuel libre et sincère. Notre ami, dans la situation où la destinée l'avait placé, en donnait l'exemple.

Ainsi donc, bon ouvrier du bien public, ami passionné du vrai, excellent fils et excellent époux autant qu'excellent citoyen ; que pourrais-je ajouter encore si ce n'est qu'il laissera dans nos souvenirs un modèle qu'il faudra s'efforcer d'imiter.

Et j'aurai terminé ma tâche, Messieurs, lorsque j'aurai donné à notre ami un dernier hommage en lui disant en votre nom à tous :

Adieu, cher Emile Fossard ! Adieu, digne et vaillant ami !... Adieu !

Discours prononcé aux Obsèques civiles de M. Alfred GAUTIER

A Condé-sur-Noireau, le 24 Avril 1909

MESDAMES,
MESSIEURS,

Le caractère franchement modeste et sincère de l'ami auquel nous venons rendre ici les derniers hommages n'aurait pas admis d'être l'objet d'un long discours. Mais il y a pour nous, à cette heure définitive, un devoir à remplir dont l'omission éveillerait dans vos cœurs une intime et douloureuse protestation.

Fidèle jusque par delà la grande épreuve aux convictions que lui dicta sa raison, notre ami a voulu que ses obsèques eussent la simplicité seule conforme à la droiture de sa pensée. La fermeté sereine de cette résolution dernière nous a elle-même tracé, à nous ses pareils, ses concitoyens, ses amis, le devoir dont vous sentez l'obligation : celui de ne pas nous éloigner de la tombe où nous l'avons accompagné pour l'y laisser à l'éternel repos, sans lui donner, avec respect, avec sympathie un cordial et suprême adieu.

Nous le lui devons, du reste, aussi bien parce qu'il fut un bon citoyen ; parce qu'il appartient à cette famille si honorable dont l'influence et l'action furent grandes et salutaires sur la jeunesse de notre pays durant nombre de générations.

J'ai dit que trop d'insistance n'eût pas convenu à notre ami. Je me bornerai donc à résumer nos sentiments émus en adressant à M. Alfred Gautier la bien sincère expression de nos affectueux regrets, et en me faisant vis-à-vis des siens, à l'occasion de ce deuil que nous partageons tous, l'interprète respectueux des condoléances, de la sympathie et de l'estime pour eux unanimes dans ce pays.

Puis, je me tourne une fois encore vers notre ami, et j'ai peine à me défendre, à cette heure dernière, d'un regard vers le temps ensoleillé où fut sa jeunesse, avec ma jeunesse, et celle de plus d'un de ceux qui m'écoutent. Et, maintenant que le soir est venu, je m'incline devant la mort courageusement et dignement acceptée, devant l'inéluctable fatalité qui nous sépare — en attendant qu'elle nous atteigne, nous aussi, à notre tour !

Adieu, mon cher Alfred, adieu ! »

ERRATA & ADDITIONS

Page 69, 4ᵉ alinéa, 3ᵉ ligne :
> au lieu de *préjugé*, lire *pré jugé*. (Le mot scindé en ses deux parties constitutives).

Page 86, chap. II, 2ᵉ ligne :
> « La terre est une sphère », ajouter : sphère déformée tendant à devenir un tétraèdre (tronc de pyramide à quatre faces).

Page 89, 2ᵉ alinéa, 5ᵉ ligne :
> au lieu de M. de Lannay, lire : M. de Launay.

Page 98, 3ᵉ alinéa, 7ᵉ ligne :
> « 14 octobre prochain », il s'agit du 14 octobre 1908.

Page 228, 3ᵉ alinéa :
> Raphaël, ajouter : dont l'œuvre étudiée aujourd'hui avec plus de clairvoyance, avec plus de juste connaissance, a perdu beaucoup du prestige quasi divin dont elle fut longtemps l'objet. Au contraire, l'œuvre glorieuse du grand hollandais Rembrandt n'a cessé de gagner dans l'estime des connaisseurs.

Page 247. Ce discours de M. Clemenceau fut le dernier de sa carrière ministérielle. Peu de jours après, le 18 juillet, il remit au Président de la République sa démission de Président du Conseil et de Ministre, à la suite d'un vote de blâme de la Chambre pour quelques paroles hasardeuses qu'il avait prononcées en réponse à une attaque de M. Delcassé.

On peut dire de M. Clemenceau qu'il aura prouvé plus d'une fois, dans sa carrière parlementaire, et éprouvé, la vérité du précepte d'Esope disant que la langue est tour à tour la meilleure et la pire des choses.

Et maintenant, au moment où je mets le point final à ce livre tout rempli de l'idée de progrès, les peuples frémissent d'enthousiame devant le magnifique exploit de Blériot traversant la Manche en aéroplane (1). Grand fait, gros de conséquences pour l'avenir. A bien des égards, premier pas décisif dans une ère nouvelle.

---

(1) Le Dimanche 25 Juillet 1909.

TABLE DES MATIÈRES

	Pages.
Avant-propos	5
Extrait de *Les Révolutions* de Lamartine	9
Vers optimistes sur le présent et l'avenir (Ar. L.)	9
Extrait d'une lettre de E. Dugué. — Sonnet à sa mémoire.	10

La Conférence de M. Ajam (Discours du Président). 11
    Qu'est-ce que la Démocratie ?

Ages primitifs de l'humanité	12
Les siècles passent	14
Ère romaine, Hellénisme	15
Le sentiment religieux	16
Israël, Jésus	17
Église chrétienne	21
Critique de la religion chrétienne	22
— de la morale chrétienne	24
Le Catéchisme	28
La connaissance scientifique renverse les dogmes	29
Lutte de l'Église contre les savants	30
Moyen âge, régime politique et social	33
XVIIᵉ et XVIIIᵉ siècles	41
La Révolution	42
Napoléon	43
XIXᵉ siècle	44
La République de 1848	47
Le second Empire	49
La troisième République	49
Son œuvre	52
L'État et l'Église, erreurs de celle-ci	54

Conséquences de l'enseignement clérical 57
Pensée scientifique moderne 59
Fin de la conférence Ajam, discours du Président . . 60

La conférence Ajam et la Presse locale 65
Commentaire des appréciations de la Presse . . . 68

Contribution à la Diffusion
de la
Pensée scientifique Moderne

Préambule 73
Origine des choses, l'Ether 74
La Terre :
   Point de vue géologique 80
   Le Préhistorique 90
   Point de vue cosmographique 93
Notre Famille solaire 97
Notre Univers 99
   Analyse spectrale 104
   Hypothèses concernant la fin possible de notre monde . 105
Les Êtres vivants et la vie 109
   Le Milieu marin 115
   La Plasmogénie 116
   Observations concernant la divisibilité de la matière . 117
   Caractère des êtres vivants 119
   Évolution, Transformisme 121
   Embryologie de Haeckel 124
   Traces ancestrales chez l'homme 129
   Parthénogénèse 129
   Traits anatomiques et physiologiques chez l'homme . 132

Le Monde végétal	137
De l'origine de la sexualité	137
Leconte de Lisle, *La forêt vierge*, (en note)	137
Ame, Conscience, Pensée, Volonté, les nerfs et le cerveau	140
Le cerveau et les facultés mentales	141
Système nerveux des mammifères	144
Formation et développement du cerveau	145
Action cérébrale et réflexes	145
Conscience, Pensée, Langage	146
Idées concrètes, idées abstraites	152
Sentiment du moi	153
Jugement, Émotivité, Volonté	154
Philosophie, Morale, Sociologie	158
Qu'est-ce que le Bien ? Qu'est-ce que le Mal ? .	162
Volontés naturelles	162
Constitution des États	169
Idée moderne de l'État	170
Objections et observations	171
Le Suffrage universel	172
Scrutin d'arrondissement et scrutin de liste . . .	175
Les deux Chambres	176
Rôle, Droits, Devoirs de l'État	177
Droit répressif	178
La Guerre et la Paix	181
L'Arbitrage	183
Action sociale de l'État	184
Socialisme d'État, socialisme communal	189
Socialisme corporatif, Coopération, Participation, Mutualité	190
Desiderata possibles de la Démocratie	195
Travers du rôle de l'État. Faveurs; satisfactions à l'égoïsme et à la vanité	198

La Famille.	201
Victimes de la morale. Enfants naturels et filles mères.	205
Éducation. Les Parents ; l'État.	208
L'Hygiène	213
Arthritisme, Consomption. Nutrition	215
L'Alcool	216
Chauffage, Aération	216
Les Eaux	218
Les Exercices physiques	218
La Syphilis	219
L'Art	221
Le Beau.	221
L'Architecture.	222
La Sculpture	225
La Peinture	227
La Littérature	229
LA POÉSIE	230
Sainte-Beuve (citation)	231
Théodore de Banville (citation)	232
Lamartine (citation)	233
V. Hugo (citation)	234
Alf. de Musset (citation)	236
L'ÉLOQUENCE	238
Gambetta	238
Jaurès	240
Clemenceau	244
LES ROMANS, LE THÉATRE	248
La Musique.	248
La Danse	253
Lavedan (citation)	254
Les Beautés de la Nature	255
Remarques finales	257
Transformisme, Mutations	257
Préhistoire.	258
Mouvements socialistes récents, Syndicalisme	258
Imperfections du régime actuel	261
Progrès de la pensée libre	263
Conclusions de la morale humaine	264

Appendice	267
Discours aux obsèques civiles de M. Lengliné . . .	267
— aux obsèques protestantes de M. Fossard. .	270
— aux obsèques civiles de M. A. Gautier . .	274
Errata et additions.	277

INDEX ALPHABÉTIQUE DES NOMS PROPRES

Abbeville, 90.
Achille, 254.
Adam, 250.
Adams, 98.
Afrique, 202, 223.
Agatharque, 227.
Aïda, 249.
Ajam, 5, 6, 7, 11, 12, 21, 22, 28, 33, 36, 40, 43, 45, 54, 60, 61, 63, 64, 66, 67, 68, 69, 72, 257.
Alliance Républicaine, 12.
Alcan, 33, 140.
Aldes, 30.
Adébaran, 79.
Allemagne, 49, 124, 192, 195.
Allemands 117.
Alexandrie, 18.
Alexandrins, 227.
Alpes, 83, 85, 86.
Amsterdam, 31.
Amérique, 40, 171, 177, 189, 192, 193, 229.
Américains, 117.
Amati, 250.
Anaximandres, 75.
Angleterre, 37, 44, 124, 171, 177, 190, 192.

Anglo-Scandinaves, 132.
Appolodore, 227.
Appollon, 249.
Aristarque, 30.
Aristote, 33, 249.
Archipel, 86.
Asie, 13, 16, 19, 86, 202, 223, 226, 227, 229.
Atlas, 86.
Auber, 250.
Auguste, 23, 227.
Aurignac, 91, 92.
Autrichiens, 117.

Babeuf, 54.
Babylone, 225.
Bachimans, 132.
Bâle, 31.
Banville (Th. de), 232.
Barnard, 97, 105.
Barrès (Maurice), 241.
Basse-Normandie, 90.
Beaumont-le-Roger, 75.
Bebel, 186.
Bédouins, 16.
Belgique, 192, 195.
Beethoven, 251.
Berlioz, 250.

Bernard (Claude), 109, 111, 151, 182.
Berthelot, 118, 201.
Bertillon (D'), 151.
Bertin, 228.
Bible, 32, 55, 71.
Bizet, 250.
Blanc (Louis), 47.
Bloch (Léon), 77.
Bonaparte, 43, 48.
Boucher de Perthes, 90, 92.
Boubier (D' Maurice), 131.
Bourgeault Ducoudray, 252.
Bourgouin (Maurice), 186, 192.
Bon Marché, 187.
Boieldieu, 250.
Bretagne, 85.
Brown, 112.
Bruxelles, 117.
Broca, 135, 151.
Buisson, 252.

Cabrol (Dom), 24.
Cabourg, 84.
Caen, 41, 62, 75, 84, 98, 138, 172.
Calvados, 75, 83.
Calliope, 249.
Cambodge, 203.
Caucase, 86.
Capharnaüm, 19.
Carnot (Adolphe), 12.
Carnot (Nicolas - Léonard-Sadi), 77.
Carpathes, 86.
Carlowitz, 253.

Carnégie, 88.
Centaure, 100, 101, 105.
Charles X, 44, 45, 47.
Charte, 44.
Chaldée, 223.
Chevillard, 254.
Chénier, 222.
Chéron, 62.
Chine, 89, 223.
Chinois, 229.
Christ, 19, 21, 56, 180.
Cicéron, 48.
Chrysale, 247.
Clémenceau, 172, 200, 243.
Condé-sur-Noireau, 11, 63, 84, 251, 267, 270.
Condorcet, 41.
Confucius, 24, 163.
Constantin, 21, 23.
Constantinople, 224.
Colomb (Christophe), 40.
Commune de Paris, 50.
Combarieu, 254.
Corot, 228.
Coste, 219.
Créhange, 10.
Croix-du-Sud, 103.
Cuvier, 121, 123, 124.
Curie, 201.

Dana, 85, 88.
Darwin, 121, 123, 124, 127, 141, 156, 182, 257.
Dastres, 115, 117.
Delacroix, 228.
Delage (Yves), 130, 131.
Delibes (Léo), 250.

Delon, 29.
Déperet, 124.
Dépêche de Toulouse, 109.
Descartes, 160.
Deutéronome, 221.
Diderot, 41.
Dives, 83.
Domfront, 90.
Dordogne, 92.
Donizetti, 244.
Dragon de l'Annam, 199.
Dubois (Eugène), 93, 117.
Duc d'Orléans, 45.
Dufay (Guillaume), 250.
Dugué (Eugène), 10.
Dujardin (Éd.), 17.
Duncan (Isidora), 254.
Duret (Dr H.), 151.
Dubufe (Guillaume), 223.
Duvillard, 135.

Égypte, 13, 25, 29, 30, 223, 226, 229.
Égyptiens, 227.
Empire romain, 15, 16, 33.
Emerson, 264.
Épicure, 75.
Espagnols, 117, 229.
Euclyde, 249.
Europe, 31, 41, 89, 203, 210, 223.
États-Unis, 171, 188.
Évangiles, 18, 19, 34, 47, 55, 56, 57, 71.
Eyck (van), 228.

Fabre (Joseph), 33.

Falloux, 48.
Familistère de Guise, 193.
Farnborough, 24.
Félix (Dr J.), 117.
Fénelon, 41.
Feugueroles, 90.
Fischer, 128.
Flammarion, 99, 101, 108.
Flandre, 228.
Flotow, 250.
Fourrier, 47, 194.
Fournière (Eugène), 193.
France (Anatole), 104, 244.
France, 37, 43, 45, 49, 50, 92, 116, 123, 132, 173, 175, 181, 182, 192, 194, 195, 254.
François de Salles, 26.
Forel, 140.
Fossard (Émile), 270.
Fuzet, 32.

Galilée, 31, 32, 33, 182.
Gambetta, 151, 238.
Gand, 228.
Garonne (Haute), 91.
Gautier (Alfred), 274.
Gênes, 37.
Genep (Van), 128.
Genève, 131.
Geoffroy-Saint-Hilaire, 121, 123, 124.
Giordano Bruno, 31.
Girard, 117.
Giotto, 228.
Godin, 193.
Goethe, 238, 242, 256.

— 288 —

Gounod, 250.
Guillaume, 39.
Guillaume le Conquérant, 84.
Guillouet, 11, 60, 61.
Guérard (Georges), 251.
Gutenberg, 230.
Grampians, 85.
Grèce, 14, 21, 24, 29, 223, 224, 226, 249.
Grecs, 30.
Grégoire le Grand, 249.
Gringoire, 262.
Groombridge, 100.

Haeckel, 79, 88, 112, 123, 124, 126, 127.
Halevy, 250.
Halley, 99.
Harald Hoffding, 167, 264.
Havre, 101.
Hébreux, 16, 253.
Hégel, 170.
Hellénisme, 15, 223.
Hercule, 97, 104.
Herder, 253.
Herrera, 116.
Hérold, 250.
Himalaya, 83, 85.
Hindous, 30.
Homère, 242.
Horace, 265.
Huber, 142.
Hugo de Vries, 123.
Hugo (Victor), 234, 237, 242.

Iaveh, 16, 17, 55.

Iéna, 124.
Inde, 223.
Ionie, 29.
Isaïe, 56.
Israël, 21, 253.
Italie, 21, 30, 31, 48, 49, 192.
Italiens, 117.
Ixion, 222.

Java, 93, 196.
Jacques (frère de Jésus), 19.
Jacques du Chemin, 39.
Jacques Bonhomme, 252.
Jaurès, 239, 240.
Jean du Chêne, 39.
Jean des Touches, 39.
Jean de Bruges, 228.
Jean le Baptiste, 18, 19.
Jeanne d'Arc, 238.
Jehovah, 16.
Jérusalem, 18, 20, 21, 249.
Jésus, 17, 18, 19, 20, 21, 29, 55, 56, 57, 163, 221, 223.
José, 19.
Joseph (Flavius), 17, 19.
Joliet, 151.
Joinville, 219.
Journal de Condé, 65, 66, 67, 69, 71.
Jude, 19.
Judée, 19.
Juge, 20.
Juifs, 18.
Jupiter, 98, 99, 222.

Kant (Emmanuel), 75, 107, 161, 182, 221.

Klaatsch, 128.
Kolmann, 128.
Kropotkine, 186.

Lafayette, 45.
La Haye, 183.
Lalo, 250.
Lamartine, 9, 231, 232, 234, 237.
Lamarck, 121, 122, 123, 124, 127, 182, 257.
Lamennais, 47.
Lapithes, 222.
Laplace, 75, 78, 107, 182.
Lapparent (de), 84, 87.
Lartet, 92.
Lassus (Raymond de), 250.
Launay (L. de), 82, 89.
Laurens (J.-P.), 228.
Lavedan, 255.
Lavisse, 38.
Lavoisier, 77, 128, 182.
Le Bon (Dr Gustave), 78, 117, 118.
Leconte de Lisle, 82, 137, 238.
Le Dantec, 110, 112, 117, 147.
Leduc, 117.
Leibniz, 33.
Lemire (Abbé), 203.
Le Morin (Abbé), 57.
Lémuriens, 127.
L'Enfant, 67.
Lengliné (Eug.), 267.
Léon XIII, 32.
Leroux (Pierre), 39.
Leucipe, 75.
Leverrier, 98.

Lignier, 138.
Loeb (Jacques), 131.
Loisy, 19.
Londres, 114.
Longwy, 43.
Lonsdale, 141.
Loriaux (Abbé Henri), 57.
Loris, 127.
Louis XIV, 170.
Louis XVIII, 44.
Louis-Philippe Ier, 45, 47, 50, 51.
Louvre (Magasins du), 187.
Lowenthal, 112.
Lucerne, 83.
Lucrèce, 75.
Luther, 27, 33.
Lyon, 46.

Mâcon, 37.
Maeterlinck, 139, 161, 162, 168, 185.
Marbot, 37.
Marc Aurèle, 157.
Marchand (D^r), 148, 151.
Marie, 19.
Mars, 97, 98, 99, 106.
Martel (E.-A), 91.
Massé (Victor), 250.
Masséna, 37.
Massenet, 250.
Mathieu, 221.
Mayer (Robert), 77, 128.
Méditerranée, 20, 83, 86.
Méhul, 250.
Méline, 200.
Menger (Antoine), 190.

Mercure, 97, 98, 106, 226.
Mérite Agricole, 199.
Messie, 19, 21.
Metchnikoff, 110, 135.
Meunier (Stanislas), 85.
Mexicains, 229.
Mexico, 116.
Millet, 228.
Mira Ceti, 105.
Moïse, 29.
Molière, 247.
Montaigne, 33.
Montesquieu, 200.
Monteverde, 250.
Morgan, 131.
Morse, 76.
Morus (Thomas), 181.
Mousse (Bois de la,) 85.
Moyen âge, 56, 224.
Muller (Fritz), 125.
Muséum, 88.
Musset (Alf. de), 236.

Napoléon, 42, 43, 44.
Napoléon II, 234.
Napoléon III, 52, 165.
Nazareth, 17, 18, 19.
Négritos, 132.
Némésis, 249.
Neptune, 98, 99, 101.
Newton, 77, 128, 182.
Nietzche, 25, 27, 203, 213.
Nourry, 23, 57.
Nouveau Monde, 40, 171.
Nouveau Testament, 27.

Océan, 37.

Océanie, 202.
Occident, 21, 30, 202
Ollivier (Dr G.), 101, 104.
Orient, 18, 202.
Orne, 85.
Ostwald (Wilhelm), 70, 141.
Oural, 86.
Owen (Robert), 191.

Pacifique, 85, 86.
Palestine, 16, 17.
Pâque, 18.
Paraf Javal, 186.
Paris, 31, 43, 46, 75, 88, 101, 187, 259.
Pascal, 28, 177.
Pasteur (Institut), 117, 135, 182, 201, 217.
Paul V, 31.
Périclès, 29.
Perse, 223, 224.
Phéniciens, 14.
Philolaüs, 30.
Philon, 18.
Pie IX, 47.
Pie X, 32.
Pierre, 27.
Platon, 30.
Plutarque, 30.
Pompéï, 227.
Pontius Pilatus, 18.
Potin (Etablissements), 188.
Prévoyants de l'Avenir, 195.
Prométhée, 115.
Protagoras, 75.
Proudhon, 197.
Pullmann, 193.

Pyrénées, 86, 92.
Pythagore, 29.

Quatrefages, 132.
Quintilien, 249.
Quinton (René), 111, 116, 117.

Rabelais, 33.
Rambaud, 38.
Ramus, 33.
Raphaël, 228.
Réforme, 33, 66.
Renaissance, 33, 224.
Renan, 201, 223.
Reptiles, 127.
République, 45, 47, 48, 49, 50, 51, 52, 53, 54, 58, 62, 199, 200.
Réveil de Condé, 66.
Revista di Scienza, 79.
Révolution, 41, 42, 44, 47, 52, 171.
Reyer, 250.
Robespierre, 52.
Romains, 196.
Romanes, 142, 143.
Rome, 14, 20, 21, 49, 224, 227.
Rouen, 32, 41.
Rousseau, 41, 172, 173.
Rousseau Th., 228.
Royer (Mme Clémence), 101.
Russie, 196.

Saint Ambroise, 197.
Saint Augustin, 28, 155, 196.
Saint Barthélemy, 43.

Saint Basile, 197.
Saint Chrysostôme, 197.
Saint-Germain-du-Crioult, 270.
Saint Jérôme, 197.
Saint Justin, 196.
Saint-Lo, 98.
Saint-Office, 31.
Saint Paul, 66.
Saint-Rémy-sur-Orne, 90.
Saint-Saëns, 250.
Saint-Simon, 41, 47, 191.
Saint Thomas d'Aquin, 180.
Saintyves, 23.
Sainte-Beuve, 231.
Sainte-Hélène, 43.
Sainte-Honorine-la-Guillaume, 85.
Sainte-Sophie, 224.
Salomon, 225.
San Francisco, 86.
Sans-culotte Jésus, 47.
Sarthe, 11.
Saturne, 98.
Schmidt, 88.
Schopenhauer, 221.
Secchi, 104.
Sénat, 177, 195.
Septantes, 56.
Shakespeare, 26, 238.
Shaoul, Saül ou Paul (Saint Paul), 18, 20.
Simon (Jules), 46.
Simon (frère de Jésus), 19.
Simon le Vanier, 39.
Sirius, 79, 100.
Somme, 90.

Sorbonne, 31, 130.
Spinoza, 79.
Spuller, 238.
Stendhal, 200.
Stenon (Nicolas), 81.
Stockholm, 219.
Stradivarius, 250.
Strasbourg, 225.
Sudètes, 86.
Suisse, 83, 192.
Sylvius, 145.

Taine, 43, 175.
Talmud, 18.
Tannery, 109.
Tartare, 222.
Tasmaniens, 132.
Te Deum, 48.
Tertulien, 196.
Terre, 97, 100.
Testament, 27.
Tharse, 20.
Theudas, 18.
Thiers, 50.
Titus, 20.
Toulouse (docteur), 148, 151, 211.
Trêve de Dieu, 31.

Uranus, 98.

Utopie, 181.

Vauban, 41.
Vénus, 97, 98.
Verdi, 249.
Verdun, 43.
Vervorn, 119.
Viault, 151.
Vienne, 114.
Vierge Marie, 29.
Vigny (Alfred de), 231.
Villaert, 250.
Vincent de Paul, 26.
Vitruve, 249.
Volta, 140.
Voltaire, 41, 238, 248.
Vooruit de Gand, 192.
Vosges, 85.
Vulgate, 56.

Wagner, 66, 242, 250.
Wallace (Alfred), 59.
Will (Bruno), 186.
Worms, 27.

Yerkes, 97.

Zola, 241.

4069 — Imp. ADELINE, G. POISSON et Cie, Succrs, 16, rue Froide, Caen

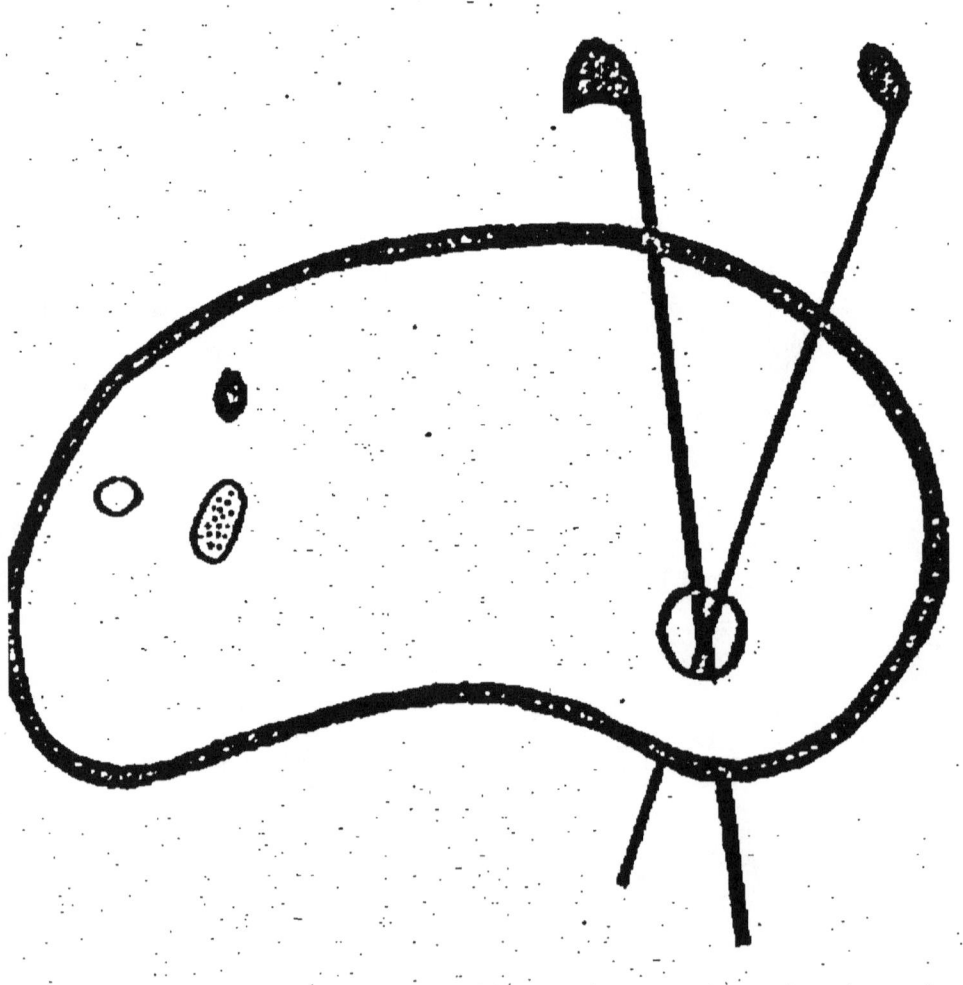

ORIGINAL EN COULEUR
NF Z 43-120-8

www.ingramcontent.com/pod-product-compliance
Lightning Source LLC
Chambersburg PA
CBHW060029180426
43196CB00044B/1779